中国经济文库

世界经济精品

课题资助：双向FDI背景下引资激励与技术溢出效应研究
（国家社会科学基金青年项目，项目批准号：14CJY009）

引资激励、FDI质量与技术溢出效应研究

于国才◎著

THE STUDY ON FDI INCENTIVE, FDI QUALITY AND TECHNOLOGY SPILLOVER EFFECT

中国经济出版社
CHINA ECONOMIC PUBLISHING HOUSE
北京

图书在版编目（CIP）数据

引资激励、FDI质量与技术溢出效应研究 / 于国才著．
—北京：中国经济出版社，2019.10
ISBN 978-7-5136-5906-2

Ⅰ.①引… Ⅱ.①于… Ⅲ.①外商直接投资—影响—
技术革新—研究—中国 Ⅳ.①F124.3

中国版本图书馆CIP数据核字（2019）第203238号

责任编辑 杨元丽
责任印制 巢新强
封面设计 华子图文

出版发行 中国经济出版社
印 刷 者 北京九州迅驰传媒文化有限公司
经 销 者 各地新华书店
开　　本 710mm×1000mm 1/16
印　　张 14.25
字　　数 203千字
版　　次 2019年10月第1版
印　　次 2019年10月第1次
定　　价 68.00元
广告经营许可证 京西工商广字第8179号

中国经济出版社 **网址** www.economyph.com **社址** 北京市东城区安定门外大街58号 **邮编** 100011
本版图书如存在印装质量问题，请与本社销售中心联系调换（联系电话：010-57512564）

序　言

近几十年来，许多发展中国家纷纷取消国外资本投资限制，甚至制定了有利于吸引外商直接投资（FDI）的优惠政策，以期通过FDI带来技术转移和技术溢出实现经济增长。然而，虽然大多数决策者都相信或者希望FDI能对东道国产生积极的技术溢出效应，但是FDI对中国等发展中国家技术进步的影响却一直存在争议。

国内外学者对FDI技术溢出的存在性、溢出机制以及溢出的影响因素等进行了大量的研究。遗憾的是，现有的FDI技术溢出研究基本上都将FDI视为同质的，鲜有考虑不同FDI进入质量对东道国影响的研究。新新贸易理论表明，FDI进入东道国是其生产率差异等因素的内生选择行为。而引资激励无疑将会降低其进入的生产率门槛。中国统计数据也表明，在华投资的跨国公司有近三分之一为出口平台型FDI，而非市场寻求型FDI。这种市场选择截然不同的异质型FDI的背后同样是生产率等质量差异。

来源地差异以及市场选择异质性导致FDI质量问题凸显。这些都是FDI技术溢出研究中所不应忽视的。同时，在当前双向FDI背景下，FDI对经济的投资拉动作用正日趋弱化，吸引外资应尽量提高FDI质量和技术溢出效应，并避免FDI市场挤出效应。因此，有必要从异质型FDI自我选择的视角将引资质量问题纳入FDI技术溢出研究。

一、主要内容

本书主要研究引资激励对FDI进入质量以及技术溢出效应的影响。首先，构建了市场异质型与市场自我选择模型，对此从FDI质量角度加以理论解释；其次，运用跨国数据检验了FDI质量影响东道国技术进步这一结论的适用性和稳健性；最后，从引资质量的角度分析检验了税收优惠型引资激励与FDI进入质量及技术溢出效应。除了相应的文献回顾，本书研究内容主要包括以下三个方面。

（一）理论模型分析

本书将出口平台型FDI纳入新新贸易理论对异质性企业在内销、出口以及水平型FDI间自我选择的分析框架，分析了跨国公司在出口与出口平台型FDI和（或）市场寻求型FDI间自我选择的生产率门槛。影响FDI进入的生产率门槛的因素包括市场需求规模、边际生产成本、固定投资以及冰山运输成本。本书进而比较出口平台型FDI与市场寻求型FDI的生产率门槛差异。

FDI技术溢出采用了跨国公司技术溢出与市场竞争双效应视角的模型构建。跨国公司生产率决定了其与东道国的技术差距，在市场竞争效应（市场规模）一定的条件下，FDI溢出效应可视为跨国公司生产率的增函数。进入东道国的FDI存在生产率差异，这导致FDI溢出不同。

最后，本书借鉴一个政府财政政策模型分析了税收竞争、基础设施或金融发展环境等公共品提供对FDI流入的影响。

（二）东道国引资激励、FDI质量与技术溢出效应：跨国经验

在理论部分模型分析的基础上，本书结合全球60国跨国数据经验进行研究，主要包括三个方面的内容，一是以来源地生产率水平构建FDI质量指数，从量与质两方面考察FDI对东道国技术进步的影响；二是比较了税收竞争、基础设施或金融发展环境等引资激励措施对FDI流入及其技术溢出效应的影响；三是以一个更大的全球样本数据，重新考

察了金融发展、FDI 以及东道国经济增长的关系。

（三）引资激励、异质型 FDI 与技术溢出的中国微观数据分析

在理论模型研究和跨国经验分析的基础上，本书利用中国工业企业微观数据进行了研究，主要包括三个方面的内容，一是从异质型 FDI 的视角考察了跨国公司对东道国内资企业技术溢出的差异；二是比较了异质型 FDI 质量差异以及异质型 FDI 质量对企业市场选择的影响；三是基于中国企业的大样本微观数据考察了东道国招商引资激励措施，包括税收、基础设施、金融发展三者对 FDI 进入数量、质量、结构以及对 FDI 技术溢出效应的影响。

二、突破和创新

本书主要在以下方面进行了创新：

第一，HMY 模型（Helpman 等，2004）和 Yeaple 模型（Yeaple，2009）探讨了企业在出口与水平型 FDI 两种进入国际市场方式间的自我选择问题。本书以此为基础，结合中国存在大量的出口平台型 FDI 这一典型事实，拓展构造了一个异质性企业在出口、出口平台型 FDI 与市场寻求型 FDI 之间自我选择的模型，从而将新新贸易理论对 FDI 的研究从水平型 FDI 扩展到所有类型 FDI，这拓展了新新贸易理论自我选择分析的研究内容。

第二，本书将新新贸易理论思想引入 FDI 技术溢出研究，改变了传统 FDI 技术溢出研究中的外生、同质假定，这便于从理论上分析东道国招商引资优惠的政策效果。因为在本书中，异质型 FDI 进入东道国的生产率门槛存在差异，且这一门槛是受东道国政策内生决定的，所以随着优惠政策的变化，跨国公司的生产率水平会有所改变。本书在这个条件下，考察了东道国引资优惠政策对 FDI 质量与溢出效应的影响，结果表明，优惠政策改变了跨国公司进入的生产率门槛和技术溢出效应，且政策效果在异质型 FDI 间存在差异。这个结论是对前人关于 FDI 研究的补充。

第三，本书以来源地生产率水平构建 FDI 质量指数，从量与质两方面考察 FDI 对东道国技术进步的影响。此外，为避免采用个别国家数据样本所导致的样本特殊性和局限性，我们采用了 60 国面板数据，分类比较了东道国引资激励措施对 FDI 进入质量及溢出效应的影响，更好地验证了 FDI 对东道国技术影响的普遍规律及条件性。

三、主要结论

通过上述研究，本书得出以下结论。

（一）FDI 质量对东道国技术进步的影响具有全球普遍性

基于 BvD 数据库 1995—2017 年 60 国跨国数据，我们研究发现：FDI 在全球范围内促进了东道国技术进步；FDI 质量是影响 FDI 技术溢出效应的重要因素，FDI 绝对质量平均而言有助于东道国技术进步，技术差距表示的相对质量则相反；FDI 占比对东道国的促进作用存在质量门槛，无论是绝对质量还是相对质量，过高的 FDI 质量反而会抑制溢出效应。

（二）引资激励是跨国公司生产率门槛即 FDI 质量的决定因素

影响跨国公司进入东道国的生产率门槛的因素包括：市场规模、边际生产成本、固定投资成本、冰山运输成本、产品需求弹性等。出口平台型 FDI 与市场寻求型 FDI 的选择门槛取决于受母国效应和东道国出口退税优惠影响的返销运输成本与市场规模的比较。当 $\tau_{hm} < \hat{\tau}_{hm} = (A_m/A_h)^{\frac{1}{\sigma-1}}$ 成立时，$\varphi_{FX} < \varphi_F$，出口平台型 FDI 的生产率较低。考虑到现代运输技术的发展以及国内外市场规模的差异，我们认为中国大规模的出口退税使得该条件得以满足，从而导致进入中国的出口平台型 FDI 生产率低于市场寻求型 FDI 生产率。

基于中国企业微观数据的检验发现，FDI 进入退出中国取决于其生产率水平、沉淀成本、企业资本密度等自身特征以及已进入东道国市场的 FDI 规模，生产率水平高的 FDI 更可能由出口平台型 FDI 进入中国市场，转为市场寻求型 FDI。

（三）引资激励影响 FDI 技术溢出效应

跨国公司生产率决定了其与东道国的技术差距，一般而言，技术水平差距越大，则国内企业“赶超”的潜力就越大。因此，在市场竞争效应（市场规模）一定的条件下，FDI 溢出效应可视为跨国公司生产率的增函数。进入东道国的 FDI 存在生产率差异，这导致 FDI 溢出不同。基于中国工业企业微观数据的经验检验发现，FDI 整体上对中国内资企业的技术进步有显著的抑制作用，特别是对 LP 方法计算的全要素生产率的阻碍作用更大。从之前的分析中得知，当 $\tau_{jh} < \hat{\tau}_{jh} = (A_h/A_j)^{-\frac{1}{1-\sigma}}$ 成立时，$\hat{\varphi}_{FX} < \hat{\varphi}_F$，企业选择出口平台型 FDI。考虑到运输技术的发展以及中美市场规模的差异，我们认为中国大规模的出口退税满足该条件，从而使得出口平台型 FDI 的生产率门槛较低，技术溢出的势能差也就小。进一步检验发现，出口平台型 FDI 与市场寻求型 FDI 均存在显著的负向技术溢出效应，且前者的阻碍效果更为突出。

四、成果价值

招商引资优惠政策降低了 FDI 进入的生产率门槛。东道国招商引资优惠政策通过改变 FDI 的边际生产成本、固定投资以及冰山运输成本等，影响异质型 FDI 进入的生产率门槛以及其技术溢出效应。不仅外资进入的生产率门槛下降，而且还诱使两类并无技术溢出空间的 FDI 得以进入：一是纯粹的国内资本借道港澳台地区或其他国家或地区再回到内地，以外资身份套取优惠利益；二是无技术优势的 FDI 进入东道国，凭借政策优势与国内企业进行价格竞争。来自中国企业微观数据的经验检验支持这一观点。一方面，无论是出口平台型 FDI 还是市场寻求型 FDI，税收优惠均降低了其生产率并弱化了其技术溢出，这说明，东道国的税收优惠降低了跨国公司子公司的边际成本，这降低了两种类型的

FDI 进入的生产率门槛，从而不利于其技术溢出；另一方面，税收优惠对出口平台型 FDI 和市场寻求型 FDI 技术溢出的影响存在差异，对前者技术溢出效应的阻碍作用更为明显。因此，东道国优惠政策弱化了 FDI 的技术溢出效应，这是东道国招商引资过程中值得注意的地方。

随着中国成长为全球第二大经济体，中国市场的潜力逐渐得到发掘，越来越多的高技术、高效率跨国公司会参与到中国市场中来，这部分企业才是中国获取 FDI 技术溢出的主要对象，而优惠政策对他们的影响弹性则要小得多。各地政府在招商引资时应灵活选择引资政策，提升外资质量，从而更好地引导内资企业嵌入全球生产网络。

目　录

第一章　引言 …… 1

第一节　研究背景和意义 …… 3

第二节　概念界定、研究内容和研究思路 …… 11

第三节　研究方法和创新之处 …… 15

第二章　文献回顾 …… 17

第一节　FDI 技术溢出研究 …… 17

第二节　东道国环境、引资竞争与 FDI 区位选择 …… 31

第三章　理论模型 …… 45

第一节　FDI 质量与市场自我选择模型 …… 46

第二节　引资政策与跨国公司投资策略模型 …… 49

第三节　FDI 市场竞争与技术溢出模型 …… 58

第四节　本章小结 …… 61

第四章　FDI 质量与东道国技术进步：跨国经验 …… 62

第一节　计量模型设定与数据说明 …… 64

第二节　经验检验 …… 66

第三节　本章小结 …… 70

第五章　引资激励、FDI 质量与技术溢出效应：跨国经验 ……… 72
第一节　计量模型设定与数据说明 ……………………………… 73
第二节　经验检验 ………………………………………………… 75
第三节　本章小结 ………………………………………………… 78

第六章　税收激励、异质型 FDI 与技术溢出：中国企业证据 ………… 80
第一节　税收优惠政策与异质型 FDI 进入质量 ………………… 82
第二节　税收优惠政策与 FDI 技术溢出 ………………………… 91
第三节　本章小结 ………………………………………………… 98

第七章　基础设施、FDI 质量与技术溢出：中国企业证据 ……… 100
第一节　我国基础设施现状 ……………………………………… 101
第二节　模型设定与数据说明 …………………………………… 109
第三节　实证检验 ………………………………………………… 113
第四节　本章小结 ………………………………………………… 114

第八章　金融发展与 FDI 技术溢出：中国企业微观证据 ………… 115
第一节　我国区域金融发展现状分析 …………………………… 115
第二节　模型设定与数据说明 …………………………………… 120
第三节　经验检验分析 …………………………………………… 123
第四节　本章小结 ………………………………………………… 135

第九章　关于对外投资与技术获取的一些思考 ………………… 137
第一节　对外投资、网络嵌入与技术获取：以山东省为例 ………… 138
第二节　汇率对中国对外投资的影响 …………………………… 146
第三节　本章小结 ………………………………………………… 160

第十章 结论与展望 …… 162
第一节 总结 …… 162
第二节 政策意义 …… 164

参考文献 …… 166

附 录 …… 182
附录 A 中国外资企业税收优惠政策 …… 182
附录 B 各国历年 FDI 数量与质量指数 …… 186
附录 C 异质型 FDI 生产率门槛图 …… 214

第一章　引言

20 世纪 90 年代初以来，随着中国经济崛起与投资环境不断改善，中国吸引大量外资进入，外商直接投资（Foreign Direct Investment，FDI）的流入量增长迅速。据《世界投资报告 2018》显示，中国仍是发展中国家最大的 FDI 流入国和对外投资国。统计数据显示，2017 年，中国实际利用外资金额 1363 亿美元，全球排名第二，仅次于美国，同比增长 7.9%，增长平稳；全国新设立外资企业 35652 家，同比增长 27.8%；其中，高技术产业利用外资占总额的比重为 27.4%，较 2012 年提高 13.6 个百分点，年均增长 18.4%，外商投资企业进出口额 12.4 万亿元，占我国货物进出口总额的 44.8%，缴纳税收 2.9 万亿元，占全国税收收入的 18.7%。毫无疑问，如此大规模的外商投资在中国 40 年的改革开放浪潮中扮演着不可或缺的重要角色。外国直接投资在缓解中国资本积累瓶颈、扩大就业、促进经济发展中发挥了巨大作用，是中国经济发展的重要推动力。

然而，经过 40 年的发展和积累，中国已经从 FDI 净流入国变成了资本净输出国，2017 年中国对外投资全球排名第三，位居美国和日本之后。双向 FDI 背景下，经济持续增长的投资推动力正在日趋弱化，而技术的作用和地位则日益彰显。新古典经济增长理论认为，技术进步是实现经济长期增长的引擎。因此，对于双向 FDI 背景下如何利用外资，政府与学界更关注 FDI 对东道国技术进步的溢出效应，以期获得经济增长的长期驱动力。

理论上，FDI 对东道国的技术外溢是发展中国家技术进步的主要来源之一（Grossman 和 Helpman，1991），FDI 进入东道国会通过垂直产业关联溢出（Javorcik，2004）、人员流动（Görg 和 Strobl，2005）、共享当地供应商（Kee，2015）等渠道产生显著的技术溢出效应。许多发展中国家期望通过 FDI 带来技术转移和技术溢出，为此制定了许多有利于引进 FDI 的优惠政策。遗憾的是，虽然大多数决策者都相信或者希望 FDI 能对东道国产生积极的技术溢出效应，但是这一证据主要来自对发达国家的经验研究，如澳大利亚（Caves，1974）、英国（Haskel 等，2007）、美国（Keller 和 Yeaple，2009）的实证研究。而针对发展中国家的 FDI 技术溢出效应的经验研究，其结论至少是相互冲突的，如 Blomstrom（1986）对墨西哥、Haddad 和 Harrison（1993）对摩洛哥、Kee（2015）对孟加拉国的研究发现存在 FDI 行业技术溢出效应，行业劳动生产率与本行业吸收的 FDI 呈正相关关系；而 Kokko（1994）对墨西哥，Konings（2001）对保加利亚、罗马尼亚和波兰三国及 Lu 等（2017）对中国的研究却得出了相反的结论。

对比跨国公司在两类国家中的投资决策过程可以发现，发展中国家过度依靠税收竞争等招商引资优惠政策来吸引 FDI，这可能是 FDI 技术溢出在发达国家和发展中国家表现相反的关键因素之一。按照新新贸易理论的思想，过度的优惠政策将会降低 FDI 进入东道国的生产率门槛，同时，优惠政策对低技术水平的出口平台型 FDI 更具吸引力，这也将改变 FDI 进入东道国的构成。这是本课题研究的出发点。现有 FDI 技术溢出研究文献基本上都沿袭了传统，将 FDI 视为外生的、同质的，强调的是东道国的消化吸收能力，少有考虑不同 FDI 进入质量对东道国影响以及东道国政策对异质型 FDI 进入中国的市场选择及其技术溢出效果影响的研究。本书从 FDI 质量和异质型 FDI 结构这一新的视角将新新贸易理论思想引入 FDI 技术溢出效应研究，从而考察引资激励措施对 FDI 数量、质量以及技术溢出效应的影响。具体地，通过拓展新新贸易理论，我们构造了一个生产率异质性企业在出口、出口平台型 FDI 与市场寻求型 FDI 间自我选择的理论模型，结合 FDI 技术溢出与市场竞争模型，从理论上研究东道国的引资优惠政策对异质型 FDI 质量与技术溢出效应的影响。实证检验部分，为避免局限于中国样本可能带来的样本偏误，我们首先采用跨国面板数据加以分析，通过以来源地生产率水平构建 FDI 质量指数，从量与质两方面考察 FDI 对东道国技术进步的影响，并在此基础上分析了东道国引资激励政策效果。作为对照，我们基于中国微观数据研究全球普遍有效的或重要的东道国引资激励措施在中国的适用性，即分别考察了税收优惠、基础设施以及金融发展对跨国公司进入中国的质量与规模的影响，并比较了引资激励政策对异质型 FDI 溢出的影响是否存在差异，以期为中国提高引资质量、实现更好地利用外资提供理论指导。

第一节 研究背景和意义

本节主要介绍本书的研究背景和研究意义。第一部分对研究背景进行了介绍，包括现实背景和理论背景两方面。引资激励对异质型 FDI 质量与技术溢出的影响研究既有理论意义，也有实践价值，本节第二部分主要对此进行阐述。

一、研究背景

（一）现实背景

1979 年 9 月，中国第一份外商对华直接投资协议的签订，即 1980 年 9 月正式成立的北京航空食品有限公司（编号“0001”的合资企业），拉开了中国利用外商直接投资的序幕。在经历了 80 年代的起步阶段后，1992 年，中国政府正式提出了“以市场换技术”战略，随着市场准入条件的放宽、优厚的招商引资政策以及中国市场的巨大吸引力和劳动资源禀赋优势，跨国公司在华投资迅速增长，外商直接投资在中国迎来了持续二三十年的蓬勃发展阶段（除了亚洲金融危机期间）。中国加入 WTO 后，投资领域进一步放开，随着政策环境改善，外商直接投资在中国多行业、多地区迅速发展，中国吸引的 FDI 长期居于发展中国家首位，甚至一度超过美国，位居全球首位。大量外资涌入中国固然受我国市场持续而快速的扩张和廉价劳动力等因素驱使，却也与各级政府积极的招商引资政策分不开。

为吸引和利用外资，1979年7月1日，我国通过《中外合资经营企业法》。此后，我国又陆续制定了《外资企业法》《中外合作经营企业法》，以及《关于鼓励外商投资的规定》（“二十二条”）等有关实施条例和细则。这三部外资法及相关法规规定，对外商投资企业按投资项目和投资区域而分为不同的税收优惠，最低税率可达15%；对外商的利润再投资，可退还再投资部分已缴纳所得税40%的税额。其中，经营期在10年以上的生产性投资企业，从投产开业获利年度起享有两年免征、三年减半征收企业所得税的优惠，即“两免三减”；对高新技术企业，可享受3年免税、6年减半征收企业所得税待遇；对设在中西部地区的国家鼓励的外商投资企业，在5年的减免税期满后，还可延长3年减半征收所得税。此外，外商投资企业，尤其是先进技术企业和产品出口企业，还享有在土地、水电、用工费用、利润汇出和进出口配额、关税减免、外汇调剂等方面给予的优惠。例如，对出口型企业，除享受上述两免三减所得税优惠外，只要企业年出口额占企业总销售额的70%以上，均可享受减半征收企业所得税的优惠；对外商投资企业在投资总额内采购国产设备，如该类进口设备属进口免税目录范围，可按规定抵免企业所得税。附录A列出了外商投资企业在中国享有的相关税收优惠政策。概括起来，外商投资企业和外国企业的税收优惠，主要有分地区优惠、分产业优惠、再投资优惠、购买国产设备投资抵免企业所得税、采购国产设备退税、地方所得税和其他税的减免7种。主要包括减免优惠、再投资优惠、亏损结转优惠、税收抵免优惠4种方式。

这种内外有别的税费制度，在改革开放初期，对吸引FDI以缓解投资的资金缺口和引进国外先进技术发挥了重要作用。因此，除了1993年实现内外资统一的个人所得税与1994年开始内外资企业统一缴纳的增值税、消费税、营业税外，外商直接投资企业在中国一直享受着以所得税优惠为主的一系列“超国民待遇”优惠政策。但随着我国改革开放的不断深化，这种税费制度越来越不符合市场经济公平竞争的要求，产生的矛盾日益突出，而且，税收优惠给我国税收利益带来的损失也相当严重。我国开始加快内外资企业税收制度的统一，2007年实行企业所得税“两税并轨”等改革措施。至2010年12月1日，作为我国最后一个对外资优惠的税收政策，城建税内外资统一征收，标志着我国税收政策内外有别时代的终结。

然而，虽然中国实现了内外资税收统一征收，但仍保留了一些行业、地域倾斜政策，特别是地方政府在招商引资竞争中依然保留了大量的税收倾斜制度、土地转让优惠以及倾斜性地提供生产商务活动便利性等。地方政府引资竞争优惠政策以昆山地区为典型代表。制定更为合理的引资激励措施已成为双向FDI背景下中国各级政府的利用外资合作共赢的重要举措。

FDI在中国发展壮大的另一个特征是，FDI与加工贸易密切相连，出口平台型FDI是跨国公司在中国投资的主要形式之一。加工贸易从“三来一补”起步。“三来一补”是指来料加工、来样加工、来件装配和补偿贸易，简称来料加工装配业务。1978年7月，国务院发布《开展对外加工装配业务试行办法》，在广东、福建、上海等地试行贸易特殊政策，即允许加工装配所需原材料、零部件、设备的进口，一律免征关税、工商税。1979年9月，国务院发布《发展对外加工装配和中小型补偿贸易办法》，提出“积极利用国外原材料和技术，发挥国内生产能力，大力发展以进养出业务，把出口贸易做大做活，增加外汇收入，增强国家的外汇支付能力”。这一系列政策打破了计划经济时期的经济管理和外贸管制的体制障碍，对加工贸易实行了特殊的海关监管政策，促进了加工贸易的迅猛发展。

到20世纪80年代末，加工贸易基本实现了以来料加工为主的格局。来料加工装配首先在广东、福建等具备产业承接条件的沿海地区开展，通过“自由贸易区”“出口加工区”以及经济特区的创建，加工贸易得到迅速发展。来料加工装配业务等灵活贸易方式既可以弥补我国缺少资金、外汇和原材料，以及设计、加工工艺和技术设备的不足，同时又能利用我国劳动力廉价和有一定工业基础的优势。对于刚刚实行改革开放的中国而言，加工贸易政策的出台和“三来一补”的引入有着特别重要的意义，它在当时普遍存在的贸易管制和数量限制条件下创造了一片新天地，享有准自由贸易安排的小环境，这不仅发挥了向港澳台地区开放的桥梁、窗口作用，而且为吸收外商投资的顺利起步创造了条件。

从20世纪80年代末开始，国家出台了一系列鼓励“大进大出、两头在外”的改革和措施，进一步减少了对加工贸易范围和监管的限制，进一步巩固了包含来料加工装配和进料加工的加工贸易格局。这个时期，由于发达国家全球产业转移步伐加快，越来越多的西方跨国公司将成熟的技术与制造工序直接转移到中国，推动了进料加工业务的迅速发展，逐步成为加工贸易的主导方式，推动了我国对外贸易的进一步发展。与此同时，外资企业逐渐成为居于主要地位的加工贸易主体，外商投资企业在加工贸易中发挥着越来越大的作用。1994年外商投资企业在加工贸易中的比重首次超过内资企业，占到56.1%，并在以后的年份中一直保持领先地位。同时，从事加工贸易的跨国公司明显增加，他们不仅来自东亚国家或地区，来自欧美国家的跨国公司也在增多。

目前，进入我国的外资中有相当大的比重从事加工贸易，外资企业已成为中国加工贸易的主体。图1.1给出了1998—2007年中国规模以上工业企业和其中外资企业的出口值占销售收入比重的分布图。外资企业中只从事出口的加工贸易型企业比例远大于全体样本，且完全出口与完全不出口的外资企业占FDI样本的大多数。这两类企业分别是以出口市场为主的出口平台型FDI和以中国市场为目标的市场寻求型FDI的典型代表，而FDI最终产品市场选择的不同导致其背后的生产率门槛、贸易成本等影响因素存在显著差异，因此研究中有必要考虑异质型FDI这一特殊的典型性事实。

外国直接投资在缓解中国资本积累瓶颈、扩大就业、促进经济发展中起到了巨大作用，然而，FDI引入的重要初衷——技术溢出，即“以市场换技术”战略，却没能随着FDI在中国的壮大而如期实现。对比FDI技术溢出在发达国家和发展中国家两种不同的表现，可以发现，除了二者的技术差距、人力资本等东道国本身的消化吸收能力存在差异外，FDI在两类国家本身就存在差异：投资发展中国家跨国公司享有更大的优惠政策，且

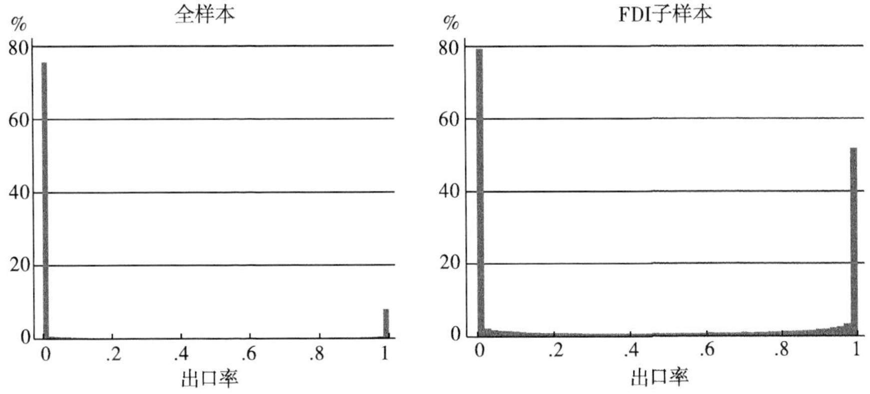

图 1.1　全部企业与 FDI 企业的出口率分布对比

投资方式以出口平台型 FDI 为主。FDI 在发展中国家享有的“超国民待遇”等优惠政策以及大量 FDI 以出口平台型 FDI 形式存在这一典型性事实，既是本书研究的现实背景，也为本书分析引资激励效应提供了一个新的分析视角。

（二）理论背景

近三十年来，FDI 技术溢出的理论机制和实证检验引起了各国学者的研究兴趣，许多经验研究证实，FDI 进入会给东道国带来显著的技术溢出效应（如，Caves，1974；Javorcik，2004；Görg 和 Strobl，2005；Lin 等，2009；Kee，2015）。但 Haddad 和 Harrison（1993）对摩洛哥、Konings（2001）对东欧国家的研究却得出了相反的结论，而在行业内溢出效应研究则发现，外国投资者对当地企业或行业进行技术转移的溢出效应是非常有限或有条件的，有时甚至是负的溢出效应（Aitken 和 Harrison，1999；Javorcik，2015）。因此，对 FDI 是否一定会给东道国带来技术溢出这一问题，实证研究并没有给出统一答案。

国内学者也对外资技术溢出的存在性、溢出的影响因素以及溢出机制等进行了大量的研究（何洁，2000；沈坤荣、耿强，2001；潘文卿，2003；张海洋，2005；李平，2006 等），但研究结论亦不统一，这促使学者们转向 FDI 技术溢出的条件性研究。最近的文献分别从 FDI 溢出的制度因素（蒋殿春、张宇，2008）、技术差距（王华、祝树金、赖明勇，2012）、人力资本（殷醒民、陈昱，2011）和东道国经济转型（陈丰龙、徐康宁，2014）等因素进行了检验。FDI 市场竞争挤出效应也开始受到关注，如钟昌标、黄远浙、刘伟（2013，2015）对 FDI 行业渗透水平和外资进入速度的考察，Lu 等（2017）详细区分并识别了 FDI 集聚溢出效应和市场竞争效应。

然而，现有的 FDI 技术溢出研究基本上都沿袭了传统的将 FDI 视为一个整体的同质性变量处理方式，鲜有对 FDI 异质性问题的探讨。事实上，如图 1.1 所示，以企业出口比例衡量的市场分布表明，进入中国的 FDI，其市场分布呈显著的“U 型”特征，外商投资企业中有相当大的比重主要从事以出口为主要目标的加工贸易，这种出口平台型 FDI 与完全不出口的以中国市场为目标的市场寻求型 FDI 形成鲜明对比。市场选择不同的背后是生产率差异，正如新新贸易理论所强调的，投资沉没成本与贸易成本使得跨国公司的市场自我选择行为存在生产率进入门槛差异，生产率最低的企业选择国内市场，生产率较高的企业选择出口，而只有生产率最高的企业选择跨国投资（Melitz，2003；Helpman 等，2004）。出口平台型 FDI 与市场寻求型 FDI 二者最终产品市场的不同导致其背后的贸易成本、生产率门槛等企业自身特征存在显著的系统性差异。而企业生产率与 FDI 与东道国企业间的技术差距密切相关，是影响 FDI 技术溢出效应的重要因素。因此，从异质性企业市场自我选择视角对 FDI 进行分类研究不仅有实践指导意义，亦有其理论依据，研究中有必要从该角度考虑 FDI 质量问题。

现有 FDI 技术溢出研究文献的另一个问题就是将 FDI 视为外生的，强调的是东道国的消化吸收能力，少有考虑东道国引资激励政策对异质型 FDI 进入中国的市场选择及其技术溢出效果影响的研究，即便是对“以市场换技术”战略的质疑也仅仅是验证 FDI 溢出是否存在，而非比较研究东道国优惠政策对溢出效应的影响。这显然无法准确客观地衡量其政策效果。Yeaple（2009）证明，FDI 生产率随东道国特征而变化。Chen 和 Moore（2010）的经验实证结果表明，法国跨国公司的平均生产率与东道国当地的外资吸引力成反比。按照新新贸易理论的思想，过度的引资激励政策将会降低 FDI 进入东道国的生产率门槛，同时，引资激励政策对低技术水平的出口平台型 FDI 更具吸引力，这也将改变 FDI 进入东道国的构成。优惠政策降低了 FDI 进入东道国的质量并改变了其构成，同时异质型 FDI 本身存在质量差异，这势必都将影响 FDI 对东道国企业的技术溢出效应，过度的招商引资优惠政策以及对不同类型 FDI 的招商引资政策效果差异很可能是破解发展中国家难以获得 FDI 技术溢出、“以市场换技术”战略在中国未能如期实现的关键。基于此，本书将从理论分析和实证检验两方面考察引资激励措施的实施效果，尤其是从 FDI 投资决策内生化和质量异质性角度考察对 FDI 技术溢出的影响。为使研究结论更稳健，我们除了对中国数据进行实证分析外，还将运用全球面板数据分析不同的东道国环境和引资激励措施对 FDI 进入数量、质量以及技术溢出的影响。

二、研究意义

（一）理论意义

本书将从 FDI 质量视角研究 FDI 技术溢出效应以及引资激励的政策效果。为此，本书结合中国存在大量出口平台型 FDI 这一典型性事实进行分析。首先，拓展了新新贸易理论的自我选择模型。HMY 模型（Helpman 等，2004）和 Yeaple 模型（Yeaple，2009）探讨了企业在出口与水平型 FDI 两种进入国际市场方式间的自我选择问题。本书以此为基础，拓展构造了一个异质性企业在出口、出口平台型 FDI 与市场寻求型 FDI 之间自我选择的模型，从而将新新贸易理论对 FDI 的研究从水平型 FDI 扩展到所有 FDI 类型，这是新新贸易理论的有益补充。其次，在前人关于 FDI 技术溢出的研究中，FDI 基本都是外生同质的，本书首次将新新贸易理论的生产率异质性思想引入 FDI 技术溢出研究。通过将 FDI 区分为出口平台型 FDI 与市场寻求型 FDI，可以比较二者最终产品市场的不同所导致的其背后的贸易成本、生产率门槛等企业自身特征所存在的显著的系统性差异。而企业生产率与 FDI 和东道国企业间的技术差距密切相关，是 FDI 进入东道国后通过示范模仿、人员流动、市场竞争等途径产生技术溢出效应的重要因素。因此，从异质性企业市场自我选择视角将异质型 FDI 加以区分可以更好地研究 FDI 质量与技术溢出效应，不仅拓宽了 FDI 技术溢出研究思路，亦深化了其研究。最后，本书直接检验招商引资影响 FDI 技术溢出效应的政策效果，这有别于目前大部分的以溢出存在性验证“以市场换技术”战略的研究，不仅完善了 FDI 技术溢出研究，更为提高招商引资质量提供理论指导。

总之，本书将从 FDI 质量内生选择角度研究 FDI 技术溢出效应，这既拓展了新新贸易理论的自我选择模型，亦深化了 FDI 技术溢出的理论基础，在理论上具有重要的意义。

（二）实践意义

FDI 在缓解中国资本积累瓶颈、扩大就业、促进经济发展方面的作用不容忽视，然而，随着中国经济步入新常态，技术驱动型经济发展的重要性日益凸显。自主创新与 FDI 技术溢出是实现技术进步的两条主要途径。本书通过区分异质型 FDI，将新新贸易理论思想引入 FDI 技术溢出研究，从而更好地研究 FDI 质量及技术溢出效应，以便有针对性地提高 FDI 技术溢出效果，实现本国技术进步与经济发展。特别是，本书在异质型 FDI 自我选择理论基础上，研究东道国的优惠政策对跨国公司进入中国的生产率门槛与其技术溢出效应的影响，以及比较优惠政策对异质型 FDI 溢出影响的差异，可以客观准确的评价招商引资政策的实施效果，从而更有效地提高引资质量，促进“以市场换技术”战略的实现。

此外，异质型 FDI 中出口平台型 FDI 与市场寻求型 FDI 是 FDI 参与国际分工的两种实现方式，也是东道国参与全球一体化生产体系、提升产业结构的重要途径。全球一体化生产体系使产品的生产工序或环节分散在不同国家和地区，形成一个以产品价值链为纽带的全球化生产一体化过程。FDI 为发展中国家嵌入全球价值链，提高生产和创新能力，实现产业结构的调整与升级带来了机遇，但出口平台型 FDI 与市场寻求型 FDI 本身的价值链长度就存在差异，对东道国延伸自然有所区别。从中国目前参与国际一体化生产分工的现状来看，中国正处于出口平台型 FDI 主导的加工装配阶段，并正在逐步从简单加工装配向复杂加工装配和配套零部件的生产进行转变，如何进一步利用 FDI 国际一体化生产促进产业结构的提升对中国具有重要的意义，而进一步融入国际分工体系中也有助于中国逐步解决发展中的现实问题和矛盾。

最后，不同类型跨国投资进入的生产率门槛不同，通过对异质型 FDI 质量的分析，可以反过来促进中国“走出去”战略的实施。目前中国企业的“走出去”正处于起步和探索阶段，缺乏经验，如何培育中国的全球性竞争企业，增强企业“走出去”的能力是需要研究的重要问题。传统理论认为，比较优势是决定一国在国际分工中地位的主要基础，但在经济全球化与要素的流动性日益增强的情况下，某一国的比较优势实际上成为本国企业及外国企业都可以利用的区位优势，发展中国家企业亦可通过恰当的方式嵌入全球生产网络与销售网络，通过整合全球要素资源，提高竞争力。出口平台型 FDI 与市场寻求型 FDI 两种投资方式的对比研究可为此提供有益的借鉴。因此，异质型跨国公司的市场自我选择研究对此具有重要的借鉴意义和实践价值。

第二节 概念界定、研究内容和研究思路

一、概念界定

为避免概念上的混淆，本书首先对研究对象及相关概念做一下界定。首先需要明确的是，为叙述的方便，“外商直接投资（FDI）”和“跨国公司”是混用的，二者含义基本相同，本书不做区分。按照国际货币基金组织的定义，外商直接投资是指：在投资人以外的国家或地区所经营的企业拥有持续利益的一种投资，其目的在于对该企业的经营管理具有发言权。因此，跨国公司是外商直接投资的表现形式，根据不同的场合以及叙述习惯，本书交替使用“外商直接投资（FDI）”或“跨国公司”，但二者含义

无本质的区别。

新贸易理论下一般将外商直接投资分为垂直型 FDI 与水平型 FDI（Helpman，1984；Markusen，1984），传统国际投资理论的主要研究对象就是发达国家的水平型投资和垂直型投资两类对外直接投资。水平型投资是指要素禀赋和技术水平大体相同的国家之间的相互投资，跨国公司在国外设立子公司直接生产以供应当地市场，又称市场寻求型投资。垂直型投资是指要素禀赋不同的国家之间的投资，跨国公司根据各国的比较优势将生产的不同阶段分布于不同国家，又称效率寻求型投资。垂直型投资提高了跨国公司的竞争力，产品主要返销母国市场。传统的跨国公司理论认为，水平型对外投资的目的是为了避免贸易壁垒和接近消费市场，垂直型直接投资的目的是为了利用各国的比较优势。

国内亦有学者对进入中国的 FDI 是垂直型还是水平型做过区分研究（薛漫天、赵曙东，2007）。但随着国际一体化进程的发展，二者的界限越来越模糊，跨国公司在全球范围内配置资源、寻求市场，形成了多国情况下的出口平台型 FDI①（Ekholm 等，2007）。出口平台型 FDI 既包括返销母国的垂直型 FDI，亦包括在东道国组装、面向第三国销售的 FDI，与之对应的市场寻求型 FDI 则主要包括传统意义的水平型 FDI。考虑到本书研究的需要，我们不再关注水平型与垂直型投资本身，而是将 FDI 区分为出口平台型 FDI 和市场寻求型 FDI。

二、研究内容

本书主要研究市场异质型 FDI 技术溢出、FDI 质量与市场自我选择、FDI 质量与东道国技术进步、异质型 FDI 进入东道国的生产率门槛与技术溢出效应差异，以及招商引资优惠政策对异质型 FDI 进入的质量和 FDI 技术溢出效应的影响，并运用中国企业的大样本微观数据对此进行经验分析。研究内容主要包括以下五个方面。

---

① Yeaple（2003）称之为复合型 FDI，并对其成因做了探讨。

（一）文献综述

本书涉及的研究文献主要包括 FDI 技术溢出研究与 FDI 区域选择。FDI 技术溢出研究主要包括 FDI 技术溢出的相关理论研究发展以及 FDI 技术溢出效应检验和 FDI 技术基础的条件性检验。其中，FDI 技术溢出效应检验分为已厂效应、行业内溢出和行业间溢出三个部分进行梳理。FDI 技术溢出的条件性检验分为技术差距以及东道国消化吸收能力两个部分进行梳理。FDI 区位选择文献回顾包括传统的 FDI 经典文献与新新贸易理论异质性研究的最新进展，以及引资竞争与 FDI 区位选择。国外直接投资经典理论回顾了关于垂直型与水平型 FDI 的研究，考虑到本书的招商引资研究与 FDI 的投资地域选择有关，这一部分对 FDI 区位选择理论的研究也进行了回顾。FDI 区域选择研究首先总结梳理了新新贸易理论的两大发展脉络：自我选择理论与一体化内生选择理论，然后针对本项目主要侧重的自我选择理论方面，考察了新新贸易理论的国内外经验检验证据。

（二）理论分析

本书将出口平台型 FDI 纳入新新贸易理论对异质性企业在内销、出口以及水平型 FDI 间自我选择的分析框架，分析了跨国公司在出口与出口平台型 FDI 和（或）市场寻求型 FDI 间自我选择的生产率门槛。影响 FDI 进入的生产率门槛的因素包括市场需求规模、边际生产成本、固定投资以及冰山运输成本。本书进而比较了出口平台型 FDI 与市场寻求型 FDI 的生产率门槛差异。

FDI 技术溢出的分析相对简单，跨国公司生产率决定了其与东道国的技术差距，在市场竞争效应（市场规模）一定的条件下，FDI 溢出效应可视为跨国公司生产率的增函数。进入东道国的 FDI 存在生产率差异，这导致 FDI 溢出不同。

最后，本书借鉴了一个政府财政政策模型分析税收竞争、基础设施或金融发展环境等公共品提供对 FDI 流入的影响。

（三）引资激励、FDI 质量与技术溢出的跨国经验分析

在理论部分模型分析的基础上，本书采用全球 60 国跨国数据经验进行

研究，主要包括三个方面的内容，一是以来源地生产率水平构建 FDI 质量指数，从量与质两方面考察 FDI 对东道国技术进步的影响；二是比较了税收竞争、基础设施或金融发展环境等引资激励措施对 FDI 流入及其技术溢出效应的影响；三是以一个更大的全球样本数据，重新考察了金融发展、FDI 以及东道国经济增长的关系。

（四）引资激励、异质型 FDI 与技术溢出的中国微观数据分析

在理论部分模型分析的基础上，本书利用中国工业企业数据进行了经验研究，主要包括三个方面的内容。一是从异质型 FDI 的视角考察了跨国公司对东道国内资企业技术溢出的差异；二是比较了异质型 FDI 质量差异以及异质型 FDI 质量对企业市场选择的影响；三是考察了东道国招商引资优惠，包括税收、基础设施、金融发展三者对 FDI 进入数量、质量、结构以及 FDI 技术溢出效应的影响。经验分析所用数据为中国企业的大样本微观数据。

（五）结论和政策意义

在最后一部分中，对本书进行了总结，并提出了异质型 FDI 对中国的影响以及中国招商引资政策的效果意义以及进一步研究的方向。政策意义部分包括：外资、外贸政策的产业导向；地方政府利用外资和 OFDI 建议。

三、研究思路

本书主要包括文献回顾、理论研究、经验研究和研究结论，分成几个部分。第一部分，对已有相关文献进行了回顾和梳理。第二部分，通过建立模型比较出口平台型 FDI 与市场寻求型 FDI 的技术溢出是否存在差异，并进一步得出市场选择差异背后可能是 FDI 质量的原因。第三部分，理论分析，FDI 质量影响了企业的市场选择，其带来的技术溢出效应在不同发展水平的东道国是有差异的。第四部分，分别用国际数据和国内数据，以来源地生产率水平构建 FDI 质量指数，从量与质两方面考察 FDI 对东道国技术进步的影响。第五部分，基于中国企业微观数据分别检验了引资优惠

政策对异质型 FDI 进入质量以及 FDI 技术溢出的影响。本书最后一部分，对全书进行了总结并指出了研究的政策意义。

第三节 研究方法和创新之处

一、研究方法

本书的研究主要采用了理论模型和经验研究相结合、定性分析和定量研究相结合、静态分析和比较静态分析相结合等方法，具体研究方法如下。

理论模型和经验研究相结合。本书采用了规范的经济学研究范式，在对相关研究文献进行回顾和总结的基础上，建立理论模型，然后运用计量经济分析工具，对模型的结论进行验证，最后指出研究的政策意义。

静态分析和比较静态分析相结合。首先通过实证检验发现出口平台型 FDI 与市场寻求型 FDI 在技术溢出方面存在差异，进而在理论模型部分，建立基本模型，分析跨国公司进入东道国生产率门槛的决定因素。以来源地生产率水平构建 FDI 质量指数，从量与质两方面考察 FDI 对东道国技术进步的影响。然后分析优惠政策导致各决定因素变化时对生产率门槛的影响。在基本模型的基础上，本书分析了 FDI 生产率对其技术溢出的影响，然后分析优惠政策改变生产率门槛参数所带来的技术溢出效应。

定性分析和定量研究相结合。本书不仅从定性的角度分析了异质型 FDI 质量与技术溢出效应，而且用现实中的相关数据进行了定量研究。

二、创新之处

本书主要在以下方面进行了创新：

第一，HMY 模型（Helpman 等，2004）和 Yeaple 模型（Yeaple，2009）探讨了企业在出口与水平型两种 FDI 进入国际市场方式间的自我选择问题。本书以此为基础，结合中国存在大量的出口平台型 FDI 这一典型性事实，拓展构造了一个异质性企业在出口、出口平台型 FDI 与市场寻求型 FDI 之间自我选择的模型，从而将新新贸易理论对 FDI 的研究从水平型 FDI 扩展到所有 FDI 类型，这拓展了新新贸易理论自我选择分析的研究内容。

第二，本书将新新贸易理论思想引入 FDI 技术溢出研究，改变了传统 FDI 技术溢出研究中的外生、同质假定，这便于从理论上分析东道国招商引资优惠的政策效果。因为在本书中异质型 FDI 进入东道国的生产率门槛存在差异，且这一门槛是受东道国政策内生决定的，所以随着优惠政策的变化，跨国公司的生产率水平会有所改变。本书在这个条件下，考察了东道国引资优惠政策对 FDI 质量与溢出效应的影响，结果表明，优惠政策改变了跨国公司进入的生产率门槛和技术溢出效应，且政策效果在异质型 FDI 间存在差异。这个结论是对前人关于 FDI 研究的补充。

第三，本书以来源地生产率水平构建 FDI 质量指数，从量与质两方面考察 FDI 对东道国技术进步的影响。为避免采用个别国家数据样本所导致的样本特殊性和局限性，我们采用了 60 国面板数据，分类比较了东道国发展差异对 FDI 溢出效应的影响，以更好地验证 FDI 对东道国技术影响的普遍规律及条件性。

第二章 文献回顾

本章第一部分首先总结了 FDI 技术溢出的基础理论研究以及研究进展，然后梳理了 FDI 技术溢出效应检验和 FDI 技术基础的条件性检验。其中，FDI 技术溢出效应检验分为己厂效应、行业内溢出和行业间溢出三个部分进行梳理，FDI 技术溢出的条件性检验分为技术差距以及东道国消化吸收能力两个部分进行梳理。第二部分首先回顾了直接投资经典理论研究，包括对垂直型 FDI 与水平型 FDI 分析，以及 FDI 区位选择理论，然后是对新新贸易理论的回顾以及国内外经验研究的总结梳理，并总结和评价了新贸易理论和新新贸易理论框架下的研究。此外，我们还从税收优惠、金融发展水平，以及市场寻求型 FDI 和出口平台型 FDI 三个方面，对 FDI 区位选择的关系进行梳理。最后是对研究的总结评价。

第一节 FDI 技术溢出研究

所谓技术溢出，就是一国的开发能力通过消费和生产使用的各种方式为另一国使用、吸收、复制和改进的过程。这一过程并非简单的翻版，而是需根据当地特定的社会、政治、技术、气候、经济、教育等条件进行相应的改造，从而适应这些外在的环境。国际技术溢出既包括有意识的技术转移，也包括无意识的技术传播。此外，需要特别指出的是，本书研究的技术溢出有别于国家或地区内部的技术外溢，文献梳理的重点限于通过 FDI 渠道的国际技术溢出。

一、国际技术溢出理论

跨国公司（Multinational Corporation，MNC）的对外直接投资（Foreign Direct Investment，FDI）是技术溢出的一条重要渠道。对 FDI 技术溢出的探讨最早可以追溯到 20 世纪 60 年代初。Macdougall（1960）在分析外国直接投资的一般福利效应时，第一次把技术的溢出效应视为 FDI 的一个重要现象。稍后，Cooden（1960）和 Caves（1971）分别考察了 FDI 对最佳关税、产业模式和福利的综合影响，其中多次提及技术溢出效应。早期研究中，大多是基于案例分析的理论抽象与总结，个别的辅以数据检验的实证分析。有代表性的是 Caves（1974）的研究，他根据技术扩散对当地厂商的不同影响，最早比较全面地把技术扩散可能存在的外在性分为三类：①本来具有强大壁垒的行业，由于 MNC 的强行进入，垄断扭曲受到遏制，资源配置得到改善；②来自 MNC 不断增加的竞争压力或示范效应，刺激当地厂商更加有效地使用现有资源，推动当地技术效率的提高；③由于竞争、反复模仿或其他原因，MNC 的进入将加快技术转移和扩散的速度。

继 Caves 之后，Findlay（1978a）、Koizumi 和 Kopecky（1977）成为该领域的主要贡献者。总之，在 Findlay（1978a）、Koizumi 和 Kopecky（1977）、Das（1987）看来，溢出源于当地厂商与多国公司（Multinational Corporations，MNC）子公司之间的技术差距，或溢出水平的大小取决于技术差距和外资在行业中的份额，但他们没有兼顾当地厂商和 MNC 子公司的行为对溢出的影响。Wang 和 Blomstrom（1992）则比较全面地看到了当地厂商和 MNC 子公司的决策、行为对技术溢出的影响。

后来的 Haddad 和 Harrison（1993），Kokko（1994），Kokko、Tansini 和 Zejan（1996）也对这方面进行了系统的实证研究，其结论也支持上述观点：MNC 对外直接投资的技术溢出效应表现在示范效应、联系效应和人力资本流动等方面。

总体来说，技术溢出的研究思路主要是厂商博弈论分析与研发外部性分析，大体上技术溢出理论可分为：①技术溢出的博弈分析，主要以 Kapur（1995）和 Ziss（1994）等人为代表；②策略联盟中的技术溢出分析，主要以 Gugler 和 Dunning（1993）、Hagedoorn（1995）及 Duysters（1996）等人为代表；③技术溢出效应和"边干边学"，主要以 Parente（1994）、Colombo 和 Mosconi（1995）等人为代表；④技术溢出路径的动力学分析，主要以 Andersen（1999）等人为代表。此外，还有诸如 Stevens（1994）构建的不完全竞争条件下工作培训及其人力资本流动模型；Cowan 和 Foray（1995）构建的军事和民用 R&D 二元技术溢出模型等。

近十几年来，东道国企业对技术溢出的消化吸收行为被纳入跨国公司技术转移的策略分析。如 Griffith 等（2003）重点考察了 R&D 的两面性，即 R&D 一方面实现了东道国企业的技术创新，加速了收敛过程，另一方面与技术前沿距离的交互项反映了 R&D 的消化吸收效应。Aghionetal（2009）将熊彼特的破坏性创新引入 FDI 技术溢出研究，认为 FDI 企业的进入行为会激励距离技术前沿较为接近的东道国企业的研发活动和技术水平，但对远离技术前沿的企业则会产生抑制作用。

二、FDI 技术溢出效应检验

国际技术外溢一直被认为是发展中国家技术进步的主要来源之一（Grossman 和 Helpman，1991），有的经验研究也表明 FDI 进入会给东道国带来显著的技术溢出效应（Javorcik，2004；Blalock 和 Gertler，2007）。因此，许多发展中国家期望通过 FDI 带来技术转移和技术溢出，制定了许多有利于引进 FDI 的优惠政策。

理论上，FDI 可通过竞争激励、示范模仿、人员流动等途径对东道国产生技术溢出。随着全球经济一体化进程的加快，跨国公司在国际技术扩散中扮演着越来越重要的角色，成为国际技术扩散的重要载体。然而，跨国公司对技术外溢是区别对待的，其通常鼓励对当地供应商的关联产业技术溢出，但对同行业企业则试图进行技术封锁。这导致实证研究结论的复杂性。

FDI 进入东道国之后，首先会寻找一个有前景的行业，选择行业中有实力的企业进行合作，形成合资或合作企业，然后会在行业间即上下游企业中选择供应商与零售商。FDI 可以通过企业内的“己厂效应”、行业内的“水平效应”和行业间的“前后向关联效应”三个作用渠道，起到判断企业好坏的“信号”作用。

（一）FDI 的己厂效应

Aitken 和 Harrison（1999）最早将企业内部的外资比例对合作企业生产效率的影响定义为“own – planteffect”（己厂效应）。虽然有大量关于国内外企业生产率或技术差距的研究，但很少有研究分析外国所有权直接影响其收购目标的因果效应以及它们如何表现出积极的生产力效应。在制造业方面，Harris 和 Robinson（2003）发现在英国的外资企业通常具有更高的全要素生产率。此外，Conyon（2002）以及 Girma 和 Gorg（2007）观察到外国公司收购的国内公司的劳动生产率的提高。

发展中国家的证据也很有限。Arnold 和 Javorcik（2009）认为，从国内所有权到外国所有权的转变改善了印度尼西亚制造业的表现。外国公司生产率提高的原因包括他们的专有技术，吸引更有积极性的雇员的能力，以及更高级的知识、管理技术和营销策略。接受外国投资的工厂也通过出口更大份额的产出和进口更大份额的投入而与全球经济更加一体化。

关于服务，Arnold、Javorcik 和 Mat.（2011）发现，外国收购捷克服务供应商导致被收购公司的劳动生产率和销售大幅增加。这些发现与外国服务提供商向捷克共和国提供新技术和知识是一致的。他们的服务对捷克消费者更具吸引力，并且能够提供更高的质量、品种和可用性。

Aitken 和 Harrison（1999）提供了一个框架，用于理解外国直接投资对国内企业的负面溢出效应。他们认为，国内企业可以通过知识溢出（例如模仿外国跨国公司的技术、管理实践和市场导向）、实验室和对在外国跨国公司拥有工作经验的员工的招聘，以及专业投入的供应（例如，从外国跨国公司的供应商那里获得高质量的投入）形成积极效应。这种积极效应在国际和城市经济学文献中通常被称己厂效应。然而，国内市场的市场份额与通常更具生产力的外国文化企业相比较小，因此规模经济会减少从而导致企业生产率下降。这种负面影响通常被称为竞争效应。

FDI 的竞争和己厂效应表现出不同程度的衰减与距离。己厂效应通过知识溢出和劳动力汇集来实现，而这些影响更有可能被位于外国跨国公司附近的国内公司所捕获（最近的文献综述见 Audretsch 和 Feldman，2004）。相比之下，产品市场通常集成在一个国家内，因此竞争效应不会随着距离而大幅减少（最近的文献综述见 Taylor，2004）。由于积极的己厂效应比负面的竞争效应相对更加局部化，因此预计国内企业可以从位于附近的同一行业的外国跨国公司中受益，但可能会受到位于更远地区的外国直接投资的影响。这一论点得到了先前研究的支持，包括 Bwalya（2006）、Sjöholm（1999）、Halpern 和 Muraközy（2007），以及 Xu 和 Sheng（2012）。

国内许多学者也对 FDI 的己厂效应进行了相关研究。罗长远和陈琳（2011）实证研究表明，外资在企业内所占的份额越多，企业的风险会比较低。此外，陈勇兵和蒋灵多（2012）对 1999—2007 年新成立的非国有企业样本数据进行了实证检验，结果发现，外资参与企业具有一个更小的失败概率为 24.6%，而非外资参与企业的失败概率为 27.3%。同样的，外资参与企业的生存时间更长，企业规模更大，全要素生产率更高，资金流动比率是非外资参与企业资金流动比率的 2.33 倍，外资的参与也可以有效地缓解企业的融资约束，国内企业内部流动资金比率每提高一个单位，企业的失败风险就降低 3.01 个百分点。王志鹏和李子奈（2003）采用 2000 年的 500 个工业行业的企业数据，对外资影响我国工业企业生产效率的途径进行了经验分析，得出了外资参股有助于提高国内企业的生产效率的结论。王争等（2009）指出，与外资有合作关系的内资企业可能会比全内资企业更能方便、有效地吸收外国技术和管理经验，而将这两种形式的 FDI 进行混同估计可能会低估企业内 FDI 的溢出，同时高估企业间 FDI 的溢出。田利辉等（2014）发现企业内的外资参股能显著提高内资企业的生产效率水平，即己厂效应显著。

此外，外资的溢出程度由于受到制度的影响，所以研究外资溢出不能忽略制度的中间作用，在控制制度改善的效率影响后，蒋殿春和张宇

（2008）通过研究发现 FDI 对内资企业全要素生产率的影响并不显著甚至为负。

（二）FDI 的行业内溢出

行业内溢出又称为水平溢出，当地企业通过模仿和学习在本地市场运作的同行业跨国公司的新技术和先进的管理经验（示范效应），或者通过雇用在跨国企业受到较好培训及具有实践技术的东道国雇员（人力资源流动）来提高他们的生产效率。此外，FDI 进入导致东道国市场的竞争更加激烈，也会迫使本地企业更有效地利用现有资源或者寻找新的资源技术（竞争效应）。Kokko（1994）总结了 FDI 对东道国企业的技术溢出机制，即示范模仿效应、竞争效应、联系效应和培训效应。Blomstrom 和 Kokko（1998）将 FDI 产生溢出效应的路径概括为模仿学习和竞争两种。Kinoshita（2001）、张建华和欧阳轶雯（2003）将 FDI 溢出效应进一步归纳为示范效应、竞争效应、关联效应和人员培训效应。

Caves（1974）最早开始对 FDI 溢出效应进行研究。他认为跨国公司进入东道国市场壁垒较高的行业，能够通过纠正市场垄断扭曲改善资源配置效率；当地企业可以学习和模仿跨国公司的新技术和先进管理经验。由于不断增加的竞争压力，使得当地企业努力提高现有资源的使用效率，因而促进了当地技术水平的提升，使技术转移和扩散速度加快。后续 Globerman（1979）、Blomstrom 和 Persson（1983）、Blomstrom（1986）等都对 FDI 的正向水平溢出效应提供了积极的证据。

虽然早期的研究（如 Aitken 和 Harrison，1999；Haskel、Pereira 和 Slaughter，2007）显示出截然不同的结果，但有证据表明，外国直接投资具有行业内溢出效应。Javorcik（2014）指出，影响可能取决于发达国家和发展中东道国的技术复杂程度和竞争水平。例如，Meyer 和 Sinnai（2009）的一项究表明，对于低于最低门槛水平的国家（基本没有竞争的贫穷国家）和高于最高门槛水平的国家（发达国），外国直接投资溢出效应更大。在这些门槛水平之间，由于对当地企业的“挤出”效应，外国直接投资溢出效应较小。然而，任何外国直接投资的“挤出”效应只有在投资业务面向东道国的国内市场，导致外国公司与当地公司竞争时才适用。这在很多情况下都不是追求效率的投资，出口导向的外国企业所处的特定国家不是为了供应这个市场，而是为了供应国际市场。

研究还必须区分外国直接投资的知识和竞争效应，因为这些可能是相反的方向。世界银行2003年对捷克和拉脱维亚企业家进行的调查提供了证据表明所有类型的外部性（Javorcik 和 Spatareanu，2005）。他们通过示范效应和劳动力流动证实了知识转移的存在。他们观察竞争效应，这在短期内可能对某些公司产生不利影响。此外，这两种效应在各国的相对流行程度不同，这可以解释不同经济体所得结果缺乏一致性。

在一份相关的报告中，Alfaro 和 Chen（2018）研究了跨国公司层面的数据，结果显示，跨国公司进入的概率增加一个百分点，就能使跨国公司的国内生产总值提高1.6%。他们发现，市场资源的重新配置和知识溢出都是生产率增长的重要来源。然而，其中很大一部分生产率的增长是通过竞争效应来实现的。

行业内溢出效应的其他研究也令人鼓舞。Kee（2015）发现了与外国公司共享供应商的本地公司生产率提高的证据，其对孟加拉国服装业研究发现，当地企业通过与FDI共享供应商使生产率提升了1/3。Görg 和 Strobl（2005）发现，通过劳动力流动的溢出效应来提高生产率，这表明，由在同一行业的跨国公司中工作过的老板运营的公司，其生产率水平高于其他公司。Keller 和 Yeaple（2009）指出，1987—1996年，FDI带来的技术溢出效应可能占到美国制造业生产率增长的14%。

然而 Haddad 和 Harrison（1993）对摩洛哥、Konings（2001）对东欧国家的研究却得出了相反的结论。可见，对FDI是否一定会给东道国带来梦寐以求的技术溢出这一问题，实证结果上并没有给出统一答案。虽然大多数决策者都相信或者希望FDI能对东道国产生积极的技术溢出效应，但一些实证研究却不支持这一观点，特别是对发展中国家的溢出研究中，无论是宏观数据还是微观数据几乎都发现FDI没有对东道国产生技术溢出效应。外国投资者对当地企业或行业进行技术转移的溢出效应非常有限，有时甚至是负的溢出效应（Aitken 和 Harrison，1999；Javorcik，2015）。

究其原因，FDI 对东道国的影响除技术溢出效应外，市场竞争效应的不确定性可能更重要。FDI 凭借着资本和技术优势，以及东道国吸引外资的优惠政策，往往在市场竞争中处于优势，对东道国企业形成挤压、控制，甚至形成行业垄断，产生挤出效应，不利于东道国企业发展和技术进步。Meyer 和 Sinnai（2009）Meta 研究表明 FDI 溢出效应出现在不存在竞争的落后国家和市场高度动态化竞争的发达国家，竞争程度介于二者间的国家由于严重的竞争挤出效应，FDI 溢出效应要小得多，即呈“U 型”特征。

国内学者也对 FDI 溢出在中国是否存在进行了大量研究（沈坤荣、耿强，2001；潘文卿，2003；亓朋等，2008；马林、章凯栋，2008；等），研究结论亦不统一。例如，潘文卿（2003）指出，20 世纪 90 年代后半期，中国工业部门引进外商投资在总体上对内资部门产出增长起到了积极的促进作用，外商投资的外溢效应为正。还有一些研究表明，FDI 虽然能产生积极的外溢效应，但这一外溢效应的作用并不是太大。如亓朋等（2008）利用中国制造业 14291 家企业 1998—2001 年的面板数据发现，行业内外资的外溢效应表现并不明显。田利辉、刘廷华、随洪光（2014）发现行业内的水平溢出效果从总体来看是不确定的，正向的技术推动与负向的抢占市场同时存在。而另一些研究则表明，FDI 不仅没有促进中国本地企业的技术进步，反而产生了负面影响，抑制了中国本地企业的技术创新（马林、章凯栋，2008）。

（三）FDI 的行业间溢出

由于许多学者在对 FDI 的行业内溢出研究中得出了不同的结果，学者们发现，可能是在错误的方向上寻找 FDI 的溢出效应，溢出可能不是发生在行业内，而是发生在行业间，尤其是通过后向关联渠道，在当地中间产品供应商和跨国公司分支机构的直接联系中发生（Javorcik，2004）。

外商直接投资外溢可以在同一行业内由外资企业向国内企业转移，涉及内资或横向外溢，也可以在其他行业之间转移，涉及产业间或纵向外溢。纵向溢出效应会影响到上游部门投入和服务的本地运营供应商和下游部门的客户。这种相互作用通常称为向后和向前联系。

现有文献区分了两种效应类型，以及溢出和链接的潜在传播渠道。第一类是知识效应，也就是说，当一个跨国企业创造的知识被当地的运营公司使用而没有得到完全的补偿。例如，通过对外国子公司的观察，或劳动力的流动，知识转移到供应商或客户。第二类是市场外部性，例如通过价格和竞争影响而产生的外部性，也就是说，新的投入增加产生了需求升级动机，或外国子公司的进入改变了市场结构。

产业间的溢出效应已经相对成熟，反映了外国公司与当地供应商互动的动机，同时也防止了将知识泄露给当地竞争者。Javorcik（2004）和 Du Harrison 和 Jefferson（2012）发现这些垂直溢出在中国和立陶宛的证据。Javorcik 和 Spatareanu（2009）在捷克共和国发现了通过选择和学习渠道向外国公司供应商溢出的证据。Farole 和 Winkler（2014）利用了世界银行企业调查覆盖的 78 个发展中国家超过 2.5 万家国内制造企业的跨部门数据。当与行业国家案例研究相结合时，他们发现供应链（特别是通过本地采购的后向联系）似乎为外国直接投资溢出效应提供了最直接的渠道，特别是对于生产率较低的公司。

关于通过正向联系的纵向溢出，一些研究强调了通过服务自由化对制造业部门的生产率溢出，包括捷克共和国的 Arnold、Javorcik 和 Mattoo（2011），智利的 Fernandes 和 Paunov（2012），罗马尼亚的 Javorcik 和 Li（2013）的研究。这些结果与服务业自由化（尤其是服务业的外国直接投资）相一致，即服务的可用性、范围和可靠性有所提高。这些反过来又有助于使用服务作为输入的制造企业取得更好的绩效。

更多的计量研究，如 Jabbour 和 Mucchielli（2007）基于西班牙 1990—2000 年企业级数据库的使用，Blalock 和 Gertler（2008）对印度尼西亚制造业的企业层面的面板数据的使用，Du、Harrison 和 Jefferson（2011）对中国 1998—2007 年的企业层面的面板数据的使用，Sánchez - Martín（2015）对世界银行企业调查数据的研究，Malik（2015）对印度制造业公司面板数据的研究，都发现了下游部门的跨国公司的存在对上游供应商产生积极的正向后向关联溢出的证据。

国内学者同样也对 FDI 的行业间溢出做了许多研究。如陈涛涛（2003），陈继勇和盛杨怿（2008），陈羽（2009）三组学者利用中国行业的数据，发现 FDI 通过后向关联渠道产生了正向效应。王耀中和刘舜佳（2005）对 22 个工业行业数据进行分析，发现 FDI 通过竞争渠道和前向关联渠道产生了负向的溢出效应，但经由后向关联渠道却对上游行业国有企业产生了显著的技术外溢，且净效益为正。邱斌等（2008）认为，FDI 总体上对内资企业产生了正向技术溢出效应，而且更多的是由后向关联促进技术进步带来的。王滨（2010）发现前向关联对技术效率和技术进步有着相当显著的正向影响，后向关联仅对技术进步的影响较为显著。田利辉、刘廷华、随洪光（2014）认为，企业间的正向溢出作用存在，但更多地来源于关联行业之间的前向溢出，后向溢出并不显著。冯婷婷等（2016）研究了长三角地区的 FDI 对吸收 FDI 较少地区的技术溢出效应，发现长三角地区吸收的高质量 FDI 对吸收 FDI 较少的地区有正向技术溢出效应，但该技术溢出效应受到空间距离和当地承接能力的影响；吸收 FDI 较少的地区加强人力资本建设有助于吸收来自长三角地区 FDI 的技术溢出。Liu（2008）、Xu 和 Sheng（2012）认为内资企业通过购买上游部门中外资企业提供的高质量的中间品、设备而显著提高内资企业的生产效率。

三、FDI 技术溢出的条件性检验

FDI 技术溢出的存在性经验结论的不一致促使学者们转向 FDI 技术溢出的条件性研究，如 Aitken 和 Harrison（1999）分析了东道国企业规模差异对 FDI 技术溢出效应的影响，Meyer 和 Sinnai（2009）、Javorcik（2015）则考察了东道国自身市场竞争程度以及技术水平的影响。Crespo 和 Fontoura（2007）指出，东道国企业的技术吸收能力、内外资企业间的技术差距、内资和外资企业的特征、外资进入的时间和地区等因素都会对 FDI 技术溢出的大小和方向产生影响。

（一）技术差距的影响

一般认为，本土企业需要与MNCs有中等的技术差距才能获得技术溢出效应，如果技术差距太小，则没有领先技术可以溢出；同时，Kokko（1994）、Girma和Wakelin（2001）也指出，技术差距过大也不利于技术溢出的产生。Kokko（1994）是最早关注这个因素的，他考虑3个变量：技术复杂性（以不同行业的人均专利费衡量）、MNCs的平均资本密度以及技术差距（以本土企业与MNCs之间的劳动生产率差距表示）。其结果显示，当技术复杂性与资本密集度增加时溢出效应更难发生，但技术差距指标的影响为中性。然而，较大的技术差距伴随较大的国外市场份额，导致了不利于溢出效应的环境因为MNCs而生存于孤岛之中，与本土企业没有联系。Jabbour和Mucchielli（2007）认为如果跨国公司和国内供应商之间的技术差距过大，外国公司将谨慎选择从国内供应商购买专业化的中间产品。

另一些学者（Findlay，1978；Wang和Blomstrm，1992）也指出技术溢出效应会伴随技术差距扩大而增加，因为这能使本土企业通过模仿而提高效率（技术追赶假说）。然而，差距不能过大，因为这会成为本土企业吸收技术的障碍。正如对吸收能力的研究一样，Cohen等（1989）指出，当东道国企业与跨国公司的技术差距过大时，虽然可供前者模仿、学习的空间比较大，然而由于东道国没有能力吸收外来的技术，溢出效应反而不明显。

在FDI溢出的技术差距因素的国内研究中，陈涛涛（2003）引入了“内外资企业能力差距”的概念对FDI溢出效应进行经验研究。结果表明，当内外资企业的能力差距较小时，有助于FDI的技术溢出，技术的吸收能力也会得到相应提高。蒋殿春、黄静（2006）分析了研发人员质量、研发投入以及技术差距对FDI技术溢出效果的影响，结果证实了显著的研发投入正向影响和技术差距负向影响。孙江永、冼国明（2011）从产业关联和技术差距的角度考察了FDI对中国纺织业的技术溢出效应，结果表明，FDI能否通过水平关联促进内资企业生产效率的改善取决于内外资企业间的技术差距，只有当内外资企业技术差距小于门槛值时，FDI才会通过水平关联产生技术溢出。王华、祝树金、赖明勇（2012）通过引入内外资技术差距的“双刃性”改进质量阶梯型内生增长模型，从理论上证明了存在内外资技术差距的门槛值，使得外商直接投资技术溢出受技术差距的影响而呈现非线性动态演进规律；进一步结合我国 14474 家微观企业面板数据，证明了存在两个技术差距的门槛值，使得外商直接投资企业对于落在不同技术差距范围内的内资企业具有不同的技术溢出效应。陈羽、朱子凯、贺扬（2012）的研究结果表明，外资相对国内企业越先进，行业内的国内企业获得水平的技术溢出效应越大，但该获得的后向技术溢出效应则越低。

（二）东道国消化吸收能力

吸收能力的概念最早由 Cohn 和 Levinthal（1990）提出，他在分析企业研发作用时首次提出了“吸收能力”的概念，认为企业研发投入对其技术进步的影响表现在两方面：研发成果直接促进了技术进步；企业研发投入增强了企业对外来技术的吸收、学习、模仿能力，使得企业拥有更强的技术能力去吸收外部技术扩散。随后在各领域获得了广泛应用，研究者们不断地对其定义进行重新界定：Dahalman 和 Nelson（1997）将其定义为一国学习和使用发达国家现有的先进技术的能力；Girma（2005）指出吸收能力能够显著影响溢出效应；Dutse 等（2012）的研究有效地证明了该结论，发现 FDI 的溢出效应对吸收能力不强的本土企业几乎没有影响；Khordagui（2013）发现以教育水平为吸收变量的情况下，溢出效应更明显。

国内研究中，杨亚平（2012）研究结果表明：跨国公司的显性和隐性知识溢出对供应商技术创新有明显促进作用；供应商的吸收能力对知识溢出和创新绩效有正向调节作用，即供应商的吸收能力不仅有利于其技术创新，而且强化知识溢出对其创新绩效的促进作用；隐性知识溢出在吸收能力的正向调节作用下，对创新绩效的作用更明显。黄繁华、王晶晶（2014）认为东道国吸收能力中，人力资本以及制度因素能够显著促进服务业 FDI 的 R&D 溢出，但金融服务业的发展水平却阻碍了东道国这一途径的技术吸收。Lu 等（2017）详细区分并识别了 FDI 集聚溢出效应和市场竞争效应。其利用 FDI 各维度的差异和国内企业吸收能力的差异，研究了两种基本效应具有不同相对强度的不同情景，从而可能导致不同的总体 FDI 溢出。

国内学者还分别对制度因素、人力资本和东道国经济转型等因素对东道国消化吸收能力进行了检验。

在 FDI 溢出制度因素中，蒋殿春、张宇（2008）对我国市场化改革过程中的 FDI 技术溢出机制进行了较为细致的微观分析，并利用省市面板数据对其进行了实证检验。他们认为，在经济转型特定的制度环境中，由于知识和技术的价值受到低估，企业和个人进行技术改造和更新的激励不足，同时制度的缺陷又禁锢了国内企业的学习和创新能力，因此 FDI 技术溢出机制受到强有力的制约。同时，在控制了制度改善的效率影响之后，他们发现 FDI 对内资企业全要素生产率的影响并不显著甚至是负面的；国内制度的改进有助于 FDI 技术溢出的发挥，相对完善的国内制度环境已成为 FDI 发挥积极作用的前提条件。

在 FDI 溢出的人力资本因素中，殷醒民、陈昱（2011）通过考虑 FDI 技术溢出效应的内生经济增长模型，初步建立了适合中国实际的计量模型，并利用 1990—2005 年长三角地区 16 个城市的市级面板数据来分析 FDI 在长三角地区是否存在技术溢出效应及其传导途径。其实证研究结果表明，FDI 技术溢出对长三角地区经济影响有显著的正效应，并且这种正效应具有鲜明的人力资本特征，即外商直接投资在长三角地区是通过与当地的人力资本结合对经济增长产生了积极作用。因而，提高区域的人力资本供应数量不仅能够扩大技术扩散效应，而且有利于经济的持续增长。

在 FDI 溢出的东道国经济转型因素中，陈丰龙、徐康宁（2014）研究结果表明，在控制了经济转型与 FDI 的交互作用后，整体而言，经济转型并没有显著地促进 FDI 的技术溢出。分区域估计结果显示，在市场化程度较高的转型国家，没有证据表明经济转型促进了 FDI 技术溢出；但在市场化程度较低的转型国家，经济转型却显著地加快了 FDI 技术溢出效应的发挥。分行业研究还发现，上述结论在制造业中得到了进一步的印证。转型国家间 FDI 技术溢出呈现出的差异性，可能与各国的转型方式不同有关，其发现大规模私有化在一定程度上阻碍了 FDI 技术溢出效应的发挥。

与此同时，FDI 市场竞争挤出效应也开始受到关注，如钟昌标、黄远浙、刘伟（2013）试图从外资溢出效应角度实证分析跨国公司在行业方面渗透的最佳水平。通过研究发现，中国制造业外资存在水平与内资企业绩效之间呈非线性的关系，而不是已有研究所发现的线性函数关系。其提出外商直接投资存在阈值效应，外资技术溢出阈值效应对东道国科学地制定利用外资的政策具有重要理论意义和现实意义。在 2015 年的研究中，钟昌标、黄远浙、刘伟（2015）将外资进入速度、企业异质性和生产率整合在一个框架中，分析了外资进入速度对外资与中国制造业内资企业生产率关系的调节作用。研究结果表明：①外资进入速度负向调节外资对内资企业生产率的影响；②不同来源外资进入速度对各自的外资与内资企业生产率关系调节作用的方向一致，无论是港澳台外资还是西方外资，其进入速度对各自的外资与内资企业生产率关系的影响均呈“U 型”；③外资进入速度对外资与中国不同所有制内资企业生产率关系的调节作用有所区别，其对外资与国有企业生产率关系的调节作用呈倒“倒 U 型”，而对外资与非国有企业生产率关系的调节作用则呈“U 型”。

四、对以上研究的简要评价

通过简单的文献梳理可以发现，现有的研究沿袭了传统的 FDI 外生变量处理方法，强调的是东道国的消化吸收能力，鲜有考虑 FDI 来源地差异导致的技术溢出多样性问题。而新近发展起来的新新贸易理论指出，企业的生产率差异决定着跨国公司的市场自我选择（Melitz，2003；Helpmane-tal，2004），而且，FDI 生产率进入门槛是随东道国特征而变化的（Yeaple，2009）。Chen 和 Moore（2010）指出法国跨国投资公司的生产率水平随所在地区的吸引力的降低而降低。而中国恰恰以小于美国等发达国家的市场规模吸引了全球最多的 FDI，因此有必要研究是否是中国的招商引资优惠政策改变了 FDI 进入中国的生产率门槛，以及这是否会进而影响

FDI 的技术溢出效应。

本书首次将新新贸易理论的 FDI 异质性引入技术溢出研究，从理论分析了东道国优惠政策对 FDI 生产率进入门槛及其溢出效应的影响；进而，运用中国企业大样本的微观数据来验证理论结论，并比较了优惠政策对异质型 FDI 技术溢出影响的差异。同时，本书将采用 FDI 来源地生产率水平构建 FDI 质量指数，从量与质两方面考察 FDI 对东道国技术进步的影响。从源头上考虑 FDI 技术溢出的差异性，即重点关注 FDI 质量对技术溢出的影响，这是本书的主要创新。

第二节　东道国环境、引资竞争与 FDI 区位选择

许多学者对跨国投资这一现象进行了研究。这些研究按时间发展可以分为两类，一类是在新贸易理论框架下对直接投资的经典研究，这类研究主要集中于对垂直型 FDI、水平型 FDI 以及出口平台型 FDI 的研究；另一类研究在新新贸易理论的框架内进行分析，这类研究又可分为 FDI 市场自我选择与 FDI 内部一体化研究。这两类研究的不同在于，前者是从行业角度的研究，后者考察的是 FDI 的企业异质性问题。虽然本书研究引资激励与 FDI 技术溢出效应，但经典跨国投资研究中的 FDI 区位选择也与本书研究的市场选择相关。因此，本节首先回顾水平型、垂直型、出口平台型投资以及 FDI 区位选择的经典理论①，然后对东道国环境与引资竞争对 FDI 区位选择的影响分别做了回顾。

一、FDI 区位选择经典理论

（一）传统 FDI 理论的区位选择

Helpman（1984）、Helpman 和 Krugman（1985）把跨国公司融入要素

① 本章回顾的垂直型投资包括本书引言中定义的垂直型直接投资（vertical FDI）和垂直型分割生产投资（vertically fragmented FDI），本章并未对二者做出区分。

禀赋模型中，开创了垂直型 FDI 的研究。这种理论强调要素禀赋差异对跨国公司选择的影响。在假设没有运输成本和其他贸易障碍情况下，假设存在两个国家，两种产品（一种同质产品和一种差异化产品）和两种要素，差异化产品的生产包括两个阶段——中间产品生产和组装，其中中间产品生产比组装的资本更加密集。当两国要素禀赋差距较小时，仅通过贸易就能导致要素价格均等化，因此跨国公司没有必要产生。当两国要素禀赋差距较大时，仅仅通过贸易不能导致要素价格均等化，这时跨国公司就会产生。跨国公司会把中间产品生产放在资本相对丰裕的国家，而把组装放在劳动力相对丰裕的国家①。垂直投资发生后，母国向东道国出口中间产品，而东道国组装成最终产品后同时供应母国和东道国。因此，在中间产品层面上，垂直型 FDI 与母国的出口是互补的，但在最终产品层面上，二者具有替代关系。

除了水平型投资和垂直型投资以外，考虑第三国因素的出口平台型 FDI（Export - Platform FDI）和复合型 FDI（Complex FDI）成为近期研究的热点。出口平台型投资是指跨国公司在东道国投资生产的目的是向母国和东道国以外的第三国销售。Ekholm、Forslid 和 Markusen（2007）建立了一个三国模型，将出口平台型直接投资分成三种类型：产品返销母国的母国出口平台、产品出口到第三国的第三国出口平台、产品既出口母国又出口到第三国的全球出口平台。并考虑自由贸易区的形成对跨国公司生产与销售的影响。跨国公司选择哪一种类型依赖于各国的边际生产率、各国之间的贸易成本以及各种固定成本②。Yeaple（2003）最早对复合型 FDI 进行了系统研究，复合型 FDI 是指跨国公司同时在不同东道国进行不同类型的投资，在一些东道国进行水平型投资，以节省运输成本，而在另一些东道国进行垂直投资，以利用廉价的生产要素。在某些条件下，这两种投资类型是互补的，即一种投资促进了另一种投资。Grossman、Helpman 和

---

① Blonigen（2005）回顾了证实垂直投资存在的文献。

② Blonigen（2005）回顾了证实出口平台投资存在的文献；Baltagi、Egger 和 Pfaffermayr（2007）提供了复合型 FDI 存在的证据。

Szeidl（2006）在 Yeaple（2003）和 Ekholm、Forslid 和 Markusen（2007）的研究基础上，引入了公司的异质性，他们认为在面临相同的市场环境下，公司生产率的不同会导致各公司做出不同的选择，因此在综合考虑生产和装配的固定成本、公司的生产率后，就可以确定公司的最优国际化战略。当公司的生产率较低并且生产的固定成本相对较高时，采用本国生产中间产品并且装配；当公司的生产率较低并且生产的固定成本相对较低时，南方国家生产中间产品，本国装配；当公司的生产率居中并且生产的固定成本相对较高时，采用本国生产中间产品，南方国家装配①。在出口平台型 FDI 和复合型 FDI 中，第三国的引入对母国和东道国的贸易关系产生了重要影响。这类投资的一个重要目的是利用国家之间的生产成本优势，所以具有垂直型投资的特点，因此促进了母国中间产品的出口；母国利用东道国作为出口平台向第三国出口，所以促进了东道国的出口，但替代了母国向第三国的出口，所以又具有水平投资的特点。与垂直型投资一样，出口平台型 FDI 和复合型 FDI 虽然促进了母国中间产品的出口，但替代了最终产品的出口。

（二）新新贸易理论与 FDI 区位选择

自 20 世纪末开始，随着大量微观数据的出现，国际贸易的研究重心从行业内贸易转移到了出口企业与产品，并形成了所谓的“新新贸易理论”。这一理论的一个关键命题就是企业生产率与其出口决策行为之间的相互关系。已有研究尤其是实证研究证明，企业生产率决定其出口决策，高生产率的企业更倾向于出口。微观数据显示，一个行业内只有很少一部分企业选择出口，与非出口企业相比，出口企业规模较大、生产率水平更高且支付工人较高的工资水平（Bernard 和 Jenson，1995；Clerides，Lach 和 Tybout，1998）。为此，Melitz（2003），Bernard、Eaton、Jensen 和 Kontom（2003）将“企业异质性”等关键假设纳入研究框架以解释企业参与出口是否存在“自我选择效应”。

---

① Greenaway 和 Kneller（2007）、陈永清和李卓（2007）对此类文献做了详细的介绍。

新新贸易理论强调，跨国公司的市场自我选择行为存在生产率进入门槛差异，生产率最低的企业选择国内市场，生产率较高的企业选择出口，而只有生产率最高的企业选择跨国投资（Melitz，2003；Helpman 等，2004）。Keith 和 John（2003）以日本制造业为例，研究了在异质性基础上企业的 FDI 与出口决策。近年来的研究开始关注东道国因素的影响。Yeaple（2009）证明，FDI 生产率随东道国特征的变化而变化。Chen 和 Moore（2010）的实证结果进一步表明，法国跨国公司的平均生产率与东道国当地的外资吸引力成反比。Peter 和 Andrea（2018）研究了东道国不同政策工具怎样影响跨国公司的 FDI 动机。

为了探究生产力的差别是否可以解释厂商在国内市场、出口和 FDI 之间的选择，Keith 和 John（2003）以日本制造业为例，利用 1070 家日本公司的数据，研究了在异质性基础上企业的 FDI 与出口决策。通过建立模型，作者得出以下结论：①如果在东道国运营工厂的固定成本高而生产成本低，那么投资者更倾向于关闭母国工厂，并在东道国投资建立新的工厂，通过将产成品出口至母国以服务母国消费者；②在母国或东道国设立的唯一工厂通常取决于两个因素，即相对成本和市场规模，所有公司都倾向成本低且市场规模大的国家；③对于工资水平而言，当国外工资水平较高时，生产率高的企业更倾向于 FDI。若国外工资水平低，不论企业的生产率高低，都会倾向于 FDI。由于 FDI 主要以兼并收购的方式进行，所以在融资中，我们通常把收购视为公司对市场的控制，基于此观点，Keith 和 John（2008）以异质性投资者收购海外资产为基础建立了简单的 FDI 模型，该模型可以为双边 FDI 的基本评估提供分析结构。

Yeaple（2009）以美国跨国公司为例，研究了 Helpman 等（2004）所建立的企业异质性模型可以在多大程度上解释美国公司跨国经营的结构。在模型中，东道国特征通过两种渠道对跨国投资活动的总量产生影响。首先，东道国特点决定了生产力门槛，进而也影响了所投资公司的生产结构；其次，东道国特点也决定了销售的最佳水平。作者利用美国经济分析局所收集的从 1994 年至 2007 年的公司层面的数据进行研究，理顺了东道国特点对美国跨国公司经营活动的影响机制。研究结果显示，跨国公司在人均 GDP 较高的东道国的活动会增加，这是因为其在富裕的国家会面临更为有效的需求，而非这些国家的市场进入成本较低。同时，作者也认为两国间的物理距离和语言也会影响美国跨国公司的经营活动。

Maggie 和 Michael（2010）以法国公司为例研究了全要素生产率水平不同的跨国公司如何在东道国间进行自选择。无论是对国家层面还是公司层面的数据进行测算，结果都表明，相较于效率低的公司，效率高的法国公司更倾向于在投资环境更严苛的东道国进行投资。市场潜力小，投资固定成本高且进口关税低的国家，通常其生产率门槛更高，吸引的跨国公司生产率也更高。同时本书也解决了长久以来公司生产力与 FDI 活力之间模糊的因果关系，作者首先以跨国公司以往的生产表现为基础，对跨国公司的生产率进行估算，然后用 Petrin 和 Train 的二阶控制函数的方法进行测算。

Peter 和 Andrea（2018）通过采访 754 个在发展中国家进行投资的经验，该研究评估了影响 FDI 决策的投资环境变量，例如投资动机、推广活动以及 FDI 管理政策。文章通过对 Dunning 和 Lundan 分类法的延伸，研究了不同政策工具怎样影响跨国公司的 FDI 动机，以及 FDI 类型的变化会对东道国的经济产生怎样的影响。同时，该文章还探究了不同规模的跨国公司在投资理念和投资行为上的不同。作者认为，相较于规模大的跨国公司，规模较小的跨国公司也会从当地寻求中间投入品并进而刺激当地经济，低收入国家的政府尤其应当积极引入这种类型的 FDI，从而实现经济的多元化。最后，作者得出结论，认为在影响跨国公司在发展中国家的投资决策的因素中，政治稳定和商业友好的管理环境最为重要，同时，相对较小的跨国公司对东道国特点和投资环境更为敏感。

二、东道国环境与 FDI 区位选择理论

传统的 FDI 区位选择理论与新新贸易理论的异质性企业自我选择思想也表明地区或行业的区位优势，如东道国市场规模、经济政治风险、金融

发展水平，以及行业企业的竞争、产业集聚优势等是跨国公司投资时所要考虑的重要因素（Devereux 等，2007）。以下主要阐述东道国环境与 FDI 区位选择理论。

成本最小化是外商投资区位选择的重要标准（Clickman 和 Wood，1988；黄蔚，2005）。除传统的生产和运输成本外，近年来研究进展主要表现在四个方面：一是将交易成本理论引入外商直接投资区位选择分析之中（Mariotti 和 Piscitello，1995）；二是将市场潜力及其大小引入分析之中（Friedman 等，1992）；三是越来越强调不确定性和集聚经济的重要性（Caves，1974；Porter，1990）；四是将投资母国与东道国企业之间的竞争程度引入模型进行分析（Djankov 和 Bernard，2000；Barrio、Holger 和 Eric，2005）。

Chen 和 Moore（2010）研究了具有 TFP（全要素生产率）的跨国公司如何选择进入东道国，使用法国制造业跨国公司及其全球子公司的丰富数据集，结果发现，法国跨国公司平均倾向于投资于具有更大市场潜力的国家，更具生产力的公司在低市场潜力国家生产的效率始终高于效率较低的公司。同样，生产率较高的企业更有可能投资于那些表现出高入门成本或高投资固定成本的国家，而不是效率较低的竞争对手。Chen 和 Moore 重点研究的是跨国公司之间的生产率差异如何导致东道国属性的不同影响，从而导致外国生产地点的不同选择，强调在不太有吸引力的市场中，TFP（全要素生产率）对企业海外投资能力的积极影响更为明显。这个观点与 Yeaple（2009）形成鲜明对比，Yeaple（2009）更专注于企业生产率在外国直接投资的规模和范围中的作用，并假设东道国特征的影响在各企业之间是同质的，并且 TFP 的影响在各国之间是统一的。Mayer 等人（2007）则强调了 TFP 能够提高企业在海外的投资能力，而不是在国内。

结合后面的研究分析，我们重点回顾汇率风险与金融发展水平对跨国公司投资策略的影响。

（一）汇率风险与 FDI 区位选择

在影响 FDI 跨国投资决策的诸多因素中，关于汇率的研究可能是分歧最大且研究进展较为迟缓的。一个重要的原因在于汇率兼有商品市场价格属性与金融市场价格属性所导致的复杂性。在一个完美的金融市场上，实际购买力平价成立，汇率风险可以通过金融工具进行规避，汇率对企业跨国投资的影响就是货币中性的。实际上，在布雷顿森林体系之后，主要经济体间的汇率波动已成为常态，且汇率的波动幅度远超同期的企业利润率，企业跨国投资经营面临着交易风险、经营风险等不容忽视的汇率风险问题。但是，出于成本或投机的考虑，跨国经营企业大多采用部分敞口的不完全对冲、多国经营自然对冲等方式，汇率变动是影响甚至改变跨国企业投资决策的重要因素之一。20 世纪 80 年代的美元贬值促使美国成为全球最大的 FDI 资本流入地，就是一个明显汇率影响非货币中性的例证，这也促使了汇率影响跨国投资的研究热潮。

关于汇率和国际直接投资的研究最早开始于 20 世纪 70 年代，Aliber（1970）第一次从金融角度研究了跨国投资的汇率动因，之后很多学者基于不同视角对这一问题进行了理论探讨。现有关于汇率影响 FDI 跨国投资的文献主要集中在汇率水平变动和汇率波动两个方面，其中汇率水平变动的研究相对丰富并形成比较具有代表理论，如，资本化理论（Aliber，1983、1994）、相对财富理论（Froot 和 Stein，1991）、专有资产理论（Blonigen，1997）以及市场未来收益预期理论（Campa，1993）等。关于汇率波动对 FDI 跨国投资决策的影响研究相对较少，目前主要有实物期权理论（Dixit 和 Pindyck，1994）、风险规避论（Benassy - Quere，2001）等。遗憾的是，学者们从不同的汇率属性、不同的研究视角出发，这些理论虽然揭示了汇率与 OFDI 的某种理论机制，但严苛甚至相左的假定使得理论分析难以形成一个统一的分析框架，研究结论自然也存在着严重分歧。下面我们着重讨论汇率风险的影响。

从汇率风险影响跨国投资的文献梳理可以发现，学界对此问题探讨结论尚不统一，主要存在以下三个观点：一是汇率风险不利于 FDI 跨国投资，其理论依据为实际期权论。实际期权论将跨国投资看做企业购买的一种美式看涨期权，汇率风险使得企业不投资或延缓投资的期权价格更高

(Dixit 和 Pindyck，1994)。二是汇率风险促进 FDI 跨国投资，该结论主要表现为风险规避论。风险规避论与实物期权观点不同，认为汇率风险来自投资和收益之间的时间差，当预期收益能够弥补成本和汇率波动风险时候，企业将会进行跨国投资，并且较高的汇率波动幅度在一定程度上有利于企业跨国投资（Goldberg 和 Kolstad，1995；Benassy - Quere，2001)，此外，Sung 和 Lapan（2000）指出汇率波动增加有利于增强企业开设多个分厂的预期收益。三是汇率风险对 FDI 跨国投资的作用效果并不显著，这部分学者认为国内的市场化程度和生活规模等条件相较于汇率变动，对企业跨国投资的影响更大（Mann，1993)。

关于汇率影响 FDI 跨国投资的实证研究同样存在着严重分歧，不仅对不同国家 FDI 投资分析的结论存在差异（Russ，2007；Schmidt，2008)，甚至就连对同一国家的分析也存在截然相反的结论。例如，Dixit 和 Pindyck（1994）指出，汇率的剧烈波动将推迟跨国公司的对外直接投资决策，从而不利于对外直接投资流量的增加。而 Goldberg 和 Kolstad（1995）却发现较高的汇率波动率对跨国企业的对外直接投资有促进作用。

（二）金融发展水平与 FDI 区位选择及影响研究

影响 FDI 区位选择的因素有很多，一个经济体的金融发展水平也是一个很重要的因素。金融发展水平的提高，使资源的流动性增强，交易成本减少，提高了资源配置效率，进而提高了生产率（Merton 和 Bodie，1995；King 和 Levine，1993；Beck、Levine 和 Loagza，2000)。生产率越高的企业，在获得出口信贷支持方面更有优势，贸易量、产品种类、贸易伙伴等在金融发达程度不同的国家质检，甚至在金融脆弱性不同的部门之间都有差异，金融发达国家的企业更易进入出口市场且出口的产品数量更多，金融发展水平高的国家拥有更多的贸易伙伴。可见金融发展水平影响了生产率，进而影响了 FDI。

有研究者分析了一个经济体的金融发展水平在 FDI 中的作用。在国外私人资本流入与经济增长问题中，较早把金融因素纳入其中进行研究的学者是 Bailliu（2000)。他构建了一个简单的包含国外私人资本流入

（包括 FDI）和金融中介部门变量的内生经济增长模型，并在此框架下推导出了封闭经济和国外私人资本流入后的稳态经济增长率。他认为，金融机构能提高资本融资与配置效率，国外私人资本通过东道国的金融市场流入，东道国的金融体系越发达，就越能有效地把储蓄转化为投资，并提高投资的效率，将资本分配到边际产出更高的投资项目上，进而提高东道国的经济增长率。Maroula Khraiche、Jeffrey Gaudette（2013），研究了近 35 年来 39 个新兴经济体的金融发展水平对它们的汇率与 FDI 之间关系的影响，基于 Albuquerque（2005）的控制变量估计 FDI 流量的决定性因素，并且包括实际汇率波动与金融发展水平之间的相互作用变量，以表明金融发展对汇率波动影响 FDI 的缓解程度。在金融发展水平较高的经济体中，金融市场较为发达和稳定，制度较为完善，有利于风险规避型跨国公司规避风险，减少各种不确定因素带来的损失，因此在金融水平较高的经济体中，企业对外直接投资的数量少，而对于金融发展水平较低的经济体，风险规避型跨国公司会为了规避风险而进行 FDI。最终结果表明，在汇率波动的情况下，跨国企业更愿意在金融发展水平较高的经济体中进行投资。Isaac Otchere 等（2016）利用 1996—2009 年的数据研究了非洲 FDI、金融市场与经济增长之间的联动关系，结果发现，FDI 和金融市场发展之间存在双向因果关系，FDI 推动金融市场改革的同时，良好的金融市场又会吸引 FDI 更多地流向生产部门，双向互动的结果是促进非洲经济增长。

国内也有不少学者对金融发展水平与 FDI 之间的关系进行研究。谭之博、赵岳（2013）从金融发展与对外资产负债结构的角度出发，认为如果一个国家的金融发展水平越高，那么 FDI 资产和组合股权资产在 GDP 中所占的比重就越大。余官胜、袁东阳（2014）结合我国金融发展的特征，构建了量和质维度金融发展影响企业对外直接投资的传导机制。实证研究的结果表明：当经济发展水平较低时，量维度金融发展会成为企业对外直接投资的绊脚石，质维度的金融发展却会促进企业的对外直接投资；当经济发展水平较高时，量维度金融发展对企业的对外直接投资有促进作用，而质维度金融发展阻碍了企业的对外直接投资。杨子晖、陈创练（2015）又从跨境资本流动的角度出发，认为金融发展水平是影响跨境资本流动的重要因素，在本国金融发展水平较高的情况下，容易吸引外商直接投资，从而促进跨境资本的净流入。

此外，目前关于金融发展水平与 FDI 相互作用共同影响东道国经济发展的研究进展快速。最早研究在金融发展视角下，FDI 与经济增长关系的是 Alfaro 等（2003）。Alfaro 等（2003）建立了一个两阶段代际交叠的经济增长模型（OLG），在该模型中，把东道国企业分本国私人企业和外资企业两个部门。他们假定每个本国私人企业的产出取决于企业家能力的大小和固定资本的投入，而固定资本投入的可获得性取决于东道国金融效率的高低。效率高的金融体系会提高本国自主创业者的积极性，如果东道国的金融效率高，那么本国私人企业就能从国内金融市场借入固定资本投入所需的资金，国内企业的数量就会增加。这些本国的私人企业就可以通过吸收 FDI 的溢出，促进东道国的经济增长。

罗军（2016）以金融发展为门槛变量构建门槛回归模型，实证结果表明，越是金融发展程度高的地区，FDI 越能通过提高全要素生产率来实现经济增长。徐临等（2018）基于京津冀 1994—2016 年的相关数据，采用通径分析的研究方法发现，金融发展除了对经济增长有着直接正向影响外，还能通过 FDI 对经济增长产生间接影响。

总的来说，研究发现，金融市场越发达，对 FDI 的技术溢出吸收的就会越充分，就越能促进经济的增长。

三、引资竞争与 FDI 区位选择理论

从 20 世纪 90 年代开始，发展中国家纷纷降低 FDI 进入门槛，甚至采取各种措施积极主动吸引外资流入，政府税收优惠。目前，关于招商引资优惠政策的直接研究较少，现有文献主要集中在东道国引资竞争与 FDI 区位选择方面。在已有的文献中，Dunning（1973，1992，1997）确立了国际生产折中理论中区位优势的概念，认为是不同地区区位优势的大小决定了

外商直接投资的流向。Howells 等（1984）拓展了区位优势的内涵，指出区位优势应是对一国总体吸引力的评价。关于投资区位理论，一种常见的研究方法是，将区位变量和企业变量对 FDI 的决定作用放在同等位置，而事实上，更加强调了区位变量的重要性，如曲涛和 Green（1997）的 FL 模型，崔新健（2001）的 OL 理论。另一种比较流行的研究方法是，借助经济引力模型分析外商直接投资流量和区位选择（Anders on，1979；Bergstrand，1989；Matyas，1997；Evans，2003）。以下内容将从市场寻求型 FDI 和出口平台型 FDI 差异、税收优惠竞争的引资效应两方面，对 FDI 区位选择的关系进行梳理。

（一）市场寻求型 FDI 与出口平台型 FDI 的区位选择差异

随着经济全球化的发展，跨国公司在全球范围内配置资源、寻求市场，形成了多国情况下的出口平台型 FDI（Ekholm 等，2007）。出口平台型 FDI 既包括返销母国的垂直型 FDI，亦包括在东道国组装、面向第三国销售的 FDI，与之对应的市场寻求型 FDI 则主要包括传统意义的水平型 FDI。

市场选择不同的背后是生产率差异，正如新新贸易理论所强调的，投资沉没成本与贸易成本使得跨国公司的市场自我选择行为存在生产率进入门槛差异（Melitz，2003；Helpman 等，2004），市场寻求型 FDI 与出口平台型 FDI 二者最终产品市场的不同导致其背后的贸易成本、生产率门槛等企业自身特征存在显著的系统性差异。出口平台的外国直接投资，其附属公司的产出（主要）在第三市场而不是在母公司或主要市场销售，Karolina Ekholm、Rikard Forslid 和 James R. Markusen（2007）使用三区域模型进行研究，结果表明，纯粹的出口平台生产是在对称的情况下产生的，当时每个高成本经济体中的公司在家中都有工厂，而低成本国家（南方）的工厂则服务于另一个高成本国家。为扩大市场规模（服务国外市场），外部高成本国家可能希望在自由贸易区内建立一个分厂，但是在成本的基础上选择低成本国家。或者，总部位于自由贸易区内的大国的公司可能会在其低工资合作伙伴中建立一个单一工厂，以便为其联合自由贸易区服务并出口到外部高成本国家。Hanson、Mataloni 和 Slaughter（2001）的一项研究记录了出口平台型 FDI 的重要性，根据美国跨国公司的海外业务数据，通过计量经济学分析表明，出口平台的外国直接投资受到东道国贸易壁垒较低的推动，并受到大型东道国市场的阻碍。Keith Head 和 John Ries（2003）认为，当海外生产没有成本优势时，他们建立的模型预测在海外进行投资应该比出口更具生产力。T. Mayer、I. Mejean 和 B. Nefussi（2010）结合了两种传统来分析企业的位置模式，考虑了公司在选择中的异质性，为贸易动机的地点选择论文做出了贡献。他们使用法国公司层面数据的计量经济学，结果显示，制造业投资决策中存在重要的“本土偏见”。属于同一工业集团的附属公司的空间聚集占据了这种本土偏见的最大份额。

（二）税收优惠对 FDI 区位选择的影响

税收竞争对 FDI 流向影响的文献研究积累丰富，大体上可分为两类，一是关于税收竞争 FDI 流向的无效率（如 Zodrow 和 Mieszkowski，1986；Wilson，1995；等）；另一分支则主要集中在研究东道国特征，如劳动力市场结构、人口密度、生产技术、关税以及投资补贴等对 FDI 流向的影响［以 Barros 和 Cabral（2000）为代表］。本课题主要关注第二点，即东道国的税收减免、投资补贴如何改变 FDI 流向及进入质量问题。

研究通常认为，小国会从低税率中获益，理由是，如果税率统一，小国会比大国的税基弹性更大（Wilson，1991；Hindriks 和 Myles，2006）。不过 Chen 和 Mintz（2008）对最新的跨国数据统计发现，国家规模和税率高低并非单调线性关系：有些小国，如比利时和荷兰的有限公司税率特别低，甚至比卢森堡这样的小国税率还要低；有些中等大小的国家，如奥地利，将税率设定地跟大国一样高；而大国之间同样存在分化，如阿根廷、中国、俄罗斯、美国和法国设定高税率，乌克兰和波兰则设定低税率。

Justman 等（2001）认为不同的税率等级可以被公共品提供的质量差异来解释。Zissimos 和 Wooders（2008）、Hindriks 等（2008）提出公共品提供可以放松财政政策引资竞争条件，Benassy - Quéré 等（2007）研究了税收与公共品提供的联合引资竞争的影响，发现公共研发支出和交通基础设施正向影响 1994—2003 年美国对欧洲地区国家的 FDI 流向。Pieretti 和 Zanaj（2011）考察了资本流动成本与国家规模差异情况下，如何通过优化公共基础设施提供与税收减免来实现引资。

按照新新贸易理论的思想，过度的优惠政策将会降低 FDI 进入东道国的生产率门槛，同时，优惠政策对低技术水平的出口平台型 FDI 更具吸引力，这也将改变 FDI 进入东道国的构成。东道国的招商引资政策中的税收减免以及出口退税，可分别降低 FDI 进入门槛中的边际生产成本与运输成本，从而影响出口平台型 FDI 与市场寻求型 FDI 进入的生产率门槛。对于出口平台型 FDI，降低边际生产成本的普通税收优惠与降低运输成本的出口退税优惠的作用完全相同。此外，东道国出口退税政策、母国效应以及运输技术的发展等因素降低了 FDI 返销母国或第三国的运输成本，在一定条件下将导致出口平台型 FDI 进入东道国的生产率门槛低于市场寻求型 FDI 的进入门槛。

傅元海（2007）提到，一个国家或经济体的产业政策会影响进入的 FDI 质量，东道国长期的税收优惠政策会使 FDI 项目的平均规模下降，引起 FDI 质量下降。Chen 和 Moore（2010）在 Helpman 等人（2004）的工作基础上模拟公司在国外投资和生产的决定，并在国家和企业层面得出了许多可测试的预测，其中表明，市场潜力较小，固定投资成本较高或进口关税较低的国家往往具有较高的截止生产率，并吸引更多的生产性跨国公司；而且东道国关税也具有不对称效应，即较低的关税率阻碍了生产率较低的企业投资市场，并吸引更高比例的高效跨国公司投资市场。

四、对以上研究的简要评价

由上述文献回顾可以看到，现有的 FDI 技术溢出研究基本上都将 FDI 视为同质的、外生的，但实际上，FDI 既不是同质的，也不是外生的。FDI 市场选择是基于其生产率差异等因素的内生化行为，引资激励将会降低

FDI 进入东道国的生产率门槛，特别是异质型 FDI 的存在使得税收优惠激励对低技术水平的出口平台型 FDI 更具吸引力，不同的引资激励将改变进入东道国的 FDI 构成，从而影响 FDI 技术溢出效应。因此，有必要从异质型 FDI 自我选择的视角将引资激励引入 FDI 技术溢出研究。

第三章　理论模型

近些年来，随着全球化的趋势越来越明显，各国之间的经济联系日益密切，资本与货物间的流动也越发频繁。一个企业主要通过跨国生产和出口两种方式服务于外国市场，尤其是跨国生产在全球投资中扮演着越来越重要的角色，促使世界范围内 FDI 的数量不断增长；人们也逐渐意识到 FDI 对全球经济的重要性，进一步放宽了外商直接投资的相关政策，加之跨国企业为了寻求更有利的海外市场和资源，使得 FDI 的规模进一步扩大，数量和水平也将不断提高。FDI 的流入和流出，会给一个国家或经济体带来技术溢出，对一个国家或经济体都会产生重要的影响，推动着产业的结构调整和升级，以及技术的进步等，FDI 质量在国际投资和国际贸易中就显得尤为重要。

本章将建立模型，从理论上分析 FDI 质量、技术溢出以及东道国的引资竞争激励措施的影响。接下来的内容中，第一节将基于新新贸易理论，对 FDI 的研究从水平型 FDI 扩展到所有 FDI 类型，构建一个 FDI 质量差异与市场自我选择理论模型，以解释 FDI 质量差异的现象及原因。第二节基于跨国公司投资策略视角，分析东道国环境与引资政策，尤其是东道国财政政策在减税与基础设施改善之间的分配如何影响 FDI 决策。第三节是构建 FDI 市场竞争与技术溢出模型，分析 FDI 质量差异对技术溢出与市场攫取的双重效应的影响。最后一节是对本章的小结。

第一节　FDI 质量与市场自我选择模型

随着国际一体化进程的发展，传统的垂直型 FDI 与水平型 FDI 的界限越来越模糊，跨国公司在全球范围内配置资源、寻求市场，形成了多国情况下的出口平台型 FDI（Ekholm 等，2007）。出口平台型 FDI 既包括返销母国的垂直型 FDI，亦包括在东道国组装、面向第三国销售的 FDI。Helpman 等（2004，其研究模型下文称 HMY 模型）和 Yeaple（2009，其研究模型下文称 Yeaple 模型）探讨了企业在出口与水平型 FDI 两种进入国际市场方式间的自我选择问题。下文以此为基础，结合中国存在大量的出口平台型 FDI 这一典型性事实，拓展构造了一个异质性企业在出口、出口平台型 FDI 与市场寻求型 FDI 之间自我选择的模型，从而将新新贸易理论对 FDI 的研究从水平型 FDI 扩展到所有 FDI 类型。为简化分析，我们限定为两国模型，因此 FDI 返销回母国或第三国都称为返销母国，但仍采用出口平台型 FDI 这一更符合现实情况的称谓。

一、消费者

两国的代表性消费者偏好相同，效用函数均为：$U = \left(\int_{\omega \in \Omega} x(\omega)^{\alpha} d\omega\right)^{\frac{1}{\alpha}}$。

其中 $x(\omega)$ 是商品 ω 的数量，$\alpha = (\sigma - 1)/\sigma$，$\sigma > 1$ 是商品间的替代弹性，Ω 是可得商品集。该消费偏好意味着下面的需求函数：

$$x_i(\omega) = \frac{E_i}{P_i}\left(\frac{p_i(\omega)}{P_i}\right)^{-\sigma},\ i = m,h \tag{3.1}$$

其中，i 表示母国 m 和东道国 h；E_i 表示 i 国的总国民支出，P_i 为该国的总价格指数；$p_i(\omega)$ 是 i 国商品 ω 的价格。

二、生产者

假定 i 国生产厂商数目为 N_i，每个厂商生产单一产品，使用单一要素劳动，工资率为 w_i ，$w_m > w_h$ 。企业异质性体现在生产率 φ 上，当然 φ 是一个笼统的概念，所有导致单位投入产出更高的企业特征都可归为 φ 。每个国家的 φ 均呈 Pareto 分布，累积密度函数为 $G(\varphi) = 1 - \varphi^{-k}$ ；假定 $k > \sigma - 1$ ，即最低劳动生产率是单位生产率。

每个企业都在自己国内销售产品，固定投入 F_i 、边际生产成本 w_i 。我们要分析的是母国企业面临的出口与跨国投资选择。如果 m 国一家企业选择出口到 h 国，它面临固定投资 F_m ，边际生产成本 w_m 和出口的冰山运输成本 $\tau_{mh} > 1$ 。运输成本反映的是跨国销售的运输费用、市场进入成本等。企业也可以选择在 h 国开设子公司，其面临的成本为固定投入 F_h 和边际成本 w_h 。假定 $F_h > F_m$ ，即 m 国公司在本国投资的固定投入要小。我们假定跨国公司内部技术转移是完全的，因此跨国企业的生产率在两个国家是相同的。

与 HMY 模型以及 Yeaple 模型不同，我们加入对出口平台型 FDI 的考虑，即跨国公司子公司可以选择在东道国生产并返销回母国。此时，跨国公司面临的成本将增加一项新的冰山运输成本 $\tau_{hm} > 1$ 。需要注意的是，因为母国效应、东道国鼓励出口政策等原因使得返销母国的市场进入成本很低，我们自然地假定 $\tau_{mh} > \tau_{hm}$ 。

三、局部均衡与生产率门槛

下面我们推导 m 国企业选择的局部均衡。令 $c_{ji}(\varphi)$ 表示生产率为 φ 的 m 国企业在 j 国生产并以 i 国为销售市场的边际成本。面临（3.2）式需求曲线的企业最优定价为 $p_i = c_{ji}(\varphi)/\alpha$ ，得到收益方程 $R_{ji} = A_i c_{ji}(\varphi)^{1-\sigma}$ ，其中 $A_i = \alpha^{\sigma-1}E_i P_i^{\sigma-1}$ ，是 i 国加成调整的需求水平。一个生产率为 φ 的 m 国企业在 j 国生产并以 i 国为销售市场的边际成本为：

$$c_{ji}(\varphi) = \begin{cases} w_m\tau_{mh}/\varphi & m\text{ 国生产并出口到 }h\text{ 国} \\ w_h/\varphi & h\text{ 国生产并销售} \\ w_h\tau_{hm}/\varphi & h\text{ 国生产并返销 }m\text{ 国} \end{cases} \tag{3.2}$$

收益函数为：

$$R_{ji}(\varphi) = \begin{cases} [A_h (w_m \tau_{mh})^{1-\sigma}]\varphi^{\sigma-1} & m\text{ 国生产并出口到 } h\text{ 国} \\ [A_h (w_h)^{1-\sigma}]\varphi^{\sigma-1} & h\text{ 国生产并销售} \\ [A_m (w_h \tau_{hm})^{1-\sigma}]\varphi^{\sigma-1} & h\text{ 国生产并返销 } m\text{ 国} \end{cases} \quad (3.3)$$

因为 $w_m\tau_{mh} > w_h$ 且 $\sigma > 1$，在 h 国设立子公司当地生产并销售的收益要大于出口收益；同理，当 $w_m\tau_{mh} > w_h\tau_{hm}$ 且 $A_m > A_h$，同样有在 h 国子公司生产并返销母国的收益要大于出口收益。但 $w_h\tau_{hm} > w_h$ 且 $A_m > A_h$，子公司返销母国与东道国当地销售的收益无法比较。不过，当 A_m/A_h 足够大时，如两国收入水平差距悬殊，或当 τ_{hm} 足够低时，如返销的母国效应与东道国出口退税等优惠政策使其接近于 1 甚至等于或小于 1 时，返销的收益要大于当地销售，出口型 FDI 出现。

作为对照，在母国市场销售的当地企业收益为：$R_{mm}(\varphi) = [A_m (w_m)^{1-\sigma}]\varphi^{\sigma-1}$。

在我们的模型中，企业在每个市场的销售收益都与其生产率指数 $\varphi^{\sigma-1}$ 成比例。因此，在每一个市场中，企业的销售收入均可以作为其生产率的有效衡量指标，这对于后文的计量检验工作很重要。

生产率为 φ 的 m 国企业在 j 国生产并以 i 国为销售市场的企业利润与收益成比例：$\pi[c_{ji}(\varphi)] = R_{ji}(\varphi)/\sigma - F_j$。由式（3.3）所得 m 国内销企业的净利润为：

$$\pi_{mm}(\varphi) = \left[\frac{A_m (w_m)^{1-\sigma}}{\sigma}\right]\varphi^{\sigma-1} - F_m \quad (3.4)$$

出口企业的净利润为：

$$\pi_{mh}(\varphi) = \left[\frac{A_h (w_m\tau_{mh})^{1-\sigma}}{\sigma}\right]\varphi^{\sigma-1} - F_m \quad (3.5)$$

而这家企业如果选择 h 国设立子公司并当地销售，即市场寻求型 FDI，则其净利润为：

$$\pi_{hh}(\varphi) = \left[\frac{A_h (w_h)^{1-\sigma}}{\sigma}\right]\varphi^{\sigma-1} - F_h \quad (3.6)$$

而这家企业如果选择 h 国设立子公司并返销回 m 国，即出口平台型

FDI，其净利润为：

$$\pi_{hm}(\varphi) = \left[\frac{A_m(w_h\tau_{hm})^{1-\sigma}}{\sigma}\right]\varphi^{\sigma-1} - F_h \qquad (3.7)$$

可见，$\pi_{mm}(\varphi)$、$\pi_{mh}(\varphi)$、$\pi_{hh}(\varphi)$ 与 $\pi_{hm}(\varphi)$ 都是企业的生产率指标 $\varphi^{\sigma-1}$ 的线性增函数。因为 $w_m\tau_{mh} > w_h$，所以市场寻求型 FDI 利润 $\pi_{hh}(\varphi)$ 的增速要快于出口利润 $\pi_{mh}(\varphi)$，这与 HMY 模型及 Yeaple 模型对市场寻求型 FDI 的分析结论一致。对于出口平台型 FDI，因 $A_m > A_h$ 且 $w_m\tau_{mh} > w_h\tau_{hm}$，出口平台型 FDI 利润 $\pi_{hm}(\varphi)$ 的增速快于出口利润 $\pi_{mh}(\varphi)$；当东道国的优惠政策足够大，比如出口退税力度很大使 $\tau_{hm} < \hat{\tau}_{hm} = w_m/w_h$ 时，$\pi_{hm}(\varphi)$ 增速快于母国国内销利润 $\pi_{mm}(\varphi)$；当东道国的优惠政策令 $\tau_{hm} < \hat{\tau}_{hm} = (A_m/A_h)^{\frac{1}{\sigma-1}}$ 时，$\pi_{hm}(\varphi)$ 的增速要快于东道国当地销售的市场寻求型 FDI 利润 $\pi_{hh}(\varphi)$，且有 $\pi_{hm}(\varphi) > \pi_{hh}(\varphi)$。

进一步地，跨国公司在 h 国就地销售与返销母国的选择门槛取决于受母国效应和东道国出口退税优惠影响的返销运输成本与市场规模的比较。令式（3.6）和式（3.7）相等，我们有当 $\tau_{hm} < \hat{\tau}_{hm} = (A_m/A_h)^{\frac{1}{\sigma-1}}$ 成立时，$\varphi_{FX} < \varphi_F$，出口平台型 FDI 的生产率较低。考虑到现代运输技术的发展以及国内外市场规模的差异，可以认为中国大规模的出口退税使得该条件得以满足，从而导致进入中国的出口平台型 FDI 生产率低于市场寻求型 FDI 生产率。这弱化了前者的技术溢出效果，即影响中国 FDI 行业内技术溢出的关键因素是 FDI 质量而非市场挤出效应。附录 C 给出了异质型 FDI 生产率进入门槛图。

第二节　引资政策与跨国公司投资策略模型

本节我们以 Pieretti 和 Zanaj（2011）的模型为例，说明东道国在吸引 FDI 流入时的财政政策选择。

一、模型基本设定

考虑两个不同规模的经济体 h 和 f。规模是指人口的数量，同时也是指企业家或工人与资本合一的所有者，企业家被赋予一个资本商品的单位（一个个人对应一个公司）。根据他们在国外投资的意愿，他们是异质的。假设资本所有者分布在区间［0，1］，密度为s_h（在国家f中为相应的s_f），$s_h + s_f = 1$，密度越大，他们愿意在国内投资的程度越高。不失一般性，假设h是小国，即$s_h < 1/2$。

每个企业家都能够将一个单位的资本品与自己的劳动力结合起来生产出最终货物的$q + a_i$（$i = h$，f）单位，其中q是（总）生产率的私人组成部分。产出商品的份额a_i（$i = h$，f）取决于经济体提供的公共投入或公共物品$i = h$，f。一个公共物品的附加单位产生一个私人物品的附加单位。由此可知，a_i也表示经济体提供的公共物品数量$i = h$，f。为公共物品提供位于$i = h$，f的公司是昂贵的。相应的成本函数由$C(a_i) = a_i^2$（$i = h$，f）给出。

定义类型x，$x \in [0, 1]$的企业家要么在其本国i投资一个资本单位，要么在外国j投资。如果在其本国投资，其利润由$\pi_i = q + a_i - t_i$给出，其中t_i表示在国家i对一个资本单位征收的税。如果在国外投资（j国），利润将变成$q + a_j - t_j - kx$，这是因为是在类型x下，在海外投资的作用是负的。系数k表示将资金转移到国外的单位成本。当$k \to +\infty$时，资本是不流动的，而当$k \to 0$时，资本是完全流动的。该参数也可以解释为衡量国际一体化程度的指标。可以看到，在解释每个国家如何根据税收和/或公共服务相关考虑因素调整其吸引力时，k的值至关重要。

从现在开始，在不失去一般性的情况下，我们假设，投资从经济体i，$i = h$，f流向$j = h$，f。如果：

$$q + a_i - t_i = q + a_j - t_j - kx_i \tag{3.8}$$

则x_i类型的资本所有者对海外投资和国内投资是无关紧要的，其产量为：

$$x_i(a_i, a_j, t_i, t_j) = \frac{(a_j - a_i) + (t_i - t_j)}{k} \tag{3.9}$$

换句话说，如果投资于j的净收益（$a_j - t_j$）高于在经济体i扣除流动成本后获得的净收益，则国家j从国家i吸引资本。

假定经济体将其税收收入从公共投资成本中扣除。资本输出的经济体 i，$i = h$，f 的支付函数是：

$$B_i(a_i,a_j,t_i,t_j) = s_i(1 - x_i)t_i - a_i^2 \tag{3.10}$$

对于资本输入的经济体 j，$j = h$，f

$$B_j(a_i,a_j,t_i,t_j) = [(1 - s_i) + s_i x_i]t_j - a_j^2 \tag{3.11}$$

政府进行两阶段博弈。首先，他们决定提供的公共产品的数量。然后，他们选择税率水平。顺序性的选择遵循一条规则，即必须首先做出最不可逆的决定。博弈通过反向归纳解决。

二、资本流向情形（一）

考虑资本从小国 h 流向大国 f 的情况，在该情形下，小国家 h 是资本输出国，即 $s_i = s_h$。

（一）税务博弈

假设其竞争对手的税收和公共服务水平在第一阶段得到确定，每个经济体都会根据自己的税率最大化其预算。

$$\underset{t_h}{\text{Max}} B_h(t_h,t_h) \tag{3.12}$$

$$\underset{t_f}{\text{Max}} B_f(t_h,t_f) \tag{3.13}$$

目标函数在 t_i 和 t_j（$\partial^2 B_{i(j)}/\partial t_{i(j)}^2 = -2s_{i(j)}/k < 0$）中是严格凹的，并且在一阶条件可以导出以下最优回报函数：

$$t_h(t_f) = \frac{t_f}{2} + \frac{(a_h - a_f)}{2} + \frac{k}{2} \tag{3.14}$$

$$t_f(t_h) = \frac{t_h}{2} + \frac{(a_f - a_h)}{2} + \frac{1 - s_h}{s_h}\frac{k}{2} \tag{3.15}$$

显然，税收是战略补充，最佳回报函数的斜率小于 1。因此，税率存在唯一均衡：

$$\tilde{t}(a_h,a_f) = \frac{(a_h - a_f)}{3} + \frac{1}{3}\frac{1 + s_h}{s_h}k \tag{3.16a}$$

$$\tilde{t}(a_h,a_f) = \frac{(a_f - a_h)}{3} + \frac{1}{3}\frac{2 - s_h}{s_h}k \tag{3.16b}$$

注意国家 f 公共物品供给对国家 h 税率的负面战略影响，反之亦然。每个经济体都倾向于抑制自己对公共产品的投资，以此减低竞争管辖区试图减税的倾向。这与 Hindriks 等（2008）、Zissimos 和 Wooders（2008）的结论相似：在均衡状态下，公共产品供应效率不够充分。将式（3.16a）和式（3.16b）代入式（3.10）和式（3.11）我们可以得到支付函数 Bh（a_h，a_f）和 Bf（a_h，a_f）。

（二）公共物品的竞争

在第一阶段，每个司法管辖区都根据自己的公共物品条款最大化其预算。

$$\underset{a_h}{\mathrm{Max}} B_h(a_h, a_f) \tag{3.17}$$

$$\underset{a_f}{\mathrm{Max}} B_f(a_h, a_f) \tag{3.18}$$

有一阶条件，得到的最优回报是：

$$a_h(a_f) = -\frac{s_h}{9k - s_h}a_f + \frac{k(1 + s_h)}{9k - s_h} \tag{3.19}$$

$$a_f(a_h) = -\frac{s_h}{9k - s_h}a_h + \frac{k(2 - s_h)}{9k - s_h} \tag{3.20}$$

在下文中，我们假设 $k > s_h/9$ 来保证 a_h 和 a_f 中目标函数的凹性。那么公共服务的均衡如下：

$$a_h^* = \frac{3k(1 + s_h) - s_h}{3(9k - 2s_h)} \tag{3.21}$$

$$a_f^* = \frac{3k(2 - s_h) - s_h}{3(9k - 2s_h)} \tag{3.22}$$

将均衡公共服务引入式（3.16a）和式（3.16b），可导出均衡税率：

$$t_h^* = \frac{3k}{s_h}a_h^* \tag{3.23}$$

$$t_f^* = \frac{3k}{s_h}a_f^* \tag{3.24}$$

给定凹度条件 $k > s_h/9$，如果 $s_h/9 < k < s_h/3\ (2 - s_h)$ 或 $k > s_h/3\ (1 + s_h)$，则上述平衡值为正。对于这些参数值，博弈的均衡点是唯一

的，因为在博弈的每个阶段中，最佳回报满足唯一性条件。如果 $s_h/3(2-s_h)<k<s_h/3(1+s_h)$，小国既不提供任何公共物品也不向其居民征税，$a^*=0$ 且 $t_h^*=0$。在这一组中，大国的最优回报变为 $u_f^*=k(2-s_h)/(9k-s_h)$ 和 $t_f^*=3ka_f^*/s_h$。

我们将式（3.9）中的税率和公共产品的均衡值代入，可获得从 h 到 f 的资金流动：

$$x_h=\frac{(1-2s_h)(s_h-3k)}{s_h(9k-2s_h)} \tag{3.25}$$

其中 $0<x_h^*<1$，若 $s_h/3(1+s_h)<k<s_h/3$。

均衡公共预算 B_h^* 和 B_f^* 为：

$$B_h^*=\frac{(9k-s_h)(3k-s_h+3ks_h)^2}{9s_h(2s_h-9k)^2} \tag{3.26}$$

$$B_f^*=\frac{(9k-s_h)(s_h-6k+3ks_h)^2}{9s_h(2s_h-9k)^2} \tag{3.27}$$

由于目标函数的凹性，均衡税产生足够的收入来为均衡公共物品提供资金。

给定博弈的均衡点，通过推理可以得到：

命题1：如果一个大的经济体输入外国资本，$x_h^*>0$，则仅因为它在公共产品方面具有吸引力。

证明：如果 $k\in(\frac{s_h}{3(2-s_h)},\frac{s_h}{3})$ 资本从 h 流向 f，此间隔等于 $(\frac{s_h}{3(2-s_h)},\frac{s_h}{3(1+s_h)})\cup(\frac{s_h}{3(1+s_h)},\frac{s_h}{3})$，如果 $k\in(\frac{s_h}{3(1+s_h)},\frac{s_h}{3})$，我们有 $k>\frac{s_h}{3(1+s_h)}>\frac{2s_h}{9}$ 由式（3.21）、式（3.22）、式（3.23）和式（3.24）可得，$t_h^*<t_f^*a$ 且 $a_{f*}>a_h^*$。此外，对于 $k\in(\frac{s_h}{3(2-s_h)},\frac{s_h}{3(1+s_h)})$，$a_h^*=0$ 和 $t_h^*=0$，最优回报 $a_f^*=\frac{k(2-s_h)}{9k-s_h}$ 和大国家的回报

$t_f^* = \frac{3k}{s_h}a_f^*$ 均为正。由此得出 $a_f^* > a_h^*$ 和 $t_h^* < t_f^*$。

可以得出结论，对于 $k \in (s_h/3(2-s_h), s_h/3)$，小国在均衡时采用低税率。这个结果与 Kanbur 和 Keen（1993）的结果一致，但附带条件是这个小国即使从事税收削减也不能成功吸引外资。这个小国的税收行为是由 Kanbur 和 Keen（1993）解释的弹性规则引起的。但小国不能成功吸引外资的原因在于，大国在公共产品方面的相对吸引力超过了小竞争对手的税收吸引力。命题 1 背后的机制是资本流动性高到足以迫使小国削弱其税率，以至于与其竞争对手相比，它只能承受低水平的公共支出。

这种行为可以解释为什么大国仍坚持设定高税率，这可能对提供高水平的公共产品以吸引外国资本至关重要。

三、资本流向情形（二）

我们现在把注意力转向资本输出国是大国，即 $s_i = s_f$，因此小的国家对资本具有吸引力，我们解决了上述相同的博弈，均衡出现在式（3.28）、式（3.29）式：

$$a_f^* = \frac{3k(2 - s_h) - (1 - s_h)}{3[9k - 2(1 - s_h)]} \tag{3.28}$$

$$a_h^* = \frac{3k(1 + s_h) - (1 - s_h)}{3[9k - 2(1 - s_h)]} \tag{3.29}$$

使用均衡公共服务，均衡税率确定为式（3.30）、式（3.31）式：

$$t_f^* = \frac{3k}{1 - s_h}a_f^* \tag{3.30}$$

$$t_h^* = \frac{3k}{1 - s_h}a_h^* \tag{3.31}$$

如果$(1-s_h)/9 < k < (1-s_h)/3(2-s_h)$或$k > (1-s_h)/3(1+s_h)$，则上述平衡值为正。如果$(1-s_h)/3(1+s_h) > k > (1-s_h)/3(2-s_h)$，那个大国既不提供公共产品也不征税。这个小国的最佳反应变成 $a_h^* = k(1+s_h)/[9k-2(1-s_h)]$ 和 $t_h^* = k(9ks_h - s_h + 1)/2(1-s_h)(9k+s_h-1)$，

两者都给出了 k 值的条件。还要注意,如上一节所示,我们可以证明公共预算在均衡时是正的。在平衡状态下,我们得到 $a_f{}^* - a_h{}^* = (1-2s_h)k/(2s_h + 9k - 2)$。然后,如果 $k > 2(1-s_h)/9$,则可以容易地验证 $a_f{}^* - a_h{}^* > 0$ 和 $t_f{}^* - t_h > 0$。让我们设定 $\bar{k} = 2(1-s_h)/9$。

命题 2：如果资本流动的成本超过阈值 k，较小的经济体采用低税制。但是，如果资本流动性足够高，$k < k$，较小的司法管辖区提供的公共物品多于其竞争对手，税收更多。

由此可见，小国总是削减税收的经典结果取决于资本流动成本必须超过阈值 $\bar{k}$ 的条件，其随着竞争经济体之间的规模不对称程度而降低。鉴于这一结果，我们现在调查这个小国是否可以吸引外国企业家而不减税。换句话说，如果 $k < k$，可以得到 $x_f{}^* > 0$ 吗?

用等式中的均衡税率和公共物品水平代替。资本流量 $x_f{}^*$ 从 f 到 h，如式（3.32）式：

$$x_f^* = \frac{(1-2s_h)(3k + s_h - 1)}{(1-s_h)(9k + 2s_h - 2)} \tag{3.32}$$

其中 $0 < x_f{}^* < 1$，如果 $k >（1-s_h）/3$ 或 $k <（1-s_h）/3（2-s_h）$。然后我们可以说出以下引理。

引理：资本输出国是一个大国，即 $x_f{}^* > 0$，如果：

$$k \in [\frac{1-s_h}{9}, \frac{1-s_h}{3(1+s_h)}] \cup (\frac{1-s_h}{3}, \frac{1}{3})$$

需要注意的是，如果它们的交汇点不是空的，我们就不能单一地确定哪个国家是资本流动的目的地。这种不确定性的根源在于经济体的规模不对称性。实际上，如果 $0 \leqslant s_h < 1/4$，很容易验证这个交点是空的。由此可见，在所有其他条件相同的情况下，经济体之间的规模差异决定了资本流动的方向。从现在开始，我们假设 s_h 足够小以消除这种不确定性。因此，按顺序：在区间［$s_h/3$（$2-s_h$），$s_h/3$］中，资本流动成本将被认为是低的；在区间［（$1-s_h$）/9，（$1-s_h$）/3（$1+s_h$）］中，流动成本是中等的；在［（$1-s_h$）/3，1/3］中，流动成本是高的。

命题 3：一个小的经济体对外资很有吸引力，如果：

（i）就公共物品而言，尽管其税率较高，但流动成本水平适中。

（ii）就税收而言，尽管公共物品供应量较低，但流动成本水平较高。

证明：考虑引理中的集合。

（i）当 $k \in \left[\frac{1-s_h}{9},\frac{1-s_h}{3(2-s_h)}\right] \cup \left[\frac{1-s_h}{3(2-s_h)},\frac{1-s_h}{3(1+s_h)}\right]$，我们得到 $t_h{}^* > t_f{}^*$ 且 $a_h{}^* > a_f{}^*$。特别地，对于 $k \in \left[\frac{1-s_h}{9},\frac{1-s_h}{3(2-s_h)}\right]$，$t_h{}^* > t_f{}^*$ 且 $a_h{}^* > a_f{}^*$ 因为 $k < \frac{s_h}{3(1+s_h)} < \frac{2s_h}{9}$。对于 $k \in \left[\frac{1-s_h}{3(2-s_h)},\frac{1-s_h}{3(1+s_h)}\right]$，我们得到了 $a_f{}^* = 0$ 且 $t_h{}^* = 0$，如图 3.1 所示，大国的最佳答复是 $a_h{}^* > 0$ 且 $t_h{}^* > 0$。随之而来的是 $a_h{}^* > a_f{}^*$ 且 $t_h{}^* > t_f{}^*$。（ii）当 $k \in (\frac{1-s_h}{3},\frac{1}{3})$，$t_h{}^* < t_f{}^*$ 且 $a_h{}^* < a_f{}^*$ 因为 $k > \frac{S_h}{3(1+S_h)} > \frac{2S_h}{q}$。

这一命题可以说明以下（见图 3.1）。

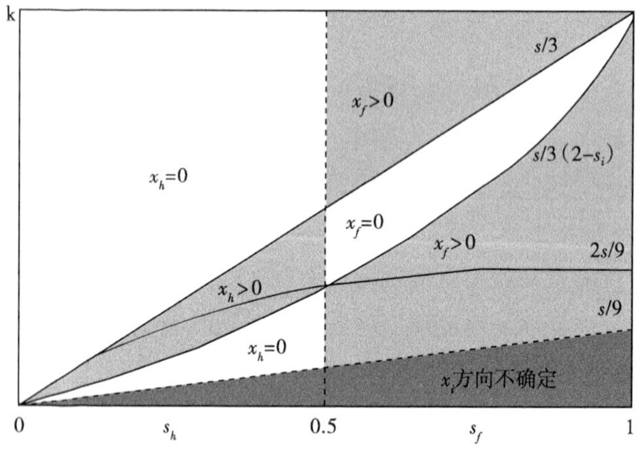

图 3.1　资本输出国

命题 3（i）指出，即使不采用低税收制度，小经济体也可以对外资具有吸引力。为了探讨这一结果的原因，我们开始展示资本流动先高后低的机制。然后，我们将讨论，命题 3（i）中强调的情形是一个中间状态。

回想一下，当资本高度流动时，税收竞争十分激烈，而小国降低了来自大的跨国公司的税率，以至于它只能支付少量的公共产品。因此，大国在公共产品方面的相对吸引力超过其竞争对手（小国）的税收吸引力。

当资本流动性较低时，税收竞争就会放松，税率也会提高，因为资本会变得更具约束性。然而，在税基最大的大国，这种增税将更为重要。资本将部分流向小经济体，但这一损失将因对不离开的资本所有者征收的增税而被过度补偿。因此，这个小国变得具有税收吸引力，并且没有提供更高水平公共产品的动机。

当流动成本适中时，资本流动性不足以引发激烈的税收竞争，也不足以诱使大国提高税率，如在资本流动性较低的情况下。因此，这一范围的流动成本可能会诱使这个小国在公共产品方面变得更具吸引力，当它以比大国家更高的税率对资本回报征税时，这些公共产品是可以负担得起的。

这一中间情形可以利用资本供应弹性规则对税率进行再现。按照这一规则，小经济体提供最高水平的公共物品（$a_h - a_f > 0$），如果流动成本不太高，大国 f 设定最高税率（$t_h - t_f > 0$）。按照 Kanbur 和 Keen（1993）的方法进行，使用两种公共“工具”，由此可得，$a_h - a_f >（1-2s_h）/2（1-s_h）k$ 和等税率 $t_h = t_f = t$ 导致大国面临的资本供应具有更高的税收弹性 $|\varepsilon_f| > |\varepsilon_h|$。换言之，如果经济体 h 提供的公共产品差异足够大，小国家能够改变其面临的资本弹性，从而不需要采取低税率制度。大的经济体将采用低于竞争对手（小国）的税率（$t_h - t_f > 0$）。

总之，①一个比其竞争对手设定更高税率的经济体可以对外国公司具有吸引力。②根据国际一体化程度，小经济体可以是高税率或低税率的经济体。为了清楚起见，我们在图 3.1 中展示了产生不同资本流动模式的参数集（k，s_i）。

图 3.1 中，左侧显示参数（k，s_h）集合中资本流出小国 h，$x_h > 0$，或不流出，$x_h = 0$。图 3.1 的右侧显示了资本流出大国家 f，$x_f > 0$ 或不流出的参数值（k，s_f），$x_f = 0$。白色区域表示没有资本流出 $x_i = 0$ 的参数集合。浅灰色阴影区域表示命题 1 和 2 中的集合。深灰色阴影区域对应于凹度条件不能验证的参数值。拐角解是可能的，但模型不能单独预测 x_i 的符号。

四、公共物品和税收竞争

最后，公共产品的国际差异化是否会降低（资本）税收竞争的强度？导出关于 k 的微分 $\Delta a^* = a_i^* - a_j^*$ 和 $\Delta t^* = t_i^* - t_j^*$ 表明 Δa^* 和 Δt^* 之间没有单调关系。当 $k \in [(1-s_h)/3, 1/3]$ 时，我们得到 $\Delta a^*/k<0$，而 $\Delta t^*/k$ 可以是正的或负的。因此，在所考虑的 k 区间内，更大的流动性导致经济体在公共产品方面的差异，但税收差异可能不会朝同一方向移动，因为较高的 k 会导致 Δt^* 的减少。事实上，当流动成本在 $[1-s_h)/3, 1/3]$ 范围内时，大的经济体可能需要提高其公共产品水平，并相对于竞争对手（小经济体）降低其税收，以遏制企业家的外流。这一战略行动导致更高的 Δa^* 和更小的 Δt^*。对于所有其他可接受的 k 集，较高的资本流动性（较低的 k）吸引经济体区分（较高的 Δa^*）和税收竞争不那么激烈（较高的 Δt^*）。

命题 4：存在一系列 k 值，因此资本流动的增长会增加税收竞争，即使经济体在公共产品方面存在差异。

因此，总的来说，公共产品的国际差异化与资本流动性共同影响降低（资本）税收竞争的强度。

第三节　FDI 市场竞争与技术溢出模型

FDI 市场竞争与技术溢出效应理论模型可以分为 Wang 和 Blomstrom（1992）关于正向竞争、示范效应的理论模型以及 Aitken 和 Harrison（1999）关于 FDI 进入东道国某一行业后通过“市场攫取”（Market Stealing）产生了负向效应以及通常的正向技术溢出效应的理论模型。本部分将借鉴 Aitken 和 Harrison（1999）的思想和处理方法，构建 FDI 市场竞争与技术溢出效应理论模型框架，并在此基础上分析 FDI 质量的影响。

Aitken 和 Harrison（1999）指出，外资企业的进入也会通过市场竞争带给东道国企业负向的“市场攫取”效应。外资企业一般来说拥有更先进的技术和工艺，因此和当地企业相比，它们的生产边际成本更低。在一个不完全竞争的市场中，外资企业会因此扩大生产，从而挤占当地企业的部分市场份额。短期内，企业的固定成本无法调整，而消费者对当地企业生产产品的需求由于外资的介入而减少，因此，国内企业不得不削减产量，平均生产成本随之上升。总的竞争效应取决于两种力量的对比，如果这种负向的“攫取效应”大于正向的竞争效应和示范效应，净效应很可能是负的。

一、生产函数

东道国厂商生产函数设定为规模报酬不变的 Cobb - Douglas 函数形式：每个厂商 i 面临同样的固定投入 F，雇佣一种可变要素 x_i，即劳动力投入，进行生产，获得产出 q_i，具体设定如下：

$$q_i = Ax_i - F \quad \text{for } Ax_i > F$$
$$q_i = 0 \quad \text{for } Ax_i \leqslant F \tag{3.33}$$

因此，可得成本函数：

$$c_i = wx_i = \frac{w}{A}(q_i + F) \tag{3.34}$$

其中，w 为支付给劳动投入要素 x_i 的工资报酬。定义边际成本 $m = \frac{w}{A}$，总成本函数可表示为：

$$c_i = m(q_i + F) \tag{3.35}$$

二、古诺市场均衡

假定 FDI 进入后，与东道国企业进行古诺市场竞争，市场需求曲线表示为：

$$P = \beta - Q - Q^* \tag{3.36}$$

其中，P 为市场价格，全部东道国企业和 FDI 的产量分别为 Q 和 Q^*。遵循 Aitken 和 Harrison（1999）的设定，我们将 Q^* 视为由跨国公司基于政治风险、技术优势、运输成本、基础设施等因素制定的自身经营策略所决定的外生变量。

假定东道国企业数量为 n，解上面的古诺市场竞争均衡，得：

$$q_i = \frac{\beta - Q^* - m}{n + 1} \tag{3.37}$$

古诺市场竞争均衡表明，FDI 进入数量增加，即 Q^* 增加，东道国企业市场份额减少、产量降低，即 q_i 变小。换言之，FDI 进入存在“市场攫取”的竞争挤出效应。

三、FDI 溢出

东道国企业可以学习模仿 FDI 所带来的更高的技术水平，获得技术溢出，假定东道国企业的生产率为：

$$A_i = \eta_i e^{\alpha Q^*} \tag{3.38}$$

参数 α 的符号表示 FDI 技术溢出效应。遵循通常的研究，我们设定 α 为正，即东道国企业从模仿 FDI 的生产行为中获得生产率提升。

四、溢出与竞争综合效应

综合 FDI 进入的市场竞争效应与技术溢出效应，东道国企业生产函数可表示为：

$$q_i = A_i x_i \left(1 - \frac{F}{A_i x_i}\right) = A_i x_i \left(1 + \frac{F}{q_i}\right)^{-1} \tag{3.39}$$

取对数，得：

$$\ln q_i = \ln \eta_i + \alpha Q^* + \ln x_i - \frac{F}{q_i(Q^*)} \tag{3.40}$$

最后一项在 $Q^* = 0$ 处泰勒展开：

$$-\frac{F}{q_i(Q^*)} = -F\frac{n+1}{\beta - m} + \gamma Q^* = C + \gamma Q^* \tag{3.41}$$

其中，$C = -F\frac{n+1}{\beta - m}$

$\gamma = \frac{F}{q^2(0)}\frac{dq}{dQ^*} = -F\frac{n+1}{(\beta - m)^2}$

因为 $\frac{dq}{dQ^*} < 0$，所以 γ 为负数。

最终有：

$$\ln q_i = C + (\alpha + \gamma) Q^* + \ln x_i + \ln \eta_i \quad (3.42)$$

即东道国企业最优产量是自身规模 x_i 和 FDI 进入数量 Q^* 的函数。在溢出效应 α 为正的前提下，FDI 对东道国企业的最终影响取决于 α 与 γ 绝对值大小的比较。

五、FDI 质量的影响

FDI 进入质量的影响体现在参数 α 的大小上。虽然有研究认为 FDI 的溢出效应是 FDI 技术优势的非线性函数，即存在技术适宜性问题，但是考虑到跨国公司在对子公司进行技术转移时通常不会转移最新的技术，一方面便于长期保持技术优势，另一方面也是考虑到子公司所处的东道国人力资本等因素的承接能力，因此，总体而言，溢出效应随着 FDI 质量的提高而增大。但综合影响仍取决于 α 与 γ 绝对值大小的比较。

第四节 本章小结

本章通过构建模型，从理论上说明了东道国不同的财政引资政策会影响 FDI 进入质量，甚至是流入的 FDI 结构，而这很可能会影响到 FDI 技术溢出效果。接下来本课题将从全球范围内考察 FDI 质量对技术溢出的影响，重点考察东道国的税收、基础设施以及金融发展水平对 FDI 流入数量与质量的影响；在得到三者影响 FDI 技术溢出的一般性结论的基础上，我们将转向对中国微观数据的考察，以分析中国的适用性和特殊性。

第四章　FDI 质量与东道国技术进步：跨国经验

近几十年来，许多发展中国家听取发达国家和 IMF 等国际组织的建议，纷纷取消国外资本投资限制，甚至制定了有利于吸引外商直接投资（FDI）的优惠政策，以期通过 FDI 带来技术转移和技术溢出、实现经济增长。图 4.1 显示了全球 194 个国家 1970—2015 年 FDI 与经济增长的关系。可以明显看出，GDP 与 FDI 之间大致呈正相关关系，即外商直接投资量越多，就越能促进东道国的经济增长，因此探究 FDI 如何影响东道国经济增长，厘清其内在机理具有重要的现实意义。

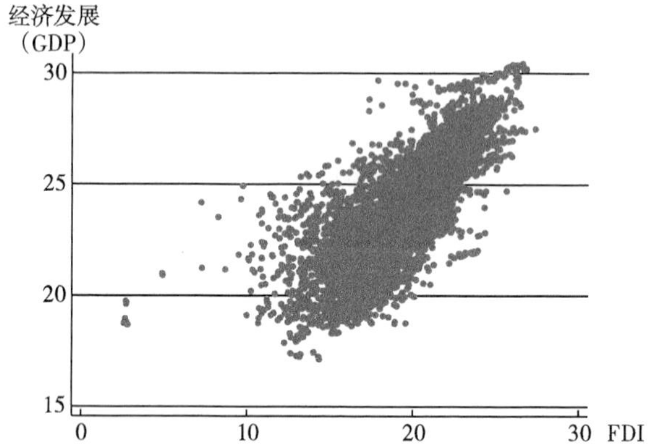

图 4.1　FDI 与东道国经济发展水平散点图

数据来源：联合国数据库。

理论上，FDI 对东道国的技术外溢是发展中国家技术进步的主要来源之一（Grossman 和 Helpman，1991），FDI 进入东道国会通过垂直产业关联溢出（Javorcik，2004）、人员流动（Görg 和 Strobl，2005）、共享当地供应商（Kee，2015）等渠道产生显著的技术溢出效应。

然而，虽然大多数决策者都相信或者希望 FDI 能对东道国产生积极的技术溢出效应，但这一发现主要来自对发达国家，如澳大利亚（Caves，1974）、英国（Haskel 等，2007）、美国（Keller 和 Yeaple，2009）的实证研究。而针对发展中国家的 FDI 技术溢出效应的经验研究，其结论至少是相互冲突的。如 Blomstrom（1986）对墨西哥、Haddad 和 Harrison（1993）对摩洛哥、Kee（2015）对孟加拉国的研究发现，存在 FDI 行业技术溢出效应，行业劳动生产率与本行业吸收的 FDI 呈正相关关系；而 Kokko（1994）对墨西哥，Konings（2001）对保加利亚、罗马尼亚和波兰三国，Lu 等（2017）对中国的研究却得出了相反的结论。总体来说，FDI 的已厂并购效应和关联产业的垂直溢出效应基本得到了实证研究支持，但更为关键的行业内溢出效应研究则发现，外国投资者对当地企业或行业进行技术转移的溢出效应非常有限，有时甚至是负的溢出效应（Aitken 和 Harrison，1999；Javorcik，2015），在上一章的分析中，我们也印证了此观点。

国内外学者对 FDI 技术溢出的存在性、溢出机制以及溢出的影响因素等进行了大量的研究。造成数据支持结论不一致的原因有很多，除文献中已讨论较多的市场竞争效应导致的问题复杂性和 FDI 门槛溢出特征，FDI 技术水平等自身特征同样值得注意。随着全球化进程的推进，各国企业积极开展跨国投资活动，FDI 来源地多样化已成为普遍现象。《世界投资报告 2018》显示，虽然发达国家仍然是全球主要对外投资来源，但是来自发展中国家的 FDI 占全球对外投资总额的比例已越来越高，从 21 世纪初的 12% 上升到 2010 年以来的 30% ~40%（UNCTAD，2018）。可见，FDI 来源地已不限于传统意义上的技术优势国家，呈明显的异质性。传统的跨国投资主体和模式发生了根本变化，涉及来源地的 FDI 质量问题是 FDI 技术溢出研究所不应忽视的。而现有的 FDI 技术溢出研究基本上都是将 FDI 视为外生的、同质的，鲜有考虑不同 FDI 进入质量对东道国影响的研究[①]。为此，本章以来源地生产率水平构建 FDI 质量指数，从量与质两方面考察 FDI 对东道国技术进步的影响。

第一节　计量模型设定与数据说明

一、计量模型设计

本书的研究对象是 FDI 对东道国技术溢出效应分析，因此，基本计量模型为：

$$\ln LP_{it} = \alpha + \theta \cdot fdi_{it} + \delta \cdot X_{it} + \varepsilon_{it} \tag{4.1}$$

其中，LP_{it} 是以东道国劳动生产率衡量的技术进步，fdi_{it} 是 FDI 占东道国 GDP 的比重，衡量 FDI 的技术溢出效应，X_{it} 为控制变量，主要包括东道国工资水平、基础设施、金融发展与市场环境等制度因素，ε_{it} 表示随机误差项，i 表示东道国国别，t 表示时间。

本书的主要目的是验证 FDI 质量对技术溢出效应的影响，为此加入 FDI 质量指数，构成检验的核心模型：

$$\ln LP_{it} = \alpha + \theta_1 \cdot fdi_{it} + \theta_2 \cdot \ln FDIQI_{it} + \delta \cdot X_{it} + \varepsilon_{it} \tag{4.2}$$

其中，$FDIQI_{it}$ 表示进入 i 国的 FDI 质量指数；其余变量含义不变。系数 θ 从 FDI 的量与质量方面刻画了国家加总数据层面的技术溢出效果，具体地，θ_1 表示的是 FDI 进入数量带来的垂直产业关联效应和市场竞争效应的综合，限于数据，本书未对二者进行区分；θ_2 则表示 FDI 技术质量所产生的示范模仿、逆向工程等狭义的技术溢出效果。

二、关键变量说明

技术进步变量 LP_{it} 以当年汇率平价计算的本国劳动生产率表示；FDI

① 有部分研究关注 FDI 质量问题（如徐春骐和王春法，2007），但更多的是 FDI 进入质量与利用质量两方面，且以后者为主，与本项目的 FDI 自身质量并不相同。

占东道国 GDP 的比重 fdi_{it}，以 i 国当年 FDI 流入量占本国 GDP 比重表示；$FDIQI_{it}$ 表示进入 i 国的 FDI 质量指数，按 FDI 比重加权进入东道国的各来源国生产率水平，具体公式如下：

$$FDIQI_{it} = \sum_j \frac{FDI_{ijt}}{\sum_j FDI_{ijt}} \times LP_{jt}$$

控制变量包括东道国工资水平（w）、基础设施（$INRT$）、金融发展（$FNRT$）、市场环境、（$MERT$）和政治环境（$PERT$），其中工资水平为当年该国工资的汇率平价对数值，其他控制变量为 1 ~ 10 量表值，10 表示最优水平。

三、数据说明

本部分是针对中国工业企业技术进步的分析，样本数据来源于 BVD 数据库 2001—2007 年《全球投资宝典》。涉及名义变量均为当年汇率平价美元值，为了客观反映各变量的贡献，样本中的所有名义变量均调整为 2012 年为基期的美元实际值，价格平减指数均来自 Wind 数据库。经过以上处理，本部分所使用的主要变量的统计特征如表 4.1 所示。

表 4.1　主要变量统计性描述

变量	观测值	均值	标准差	最小值	最大值
ln*LP*	1377	10.55236	1.25986	2.825682	11.71394
ln*FDIQI*	1087	11.23959	0.304356	8.457167	13.76593
fdi	1087	5.782333	1.727747	0.171686	10.81206
ln*w*	1377	7.058223	1.183169	3.466286	8.993401
INRT	1377	6.539724	2.065708	1.7	9.7
FNRT	1377	6.314524	1.956632	1.5	10
MERT	1377	7.118301	1.482529	2.5	10
PENT	1377	6.318882	1.95949	1.8	9.7

第二节　经验检验

本部分利用 BVD 全球投资宝典数据库中 60 个国家 1995—2017 年平衡面板数据检验 FDI 质量对技术溢出效果的影响。首先，我们给出加入 FDI 质量指标的核心模型（4.2）的检验结果，并与 FDI 技术溢出基本模型（4.1）进行对照。在此基础上，我们将东道国按生产力水平进行分类，利用生产率水平高、中、低三类国家的子样本分别检验模型（4.1）和模型（4.2），以此比较东道国生产率水平对 FDI 技术溢出的影响。最后我们将 FDI 按生产率水平进行分为三个质量组，检验高中低三类质量不同的 FDI 在全样本以及东道国子样本中的溢出效应。

一、基本检验

首先，我们给出加入 FDI 质量指标的核心模型（4.2）的检验结果，并与 FDI 技术溢出基本模型（4.1）进行对照。表 4.2 给出了固定效应（FE）、随机效应（RE）面板估计结果，Hausman 检验支持固定效应，因此表 4.2 同时给出了基于固定效应的两阶段最小二乘（2SLS）稳健回归结果。

表 4.2　FDI 质量与溢出效应

变量	模型（4.1）			模型（4.2）		
	FE	RE	2SLS	FE	RE	2SLS
fdi	0.0148***	0.0149***	0.0408***	0.0163***	0.0164***	0.0287**
	(0.00375)	(0.00380)	(0.0120)	(0.00396)	(0.00398)	(0.0129)
ln*FDIQI*				0.0304**	0.0303**	0.186**
				(0.0136)	(0.0137)	(0.0885)
ln*w*	0.255***	0.255***	0.230***	0.254***	0.254***	0.245***
	(0.0154)	(0.0155)	(0.0192)	(0.0155)	(0.0155)	(0.0208)
INRT	0.0477***	0.0490***	0.0529***	0.0483***	0.0494***	0.0556***
	(0.00714)	(0.00721)	(0.00798)	(0.00715)	(0.00719)	(0.00825)

续表

变量	模型（4.1）			模型（4.2）		
	FE	RE	2SLS	FE	RE	2SLS
FNRT	0.00876*	0.00846*	0.0113**	0.00789*	0.00763	0.00956*
	(0.00461)	(0.00466)	(0.00534)	(0.00462)	(0.00465)	(0.00548)
MERT	-0.00389	-0.00406	-0.00368	-0.00361	-0.00375	-0.000457
	(0.00403)	(0.00407)	(0.00461)	(0.00404)	(0.00407)	(0.00484)
PERT	0.00996	0.0120	0.0178	0.0101	0.0119	0.0113
	(0.00993)	(0.00999)	(0.0113)	(0.01000)	(0.0100)	(0.0118)
_cons	8.220***	8.241***	8.155***	7.875***	7.901***	6.036***
	(0.100)	(0.153)	(0.116)	(0.184)	(0.222)	(1.010)
N	1087	1087	963	1074	1074	930
R^2	0.423			0.429		

注：括号内为标准差；***、**、*分别表示1%、5%、10%的显著性水平。

FDI 全样本检验结果显示，FDI 进入平均而言显著提升了东道国劳动生产率水平，不过，东道国平均生产率的提升可能是因为本土企业获益于 FDI 的溢出效应，也可能是因为 FDI 的进入挤出了落后的企业从而提升整体生产率水平，遗憾的是，利用我们的样本数据，模型（4.1）没办法区分这一点。加入 FDI 质量后，fdi_{it} 回归系数变化不大，而 FDI 质量回归系数显著为正，且是仅次于工资正向促进东道国生产率水平提升的第二影响因素，这验证了我们的假说，即 FDI 质量是影响东道国技术进步的重要因素，也是 FDI 技术溢出研究所不应忽略的影响因素。模型（4.2）可以解读为 fdi_{it} 体现的是竞争挤出效应，而 $FDIQI_{it}$ 表示的是外资企业的技术溢出空间，因而模型（4.2）的回归系数表明，FDI 进入东道国不仅会产生挤出效应淘汰生产率水平低的企业，从而提高了整体的技术水平，还会产生直接的技术溢出效应。

控制变量中，工资是影响技术水平最重要的因素，基础设施和金融发展水平也会显著促进东道家技术进步，市场机会与政治环境则无显著影响。模型回归 R^2 略大于 0.4，说明我们的面板数据模型有较强的解释力。

二、东道国按生产率分类检验

为进一步分析东道国技术水平对 FDI 技术溢出的影响，我们将东道国按生产力水平进行分类，利用生产率水平高中低（H、M、L）三类国家的子样本分别检验模型（4.1）和模型（4.2），以此进行比较。我们同样采用基于 Hausman 检验支持的固定效应的两阶段最小二乘（2SLS）稳健回归，具体回归结果见表 4.3。

表 4.3　东道国分类检验

变量	模型（1）			模型（2）		
	H	M	L	H	M	L
fdi	0.0759***	-0.0216	0.0282	0.0750***	0.0337	0.0296
	(0.0190)	(0.0172)	(0.0189)	(0.0219)	(0.0243)	(0.0273)
ln*FDIQI*				-0.00918	-0.266***	0.775**
				(0.150)	(0.0883)	(0.302)
lnw	-0.0145	0.0442*	0.308***	-0.00629	0.0174	0.368***
	(0.0531)	(0.0253)	(0.0348)	(0.0561)	(0.0318)	(0.0574)
INRT	-0.0110	0.0737***	0.0530**	-0.00926	0.0603***	0.0141
	(0.0152)	(0.0114)	(0.0213)	(0.0171)	(0.0139)	(0.0354)
FNRT	-0.0226***	0.0103	0.0905***	-0.0213***	0.00154	0.00773
	(0.00750)	(0.00642)	(0.0166)	(0.00738)	(0.00819)	(0.0398)
MERT	0.00112	0.0157***	-0.0372***	0.000489	0.0187***	-0.0249*
	(0.00859)	(0.00604)	(0.00881)	(0.00844)	(0.00701)	(0.0139)
PERT	-0.0382**	-0.0137	0.0172	-0.0403***	-0.0143	-0.0203
	(0.0158)	(0.0154)	(0.0235)	(0.0156)	(0.0188)	(0.0370)
_cons	11.47***	9.999***	7.069***	11.51***	13.01***	-1.146
	(0.438)	(0.186)	(0.180)	(1.889)	(1.006)	(3.194)
N	316	312	335	310	295	325

注：括号内为标准差；***、**、* 分别表示 1%、5%、10% 的显著性水平。

分样本检验结果显示，对于高生产率东道国，FDI 进入数量 fdi_{it} 回归系数显著为正，$FDIQI_{it}$ 不显著，这说明，高生产率东道国并不能受益于技术溢出，其生产率的提升主要来自 FDI 的挤出效应，即 FDI 进入促使更多的低生产率企业退出市场从而提升了整体的技术水平；对于中低生产率东道国，FDI 进入数量 fdi_{it} 回归系数并不显著，这表明东道国自身企业的生产率水平普遍较低，并不能通过淘汰低生产率企业实现技术水平提升，$FDIQI_{it}$ 在低生产率国家显著为正，中生产率国家显著为负，这表明生产率水平较低的落后国家确实受益于高质量的 FDI 产生的技术溢出，但是中等技术水平的国家本身处于技术发展的上升阶段，反而更容易受到高技术水平 FDI 的技术压制和封锁，不利于技术进步。

此外，控制变量的回归结果发现，工资的正向激励作用主要出现在低生产率国家，表明在发展初期提高劳动报酬更容易提升生产率；中等技术水平的国家生产率提升主要来自基础设施建设和市场化建设，这对中国有一定的借鉴意义。

三、进一步讨论

我们进一步按生产率水平将不同质量的 FDI 分类汇总，以检验高、中、低三类质量不同的 FDI 在全样本以及东道国子样本中的溢出效应。同样采用基于 Hausman 检验支持的固定效应的两阶段最小二乘（2SLS）稳健回归，具体回归结果见表 4.4。

表 4.4　不同质量的 FDI 进入东道国影响

变量	全样本	L	M	H
fdi_ m3	0.156 * * *	0.113 * * *	0.00497	0.0808
	(0.0310)	(0.0321)	(0.0445)	(0.0599)
fdi_ m2	−0.0303 *	−0.0776 * * *	−0.00372	−0.0276
	(0.0181)	(0.0294)	(0.00921)	(0.0212)
fdi_ m1	−0.0651 * *	−0.0287	−0.00696	−0.0764
	(0.0324)	(0.0311)	(0.0148)	(0.0690)
ln*w*	0.158 * * *	0.373 * * *	0.0346	−0.0923
	(0.0404)	(0.0503)	(0.0482)	(0.149)
INRT	0.0401 * *	−0.0254	0.0560 * * *	0.0259
	(0.0179)	(0.0283)	(0.0162)	(0.0293)

续表

变量	全样本	L	M	H
FNRT	-0.00456	0.0298	0.0103	-0.00109
	(0.0114)	(0.0244)	(0.0248)	(0.0259)
MERT	0.0119	-0.0279**	0.0269*	0.0141
	(0.00903)	(0.0119)	(0.0150)	(0.0249)
PERT	0.0135	0.0390	-0.0575	-0.0873
	(0.0301)	(0.0574)	(0.0394)	(0.0696)
_ cons	8.283***	7.102***	10.31***	12.30***
	(0.322)	(0.326)	(0.456)	(1.442)
N	464	215	137	112

注：括号内为标准差；***、**、*分别表示1%、5%、10%的显著性水平。

表4.4中的全样本回归结果显示，不同质量类型的FDI对东道国技术溢出的差异很大，高质量FDI平均而言带来正的溢出效应，中低质量FDI则产生负向溢出，溢出效果随FDI质量提升而改善，这表明较低质量的FDI进入无助于东道国技术水平的提升。分样本回归结果则显示，高、中、低发展水平的东道国均呈现这一特征，但仅在低技术水平的东道国是显著的。不同质量FDI进入发展水平各异的东道国会带来的溢出效果有很大差异，这在一定程度上解释了以基于国别数据经验研究结论的不一致。

第三节　本章小结

为避免采用个别国家数据样本所导致的样本特殊性和局限性，本章采用了60国面板数据，分类比较了东道国发展差异对FDI溢出效应的影响，以更好地验证FDI对东道国技术影响的普遍规律及条件性。研究发现：FDI质量是影响FDI技术溢出效应的重要因素，高质量FDI更易产生技术溢出；低生产率国家更多地受益于FDI质量带来的技术示范模仿等溢出效应，而非FDI数量；高生产率东道国则相反，FDI数量产生的产业关联和市场竞争挤出综合效应会促进本国技术进步。下一章，我们将通过实证检验分析招商引资优惠政策是否降低了跨国公司投资的生产率门槛，从而导致在引入更多 FDI 的同时降低了其质量，以及东道国的优惠政策是否影响了跨国公司的技术溢出效应，优惠政策对出口平台型 FDI 与市场寻求型 FDI 溢出的影响是否存在差异。

第五章　引资激励、FDI 质量与技术溢出效应：跨国经验

国内外学者对 FDI 技术溢出的存在性、溢出机制以及溢出的影响因素等进行了大量的研究。然而，现有的 FDI 技术溢出研究基本上都将 FDI 视为外生同质的，强调的是东道国的消化吸收能力，却鲜有对 FDI 异质性问题的探讨。唯一例外的是马林、章凯栋（2008）与 Lin 等（2009）的研究。马林、章凯栋（2008）采用资本来源地与投资方式分类方法对 FDI 技术溢出进行了分类检验，并发现 FDI 技术溢出差异性确实存在；Lin 等（2009）同样采用资本来源地分类方法，对比研究了 FDI 前后向溢出与水平溢出的不同。上一章的研究表明，FDI 质量是影响 FDI 技术溢出效果的重要因素，而基于新新贸易理论构建的理论模型部分已经表明东道国的引资激励政策不仅会改变 FDI 的流向，同样会改变其流入质量。因此，本章正式将东道国引资激励政策纳入 FDI 技术溢出的实证分析，检验各种激励措施对 FDI 流入数量、质量以及技术溢出效应的影响。

具体地，与上一章相同，本章以来源地生产率水平构建 FDI 质量指数来考察对 FDI 的影响。

第一节　计量模型设定与数据说明

一、计量模型设计

本部分的研究对象是 FDI 对东道国技术溢出效应分析，因此，我们的基本计量模型为：

$$fdi_{it} = \alpha + \theta \cdot \ln Attractions_{it} + \delta \cdot X_{it} + \varepsilon_{it} \tag{5.1}$$

其中，fdi_{it} 是 FDI 数量，以 FDI 占东道国 GDP 的比重衡量；$Attractions_{it}$ 表示东道国的各种引资激励，重点考察东道国的税收政策、基础设施、金融发展三大措施因素；X_{it} 为控制变量，主要包括东道国规模、外汇环境等；ε_{it} 表示随机误差项；i 表示东道国国别；t 表示时间。

本部分的主要目的是验证引资激励对 FDI 质量以及技术溢出效应的影响，为此构建 FDI 质量指数，检验引资激励措施对 FDI 质量的影响模型：

$$FDIQI_{it} = \alpha + \theta \cdot \ln Attractions_{it} + \delta \cdot X_{it} + \varepsilon_{it} \tag{5.2}$$

其中，$FDIQI_{it}$ 表示进入 i 国的 FDI 质量指数；其余变量含义不变。

最后，我们用交互项形式构建引资激励的 FDI 技术溢出效应检验模型，考虑到引资激励的影响主要是对 FDI 质量的改变，所以模型中不含 FDI 质量及其交互项：

$$\ln LP_{it} = \alpha + \theta_1 fdi_{it} + \theta_2 \ln Attractions_{it} + \theta_3 fdi_{it} \times \ln Attractions_{it} + \delta \cdot X_{it} + \varepsilon_{it} \tag{5.3}$$

其中，LP_{it} 是以东道国劳动生产率衡量的技术进步；其余变量含义不变。系数 θ_1 、θ_3 刻画了 FDI 流入数量在国家加总数据层面的技术溢出效果，表示的是 FDI 进入数量带来的垂直产业关联效应和市场竞争效应的综合。θ_3 刻画了引资激励对国家加总数据层面的技术溢出效果的影响，其改变主要来自对 FDI 流入的质量的改变，从而改变了 FDI 技术质量所产生的示范模仿、逆向工程等狭义的技术溢出效果。

二、关键变量说明

技术进步变量 LP_{it} 以当年汇率平价计算的本国劳动生产率表示；FDI 占东道国 GDP 的比重 fdi_{it}，以 i 国当年 FDI 流入量占本国 GDP 比重表示；$FDIQI_{it}$ 表示进入 i 国的 FDI 质量指数，按 FDI 比重加权进入东道国的各来源国生产率水平，具体公式如下：

$$FDIQI_{it} = \sum_{j} \frac{FDI_{ijt}}{\sum_{j} FDI_{ijt}} \times LP_{jt}$$

引资激励变量与控制变量包括东道国税收环境（$TRRT$）、基础设施（$INRT$）、金融发展（$FNRT$），以及人口规模（$POPN$）、外汇外贸（$FTRT$），控制变量为 1～10 量表值，10 表示最优水平。

三、数据说明

本部分样本数据来源于 BVD 数据库，2001—2007 年《全球投资宝典》。涉及名义变量均为当年汇率平价美元值，为了客观反映各变量的贡献，样本中的所有名义变量均调整为 2012 年为基期的美元实际值，价格平减指数均来自 Wind 数据库。经过以上处理，本部分所使用的主要变量的统计特征如表 5.1 所示。

表 5.1 主要变量统计性描述

变量	观测值	均值	标准差	最小值	最大值
lnLP	1377	10.55236	1.25986	2.825682	11.71394
ln$FDIQI$	1087	11.23959	0.304356	8.457167	13.76593
fdi	1087	5.782333	1.727747	0.171686	10.81206
ln$w$	1377	7.058223	1.183169	3.466286	8.993401
ln$POPN$	1679	3.387929	1.318413	1.11419	7.224025
$FTRT$	1377	7.473566	1.817162	1.9	10
$TRRT$	1377	6.061365	1.463923	2.1	10
$INRT$	1377	6.539724	2.065708	1.7	9.7
$FNRT$	1377	6.314524	1.956632	1.5	10

第二节　经验检验

本部分利用BVD全球投资宝典数据库中60个国家的1995—2017年平衡面板数据检验引资激励对FDI数量、质量以及技术溢出效果的影响，为比较东道国发展水平差异的影响，我们同时给出了按东道国生产率水平分组的分样本检验结果。

一、引资激励与FDI流入数量

我们分别估计了引资激励影响FDI流入数量的全样本和分样本的固定效应（FE）、随机效应（RE）结果，Hausman检验支持固定效应，具体结果见表5.2。

表5.2　引资激励与FDI流入数量

变量	全样本	高生产率国家	高生产率国家	低生产率国家
TRRT	-0.0119	-0.189**	-0.0209	-0.0734
	(0.0448)	(0.0942)	(0.0935)	(0.0965)
INRT	0.146***	0.342***	0.225**	-0.112
	(0.0540)	(0.130)	(0.113)	(0.112)
FNRT	0.208***	-0.0291	0.213***	0.367***
	(0.0357)	(0.0696)	(0.0772)	(0.0976)
ln*POPN*	2.643***	6.288***	1.971*	1.749
	(0.551)	(1.146)	(1.161)	(1.075)
FTRT	0.00532	-0.258**	-0.110	-0.0615
	(0.0459)	(0.129)	(0.0988)	(0.0746)
常数项	-2.728	-7.845**	0.278	0.636
	(2.075)	(3.215)	(4.012)	(5.199)
年份	控制	控制	控制	控制
N	1192	376	397	379
R^2	0.258	0.389	0.173	0.367

注：括号内为标准差；***、**、*分别表示1%、5%、10%的显著性水平。

FDI 全样本检验结果显示：东道国基础设施水平、金融发展水平以及市场规模是影响 FDI 流入的关键因素，三者的改善均会提高 FDI 流入数量；与通常的认知不同，全球范围来看，税收竞争的引资效果并不显著。分样本检验则发现，基础设施的正向作用主要出现在中高生产率水平的东道国，而金融发展水平的正向激励作用则主要出现在中低收入水平的国家，税收竞争在高收入国家中反而会对 FDI 流入产生负向激励作用。这表明，不同发展阶段的东道国应根据自身特征选择恰当的引资激励措施。

二、引资激励与 FDI 流入质量

我们接下来分别估计了引资激励影响 FDI 流入质量的全样本和分样本的固定效应（FE）、随机效应（RE）结果，Hausman 检验支持固定效应，具体结果见表 5. 3。

表 5. 3　引资激励与 FDI 流入质量

变量	全样本	高生产率国家	高生产率国家	低生产率国家
TRRT	0. 00473	0. 0286	-0. 0266	-0. 0218
	(0. 00975)	(0. 0227)	(0. 0214)	(0. 0199)
INRT	-0. 00792	-0. 0431	0. 00564	-0. 00230
	(0. 0116)	(0. 0313)	(0. 0251)	(0. 0227)
FNRT	0. 00802	0. 00814	-0. 00852	0. 0590***
	(0. 00770)	(0. 0164)	(0. 0177)	(0. 0203)
ln*POPN*	-0. 0707	0. 465*	-0. 0677	-0. 289
	(0. 119)	(0. 280)	(0. 264)	(0. 213)
FTRT	-0. 00805	-0. 0211	-0. 0257	-0. 0191
	(0. 00999)	(0. 0314)	(0. 0223)	(0. 0153)
常数项	11. 49***	10. 18***	11. 81***	12. 39***
	(0. 446)	(0. 779)	(0. 912)	(1. 025)
年份	控制	控制	控制	控制
N	1264	403	423	398
R^2	0. 191	0. 214	0. 207	0. 252

注：括号内为标准差；***、**、*分别表示 1%、5%、10% 的显著性水平。

全样本检验发现，这些因素对 FDI 流入质量的影响都不显著。分样本检验结果显示，对于高生产率东道国，FDI 进入质量仅与东道国规模限制正相关，对于低生产率国家，FDI 进入质量仅与东道国的金融发展水平正相关，这说明，低生产率东道国可以通过改善金融环境来吸引更高质量的 FDI 流入。

三、引资激励与 FDI 技术溢出效应

我们按同样的思路采用交互项形式估计了引资激励对 FDI 技术溢出效应的影响，进一步按生产率水平将不同生产率水平的东道国分组，以检验引资激励对 FDI 技术溢出效应在全样本以及高、中、低三类东道国子样本中的溢出效应。同样采用基于 Hausman 检验支持的固定效应回归，具体回归结果见表 5.4。

表 5.4　引资激励与 FDI 技术溢出效果

变量	全样本	高生产率国家	高生产率国家	低生产率国家
fdi	0.00347	-0.00344	-0.00950	-0.0101
	(0.00514)	(0.00895)	(0.00851)	(0.0173)
TRRT	0.0202***	-0.000671	-0.00440	0.00686
	(0.00573)	(0.00441)	(0.00684)	(0.0175)
INRT	0.0900***	-0.00438	0.0654***	0.0706***
	(0.00712)	(0.00670)	(0.00854)	(0.0205)
FNRT	0.0324***	-0.00768**	-0.0000894	0.0615***
	(0.00516)	(0.00370)	(0.00640)	(0.0175)
*fdi * TRRT*	0.00228***	0.00265***	0.00206	-0.0000815
	(0.000811)	(0.000381)	(0.00134)	(0.00412)
*fdi * INRT*	0.00124	0.000498	-0.000918	0.00631**
	(0.000864)	(0.000934)	(0.00138)	(0.00260)
*fdi * FNRT*	-0.00333***	-0.00208***	0.000611	-0.00278
	(0.000896)	(0.000423)	(0.00155)	(0.00420)
lnPOPN	-0.431***	0.497***	-0.186**	-0.967***
	(0.0669)	(0.0548)	(0.0782)	(0.162)

续表

变量	全样本	高生产率国家	高生产率国家	低生产率国家
FTRT	0.00603	0.00750	0.0319 * * *	-0.0323 * * *
	(0.00568)	(0.00600)	(0.00630)	(0.0116)
常数项	11.01 * * *	9.881 * * *	10.72 * * *	13.20 * * *
	(0.249)	(0.148)	(0.272)	(0.790)
年份	控制	控制	控制	控制
N	1312	425	442	445
R^2	0.266	0.743	0.366	0.369

注：括号内为标准差；* * *、* *、* 分别表示1%、5%、10%的显著性水平。

表5.4中的全样本回归结果显示，FDI 数据对东道国技术溢出的不显著，也就是说上一章发现的 FDI 对东道国的溢出效应并非是源于 FDI 自身，而是因为本章所说的引资激励的影响。税收环境、基础设施以及金融发展水平都有助于生产率水平的提升，但具体影响又随着东道国生产率分组而有所变化。我们最关心的交互项则显示，税收环境改善能提高 FDI 溢出效应，而且这一效应主要出现在高收入国家，这可能是源于高生产率国家的企业对税收更为敏感，降低税率能够有效降低企业的投资生产成本，刺激东道国企业进行生产和技术改进；基础设施对 FDI 技术溢出的正向作用仅出现在低生产率国家，这说明在这些国家中企业生产的基础设施环境改进能够使本地企业更好地消化吸收 FDI 溢出效应；金融发展水平则不利于 FDI 技术溢出，这一现象主要出现在高生产率国家，这可能是由于这些国家的金融发展水平会提供给跨国公司更多的投资变量，反而挤出了本土企业依靠金融环境进行融资改善生产的机会。

第三节　本章小结

本章采用了60国面板数据考察了全球范围的税收环境、基础设施以及金融发展等引资激励措施和东道国环境对 FDI 技术溢出的影响，并分类比较了东道国发展差异对 FDI 溢出效应的影响，以更好地验证 FDI 对东道国技术影响的普遍规律及条件性。研究发现：引资激励措施是影响 FDI 技术溢出效应的重要因素，对于低生产率国家，基础设施能够有效地改进东道国企业对 FDI 技术溢出的消化吸收能力，而对于高生产率国家，税收设计尤为重要，金融发展反而是重要的限制因素，没有针对性的金融发展可能反而会挤出本土企业的投资和发展机会。当然，这一结论是否稳健尚需进一步讨论，我们将在下一章继续单独讨论金融发展与经济增长的关系。至于宏观数据所不能揭示的信息，我们在后续章节基于中国工业企业数据库进一步深入探讨微观数据证据。

第六章　税收激励、异质型 FDI 与技术溢出：中国企业证据

自 20 世纪 90 年代以来，随着我国政府不断改善国内投资环境，放宽投资限制，外商投资（FDI）在我国的增长速度不断加快，使我国 FDI 总量长期居于发展中国家首位、全球第二。尽管政策制定者希望 FDI 的流入能对东道国的技术溢出产生积极的正向作用，然而对行业内溢出效应研究则发现，外国投资者对当地企业或行业进行技术转移的溢出效应非常有限或是有条件的，有时溢出效应甚至是负的。究其原因，FDI 对东道国的影响除技术溢出效应外，市场竞争的挤出效应在 FDI 对东道国的影响中发挥着重要作用。FDI 凭借着资本和技术优势，以及东道国吸引外资的优惠政策，往往在市场竞争中处于优势地位，对东道国企业形成挤压、控制，甚至形成行业垄断，产生挤出效应，不利于东道国企业发展和技术进步。

第一章引言部分提到，为吸引外商投资企业落户中国，中国实行以所得税为核心的各种税收优惠政策以及外商投资产业指导等政策进行鼓励与支持，各级地方政府则通过低价土地转让、提供生产商务活动中的便利性等多种多样的优惠待遇，积极参与招商引资竞争活动，从而形成了所谓的外资企业“超国民待遇”。随着我国改革开放的不断深化，这种内外有别的税费制度越来越不符合市场经济公平竞争的要求，税改呼声不断高涨。从 2007 年开始，我国实行企业所得税“两税并轨”，开始了内外资企业税

收制度统一的改革进程①。至 2010 年 12 月 1 日，作为我国最后一个对外资优惠的税收政策，城建税内外资统一征收，标志着我国税收政策内外有别时代的终结。

然而，虽然中国实现了内外资税收统一征收，但仍保留了一些行业、地域倾斜政策，特别是地方政府在招商引资竞争中依然保留了大量的税收倾斜制度、土地转让优惠以及倾斜性地提供生产商务活动中便利性等。第四章理论分析部分已经证明，招商引资优惠政策降低了跨国公司投资的生产率门槛，在引入更多 FDI 的同时降低了其质量，本章第一节将对这一命题进行检验。

FDI 与东道国技术进步的理论和实证研究在近几十年来引起了各国学者广泛的关注，国内学者也对外资技术溢出的存在性、溢出的影响因素以及溢出机制等进行了大量的研究。然而，现有的 FDI 技术溢出研究基本上都将 FDI 视为外生的、同质的，少有考虑东道国政策对异质型 FDI 进入中国的市场选择及其技术溢出效果影响的研究，即便是对市场换技术假说的质疑也仅仅是验证 FDI 溢出是否存在，而非比较研究东道国优惠政策对溢出效应的影响。这显然无法准确客观地衡量其政策效果。

Chen 和 Moore（2010）利用法国企业数据证明对外商投资越具有吸引力的地区，其 FDI 平均生产率水平越低。而中国恰恰凭借着招商引资优惠政策，以远小于美国等发达国家的市场规模，吸引了全球最多的 FDI。对此，我们不禁要问：中国的招商引资优惠政策是否改变了 FDI 进入中国的生产率门槛？这又是否会进而影响 FDI 的技术溢出效应呢？

前文已经从理论上证明，FDI 既不是外生的，也不是同质的。本章第二节将用理论模型分析表明，税收优惠政策对出口平台型 FDI 和市场寻求型 FDI 技术溢出的影响存在差异，对前者技术溢出效应的阻碍作用更为明显，并将利用中国企业微观数据对此进行检验。第二节关注的是东道国的

① 其实，最早的内外资税收统一始于 1993 年的内外资个人所得税实现统一与 1994 年的内外资企业统一缴纳增值税、消费税、营业税，但此后直到 2007 年，外资一直享有以企业所得税为主的一系列税收优惠。

优惠政策是否影响了跨国公司的技术溢出效应，以及优惠政策对出口平台型 FDI 与市场寻求型 FDI 溢出的影响是否存在差异。

第一节　税收优惠政策与异质型 FDI 进入质量

一、模型设定、变量说明与数据来源

（一）计量模型设计

本节的研究对象是东道国招商引资优惠政策对 FDI 进入质量的影响，即优惠政策对新进入 FDI 生产率的影响。第四章理论分析涉及的优惠政策主要包括降低边际生产成本的税收减免优惠、降低固定投资成本的低价土地转让优惠与降低运输成本的出口退税优惠。限于土地转让的数据不可得，本书暂不检验其影响；而降低运输成本的出口退税与降低生产成本的普通税收减免优惠对 FDI 出口企业的影响已经证明是相同的，且出口退税缺少微观数据统计，因此，本书只考虑外资企业享有的普通税收优惠政策①。检验模型设定为：

$$\ln TFP_{ijt}^{FDI} = \alpha + \theta \cdot Taxpolicy_{jt} + \delta \cdot X_{ijt} + \varepsilon_{it} \tag{6.1}$$

其中，TFP_{ijt}^{FDI} 是新进入外资企业的生产率表示 FDI 进入质量，考虑到新进入 FDI 企业的投资周期长短不一，财政年度的生产率水平衡量有失准确，我们这里以 FDI 企业进入后的年均生产率水平来衡量 FDI 质量；$Taxpolicy_{jt}$ 表示新进入 FDI 企业 i 所在行业 j 在其进入当年所享有的平均税收优惠，为避免过度地数据构造产生偏差性问题，同时考虑到外资企业在中国享有的税收优惠以企业所得税优惠为主，本书以外资企业所得税优惠

① 这里也可理解为本项目不加区分地将普通税收优惠与出口退税优惠统一表示为降低边际成本的税收优惠。为验证其合理性，我们以完全不出口 FDI 的税收（产品销售成本中的税收）优惠表示降低生产成本的普通税收优惠，而以完全出口 FDI 的税收优惠中扣除普通税收优惠的部分来表示出口退税优惠，检验发现两类税收优惠对 FDI 出口企业生产率的影响并无显著差异，因此，将它们不加区分地表示为降低边际成本的税收优惠是合理可行的。

作为税收优惠的代理变量；X_{ijt} 为企业特征控制变量和可能影响 FDI 生产率的事件，相应地，企业特征控制变量也取年均值；ε_{it} 表示随机误差项；i 表示个体；t 表示时间；j 表示企业 i 所在行业（除特殊说明外，均为四位码行业分类）。

控制变量 X_{ijt} 包括企业特征：

企业规模 $\ln size$，以企业产出规模衡量，通常认为规模大的企业更有能力优化要素配置，提高资源利用效率，降低平均生产成本，从而生产率水平更高，预期系数为正。

人均资本 $\ln k$，即企业资本密度，也称为资本深化程度，其对应于劳动生产率的提高，但对全要素生产率的影响并无定论，考虑到高技术企业的资本密度通常较高，并且资本投入也是物化型技术进步的体现形式，预期系数为正。

人均工资率 $\ln w$，即企业人均报酬（包括工资与福利两部分），市场竞争条件下，人均工资率高低反映了企业的人力资本，也是技能型技术进步的体现形式，因此，这一变量即第四章中的人力资本水平 $\ln HR$，预期系数为正。

企业存活时间 Age，按企业从成立年份到样本期末的 2008 年计算，新成立的企业要参与市场竞争，必然要求比已有企业更高的生产率水平，以承担市场进入成本，打破市场进入壁垒，预期系数为负。

轻重工业类型 $DumLH$，轻重工业类型可能也存在着 FDI 进入生产率门槛的差异，但系数不确定。

资本来源地的差异 $DumNHMT$，通常认为来自港澳台地区的资本技术水平较低，预期系数为正。

此外，控制变量 X_{ijt} 包括中国加入 WTO 和 2005 年的人民币汇率改革：

中国加入 WTO 进一步放开了中国市场，放宽了市场准入条件，这降低了 FDI 进入的生产率门槛，预期为负；

汇率改革 E，2005 年 7 月 21 日进行汇率形成机制改革，并一次性升值 2%，人民币的升值预期得到部分释放，这有利于遏制热钱所依托的低生产率 FDI 进入，预期系数为正。

最后，我们还加入了虚拟变量以控制年份效应、行业效应与地区效应。

第四章理论分析部分与实证检验都证实出口平台型 FDI 与市场寻求型 FDI 生产率水平存在差异，因此，本节也将分别检验税收优惠对二者进入中国的生产率门槛的影响，以验证招商引资优惠政策对异质型 FDI 进入质量的影响是否存在系统性差异。

（二）关键变量说明

本节被解释变量为新进入 FDI 的全要素生产率 $\ln TFPOP$ 。首先，我们按企业成立时间来区分新进入 FDI 企业，将 1998 年以后成立的外资定义为新进入 FDI，其第一次出现在样本中的年份为新进入年份[①]。统计发现，样本内共有外资企业 104051 家，其中新进入企业 80105 家。

本节所用核心解释变量为东道国税收优惠政策 $Taxpolicy_{jt}$ ，考虑到 FDI 在中国享有的税收优惠以企业所得税优惠为主，我们以企业所得税占企业总利润的比例来衡量企业税负[②]，以 j 行业中代表市场竞争税负程度的民营企业行业平均税负比例与 FDI 企业平均税负比例之差来衡量 FDI 税收优惠，差额越大，说明对外资的优惠力度越大。此外，我们还按企业销售成本中的税金与销售收入比例重新构造了这一指标来作为稳健性检验，并进一步以完全不出口 FDI 的税收优惠表示降低生产成本的普通税收优惠，而以完全出口 FDI 的税收优惠中扣除普通税收优惠来表示出口退税优惠。

企业规模 $\ln size$ 、资本密集度 $\ln k$ 、人均工资率 $\ln w$ 等控制变量的处理

---

① 严格来讲，FDI 新进入中国时间既不等于成立时间，更不等于进入样本时间：1998 年以前成立的历史悠久的跨国公司可能在 1998 年以后才进入中国投资，本书所用数据库的统计样本仅限于资产 500 万元以上的规模企业，因此，FDI 进入中国后可能因规模较小而不能立刻体现在样本进入中。这一情况因企业并购、改制等情况而更加复杂。不过，统计发现，1998 年后成立的企业中，94.41% 的企业为 1998 年后第一次进入样本，这一比例在外资中达到 98%。因此，成立时间可视为企业进入的良好的代理指标。

② 我们将样本限定为总利润为正的企业，即不考虑亏损企业的税收减免情况。此外，我们也尝试了以企业总税收占企业总利润的比例来衡量税负，但样本中企业总税收数据的负值比例过高，我们最终舍弃了这一指标。

方式前文已有交代，这里不再赘述。

出口平台型 FDI 与市场寻求型 FDI：中国对外资企业所得税规定，对出口型企业，除享受两免三减所得税优惠外，只要企业年出口额占企业总销售额的 70% 以上，均可享受减半征收企业所得税的优惠。而且，第四章的 FDI 出口企业生产率分类检验也发现，出口率 70% 以上的 FDI 企业生产率水平最低，可将其视为出口平台型 FDI。因此，从本章开始，按出口率是否超过 70% 对这两类 FDI 正式加以区分。

（三）数据说明

本部分是针对中国工业企业技术进步的分析，样本数据来源于 1998—2007 年“中国工业企业调查数据库”。整理后，本节选取了 FDI 子样本，共 104051 家企业，285744 条观测值。鉴于样本数据分布异常值情况较为严重，我们去除了样本两端各 1% 的数据。经过处理后，本部分所使用的主要变量的统计特征如表 6.1 所示。统计显示，从均值来看，LP 法计算的生产率 TP 要高于 OP 法生产率；平均而言，外资的行业税率约低于行业全部企业税率 0.97 个百分点，但优惠幅度最高的行业达 27 个百分点。

表 6.1　主要变量统计性描述

变量	观测值	均值	标准差	最小值	最大值
ln*TFPOP*	285744	2.7328	1.0754	-5.3760	11.3409
ln*TFPLP*	285744	6.3772	1.1196	-0.7820	13.6921
Taxpolicy	277927	0.0968	0.0426	-0.0914	0.2702
ln*size*	285744	10.5763	1.3387	3.3141	19.0253
ln*k*	285744	4.1147	1.4020	-4.3656	14.9224
ln*w*	285478	2.7242	0.6914	-7.3715	10.3091

二、方法与结果

本部分利用 1998—2007 年中国工业企业数据库数据对式（6.1）进行检验，即检验新进入 FDI 进入当年的税收优惠对其进入后的年均生产率的影响，以验证中国对外资的税收优惠是否降低了 FDI 进入的生产率门槛。

为了避免投资周期不同造成的生产率水平衡量偏差，式（6.1）采用的变量数据为 FDI 企业进入后的年均值，这使得我们的样本数据变成了混合面板数据。对此，我们采用 OLS 方法得到基本回归结果，具体结果见表 6.2。考虑到 FDI 的质量会反过来影响各级政府“招商引资”优惠政策的制定，例如，对高技术 FDI 企业的所得税实行再减免等优惠，式（6.1）的 OLS 回归不可避免地存在内生性问题，从而导致参数估计出现偏差。为此，我们采用 2SLS 工具变量回归方法来解决内生性问题并得到更为稳健可信的参数估计。工具变量要求与解释变量相关而与被解释变量无关，理想的选择是以非经济变量来作为工具变量，但通常难以实现，因而研究文献中大多退而求其次，用解释变量的行业或地区加总（如 Fisman 和 Svensson，2007；Lin 等，2012），或者用变量的样本区间外数据来作为工具变量。我们以税收优惠的行业加总数据（二位码加总）以及新进入 FDI 企业 i 所在行业 j 1998 年所享有的平均税收优惠为工具变量，具体的回归结果见表 6.2。

表 6.2　税收优惠对 FDI 进入生产率的影响

变量	OLS						2SLS
	模型（1）	模型（2）	模型（3）	模型（4）	模型（5）	模型（6）	模型（6）
Taxpolicy	-0.0066*** (0.0013)	-0.0076*** (0.0013)	-0.0078*** (0.0012)	-0.0106*** (0.0011)	-0.0065*** (0.0011)	-0.0065*** (0.0011)	-0.0226*** (0.0025)
ln*size*		0.2793*** (0.0051)	0.3661*** (0.0052)	0.3206*** (0.0051)	0.3140*** (0.0051)	0.3140*** (0.0051)	0.3162*** (0.0055)
ln*k*			-0.2419*** (0.0045)	-0.2767*** (0.0044)	-0.2606*** (0.0045)	-0.2606*** (0.0045)	-0.2737*** (0.0048)
ln*w*				0.4148*** (0.0117)	0.4581*** (0.0120)	0.4581*** (0.0120)	0.4677*** (0.0135)
Age					-0.0402*** (0.0033)	-0.0402*** (0.0033)	-0.0405*** (0.0034)
DumLH					-0.2552*** (0.0104)	-0.2552*** (0.0104)	-0.2243*** (0.0111)

续表

变量	OLS						2SLS
	模型（1）	模型（2）	模型（3）	模型（4）	模型（5）	模型（6）	模型（6）
DumNHMT					-0.0298＊＊＊ (0.0105)	-0.0298＊＊＊ (0.0151)	-0.0312＊＊＊ (0.0108)
WTO						-0.1685＊＊＊ (0.0298)	-0.1956＊＊＊ (0.0308)
E						-0.1034＊＊＊ (0.0204)	-0.1227＊＊＊ (0.0209)
年份效应	是	是	是	是	是	是	是
地区效应	是	是	是	是	是	是	是
Sargan [*P*]							1.3089＊＊＊ [0.2526]
$\bar{R}^2$	0.0281	0.1378	0.2477	0.2871	0.3054	0.3054	0.3025
Obs	29355	29355	29317	29307	29355	29295	28329

注：1. 括号内为标准差；＊＊＊、＊＊、＊分别表示 1%、5%、10% 的显著性水平。

2. Sargan 统计量用以判断工具变量的选取是否恰当（是否满足过度识别条件），[ ] 中为相应的概率值。

我们的工具变量选取是合适的，原因在于：一方面，二位码行业加总的税收优惠受新进入 FDI 企业生产率水平的反向影响几乎可以忽略，而 1998 年的税收优惠同样不因 1998 年后新进入 FDI 质量的变化而改变；另一方面，二位码行业加总税收优惠与四位码行业税收优惠之间密切相关，同时，税收优惠具有一定的延续性，中国的外资税收优惠政策在 1994 年至 2007 年并无调整，因此，1998 年的税收优惠与 FDI 进入年份的税收优惠的相关程度较高。此外，表 6.2 中的 Sargan 统计量也证实了这一点：过度识别的概率为 25%，远大于 5% 的临界值水平，说明工具变量是恰当的。

表 6.2 的回归结果显示 FDI 税收优惠政策的系数为负，说明该政策确实降低了 FDI 进入中国的生产率门槛，第三章理论分析的基本结论得以验证。具体来说，OLS 回归发现，税收优惠率每提高一个百分点，新进入 FDI 的年均生产率降低 0.7%，而更为稳健的 2SLS 回归结果则显示，这一

影响达2.3%。考虑到FDI平均税收优惠约10个百分点，税收优惠政策对FDI进入中国的生产率门槛的影响是不容忽视的，税收优惠确实在相当程度上降低了FDI进入质量。

我们所选取的企业特征控制变量的回归结果基本都是显著的，对于不同的生产率计算方法与回归估计方法也是稳健的。其中，企业规模 ln*size* 的系数显著为正，说明规模大的FDI企业有能力在更大范围内优化资源配置，生产率水平更高；资本密度 ln*k* 的系数显著为负，这与对体现型技术进步的资本深化的预期相反，可能的原因是资本密度高的FDI企业投资周期长，反而拉低了其短期内的生产率水平。如空客320到中国的投资，虽然固定资产投资规模很大，但短期内却难以形成有效的生产力；人均工资率 ln*w* 的系数显著为正，这或者反映了市场竞争条件下的人力资本对生产率水平的推动作用，或者反映了非竞争条件下的工资激励作用；存活时间 *Age* 的系数显著为负，说明FDI企业进入中国时间越晚，越需要更高的生产率水平以打破市场进入壁垒，承担市场进入成本；企业轻重工业虚拟变量 *DumLH* 显著为负，相比于重工业领域，外资轻工业企业生产率更高，这可能是因为这类企业固定投资规模较小，能够更灵活地实现世界范围内的资源配置。资本来源地虚拟变量 *DumNHMT* 的系数显著为负，来自非港澳台地区的FDI企业并没有表现出更高的生产率水平，这与我们的预期相反，这或许是因为非港澳台资本中来自维尔京、开曼群岛等自由港的资本占有相当比重，如英属维尔京群岛一直是仅次于中国香港的FDI资金来源地，这些转到避税天堂的外资有着更低的市场进入门槛。此外，事件控制变量 *WTO*、*E* 的系数均显著为负，前者说明中国加入WTO后，市场准入放宽，FDI企业进入中国的门槛在降低，后者则与我们的预期相反，这或许是因为2005年的汇率改革没能充分释放国际上对人民币升值的预期，导致热钱形式的低生产率FDI企业继续涌入。另一个可能的原因是，我们采用年份来定义虚拟变量 *WTO*、*E* 的做法欠妥，二者的系数为负反映的可能是中国经济迅速增长、市场规模的逐年扩大，对FDI吸引力越来越大，导致新进入FDI企业生产率水平逐年降低。

三、稳健性检验与拓展分析

为了使检验结论更为稳健可信，我们进一步采用分位数回归方法对式（6.1）做稳健性检验。分位数回归是一种较为稳健的线性回归方法，通过使用不对称的损失函数进行拟合可以很好地解决 OLS 回归可能存在的某些“离群值”对回归结果的影响。此外，对比不同的分位数回归可以揭示整个分布的内在变化，而不仅仅是均值分布变化。表 6.3 给出了式（6.1）的分位数回归结果，其中，$q = 0.25$ 一栏代表 FDI 企业生产率水平的下分位数分布，$q = 0.5$ 一栏为 FDI 生产率中分位数分布，$q = 0.75$ 一栏为 FDI 生产率上分位数分布的代表。

表 6.3　税收优惠对 FDI 进入生产率的影响（分位数回归）

变量	$q = 0.25$	$q = 0.5$	$q = 0.75$	$q = 0.5$	
				市场寻求型	出口平台型
Taxpolicy	-0.0075*** (0.0013)	-0.0092*** (0.0011)	-0.0101*** (0.0013)	-0.0113*** (0.0019)	-0.0071*** (0.0013)
ln*size*	0.2531*** (0.0056)	0.2948*** (0.0051)	0.3591*** (0.0053)	0.3533*** (0.0073)	0.2488*** (0.0053)
ln*k*	-0.2885*** (0.0043)	-0.2569*** (0.0037)	-0.2384*** (0.0047)	-0.2651*** (0.0060)	-0.2658*** (0.0046)
ln*w*	0.5153*** (0.0108)	0.4423*** (0.0096)	0.3669*** (0.0126)	0.4239*** (0.0146)	0.4522*** (0.0122)
Age	-0.0499*** (0.0039)	-0.0446*** (0.0033)	-0.0392*** (0.0039)	-0.0193*** (0.0053)	-0.0611*** (0.0040)
DumLH	-0.2811*** (0.0126)	-0.3121*** (0.0106)	-0.2540*** (0.0125)	-0.2549*** (0.0173)	-0.3693*** (0.0126)
DumNHMT	0.0392*** (0.0118)	0.0451*** (0.0100)	0.0803*** (0.0119)	0.0289* (0.0167)	0.0596*** (0.0117)
WTO	-0.3453*** (0.0471)	-0.2197*** (0.0400)	-0.1481*** (0.0472)	0.1202 (0.0808)	-0.1991** (0.0949)
E	-0.3301*** (0.0322)	-0.2331*** (0.0272)	-0.1319*** (0.0323)	-0.0856** (0.0280)	0.0178 (0.0321)

续表

变量	q=0.25	q=0.5	q=0.75	q=0.5	
				市场寻求型	出口平台型
年份效应	是	是	是	是	是
$\bar{R}^2$	0.1732	0.1770	0.1688	0.1874	0.1771
Obs	29295	29295	29295	13231	16064

注：括号内为标准差；＊＊＊、＊＊、＊分别表示1%、5%、10%的显著性水平。

表6.3分位数回归结果与表6.2的OLS和2SLS的回归结果是一致的，税收优惠的系数显著为负，再次验证了税收优惠政策降低了FDI企业进入的生产率门槛。除非港澳台资本虚拟变量的系数由负变正，其余控制变量系数的符号均没有发生改变，说明前文的分析基本是稳健可信的。非港澳台资本系数的改变，使得结果与直觉相一致，同时也说明，资本来源地在不同分位数上的分布存在很大差异，从而导致分位数回归与OLS回归结果的差异。

对比上、中、下分位数的回归结果可以发现，0.5中分位数的回归结果与OLS系数最接近，且方差整体变小，提高了估计结果的有效性；税收优惠、企业规模、资本来源地的影响随生产率分位数上升而逐渐增大；资本密度、工资率、存在时间以及加入WTO和汇率改革*E*的影响随生产率分位数的上升而逐渐变小。

进一步地，我们还给出了市场寻求型FDI与出口平台型FDI的0.5中分位数回归结果，见表6.3最后两列。回归结果表明，税收优惠对市场寻求型FDI的影响更大，这与理论分析相一致。但资本来源地的显著性降低，汇率改革*E*则有不显著的负影响。对出口平台型而言，税收优惠、企业规模的影响下降，但存在时间、资本来源地差异的影响上升。进一步对两类FDI做上下分位数区分（结果未列出），结果发现：税收优惠对市场寻求型FDI生产率的影响基本无变化，但是对出口平台型FDI生产率的影响随分位数的上升而增大，即优惠政策对出口平台型FDI上分位数分布的影响特别大，这与FDI整体的分位数估计相一致。

四、本节结论

对比加入 WTO 和汇率改革 E 的所有回归结果，我们发现：首先，二者的分位数回归系数绝对值明显变大。其次，WTO 对市场寻求型的正影响不显著，对出口平台型则有显著的负向影响，这说明，尽管市场准入条件的降低使得更多低生产率的 FDI 可以进入，但更重要的是，WTO 扩大了开放度，规范了中国参与全球一体化生产活动，加强了世界对中国的了解，降低了投资的政治风险等，这就吸引了高技术的跨国公司进入中国，以及跨国公司的高技术产业链部分向中国转移，甚至在中国设立研发中心。进一步地细分发现，显著的负向影响主要集中在高生产率的出口平台型 FDI，即生产率较高的出口平台型 FDI 通过 WTO 进入国内市场。最后，E 的影响均不显著，但进一步地细分发现，低生产率的市场型受 E 的影响显著为负；其余均不显著。

第二节　税收优惠政策与 FDI 技术溢出

由第四章分析可知，优惠政策降低了 FDI 进入的生产率门槛。实际上，在东道国外资优惠政策刺激下，不仅外资进入的生产率门槛下降，而且还诱使两类并无技术溢出空间的 FDI 得以进入。一是假外资套“惠”现象，即纯粹的国内资本借道港澳台或其他国家或地区再回到内地，以外资身份套取优惠利益。例如，根据唐伟霞（2009）的估计，我国 1985—2004 年 FDI 中的“假外资”比重为 39.8%，而随着 1992 年后我国对外资的优惠力度加大，1994—2004 年间的“假外资”比重更上升至 50.2%。二是无技术优势的 FDI 进入东道国，如一些规模小、技术差、与国内生产结构雷同的东南亚国家和地区企业在中国投资设厂，凭借政策优势与国内企业进行价格竞争。这两种类型 FDI 的进入冲击了国内企业，很可能产生负面效应（如产生更多挤出效应，诱使国内资本寻租，而不是将资源和精力放在生产和创新上等），抵消跨国公司在华的积极效应。此外，已进入的 FDI

凭借优惠政策在市场竞争中处于更为有利的地位，加大了“市场换技术”的成本，同等程度的技术外溢往往需要更大规模的市场让渡，这也不利于FDI 技术溢出的实现。可见，东道国招商引资优惠政策一方面降低了新进入的 FDI 的生产率水平，特别是使得并无技术优势的 FDI 得以进入，另一方面则使已进入的 FDI 享有更有利的市场竞争地位，这都不利于 FDI 对东道国的技术溢出。因此得出推论：

东道国优惠政策弱化了 FDI 的技术溢出效应。

一、模型设定、变量说明与数据来源

针对以上推论，我们采用在通常的 FDI 技术溢出检验模型中添加交互项来检验招商引资税收优惠政策对 FDI 技术溢出的影响：

$$\ln TFP_{ijt} = \alpha + \theta \cdot \ln FDI_{jt} + \varphi \cdot Taxpolicy_{jt} + \gamma \ln FDI_{jt} \times Taxpolicy_{jt} + \delta \cdot X_{ijt} + \varepsilon_{it} \quad (6.2)$$

其中，TFP_{ijt} 表示内资企业生产率；FDI_{jt} 是内资企业所在行业的外资市场份额，为了比较出口平台型 FDI 与市场寻求型 FDI 技术溢出的差异，本节按出口值占企业销售收入的比重是否超过 75% 将出口平台型 FDI 与市场寻求型 FDI 加以区分，并按 FDI 变量的处理办法重新构造了变量 $EXFDI$ 与 $MFDI$ 。其余变量含义不变。系数 θ 可衡量 FDI 的技术溢出效应；系数 φ 反映东道国外资税收优惠政策 $Taxpolicy_{jt}$ 对内企生产率的直接作用；交互项系数 γ 衡量优惠政策对 FDI 技术溢出的影响，若 γ 为负，则表明优惠力度越大，FDI 技术溢出效果越差。此外，为了比较来源地的差异，我们还区分了来自港澳台资本（ HMT ）与非港澳台资本（ $Non-HMT$ ）的 FDI 市场份额。

本节所用变量包括全要素生产率 $\ln TFPLP$ 、$\ln TFPOP$ 、变量 FDI ，以及企业规模类型 $\mathrm{Dum}Size$ 、轻重工业类型 $\mathrm{Dum}LH$ 、所有制类型 $\mathrm{Dum}Owner$ 等控制变量的处理均与上节相同。

二、方法与结果

现在我们来检验 FDI 税收优惠政策对 FDI 技术溢出效应的影响。在式

(6.2) 中，被解释变量为内资企业 TFP，解释变量中以 FDI 市场份额与税收优惠程度的乘积项来检验东道国降低边际成本的招商引资优惠政策的技术溢出效果。考虑到出口型 FDI 企业一方面享受东道国减低生产成本的优惠，另一方面又获得出口退税优惠，相较于市场型外企而言受到的激励更强，因此进入门槛下降得更多，溢出效应也更受东道国激励政策影响。因此，我们进一步地将解释变量 FDI 细分为出口平台型 FDI 与市场寻求型 FDI，以检验税收优惠对两种类型的 FDI 技术溢出的影响是否存在差异。与上节相同，我们只选取了 2001—2007 年平衡面板数据来分析。

基于与上节回归分析同样的理由，Hausman 检验显示，所有回归均拒绝随机效应的原假设，与企业间生产率存在个体差异的常识相符，因此，我们首先采用面板固定效应（FE）估计方法得到基本回归结果，见表 6.4。

表 6.4　税收优惠政策对异质型 FDI 技术溢出的影响（FE 估计）

变量	LP	OP	LP	OP
Taxpolicy	-0.1073*** (0.0076)	-0.0986*** (0.0076)	-0.0979*** (0.0075)	-0.0934*** (0.0075)
EXFDI	-0.0384*** (0.0012)	-0.0274*** (0.0012)	-0.0371*** (0.0012)	-0.0266*** (0.0012)
MFDI	-0.0394*** (0.0009)	-0.0209*** (0.0009)	-0.0383*** (0.0009)	-0.0203*** (0.0009)
EXFDI × *Taxpolicy*	-0.0323*** (0.0018)	-0.0236*** (0.0018)	-0.0301*** (0.0018)	-0.0224*** (0.0018)
MFDI × *Taxpolicy*	-0.0002 (0.0005)	0.0012** (0.0005)	-0.0001 (0.0005)	-0.0013** (0.0005)
DumLH			-0.0031 (0.0168)	-0.0451*** (0.0169)
DumSize			0.3586*** (0.0062)	0.1998*** (0.0065)
Wald	240.46***	134.14***	212.63***	123.07***
Hausman	2878.08***	2629.43***	9282.43***	3928.21***

续表

变量	LP	OP	LP	OP
$\bar{R}^2$	0.0027	0.0002	0.0237	0.0009
Obs	196204	191964	196204	191964

注：Wald 统计量用以判断出口平台型 FDI 与市场寻求型 FDI 与税收优惠交互项的估计系数是否相等，＊＊＊表示系数相等的概率小于1%，下同。

表6.4给出了中国给予FDI的税收优惠政策对其技术溢出效果影响的固定效应检验结果。对异质型FDI检验发现，无论是出口平台型FDI还是市场寻求型FDI，其本身的技术溢出均为负的，税收优惠均进一步弱化了两种类型FDI的技术溢出，且Wald检验显示二者的系数存在显著差异，税收优惠对出口平台型FDI技术溢出的阻碍作用更为突出。这些发现对于内资企业的LP与OP生产率均成立。由此说明，过度的税收优惠降低了两种类型的FDI进入的生产率门槛，从而不利于其技术溢出；而过度税收优惠造成负面技术溢出的结论并不因FDI是出口平台型还是市场寻求型而改变。不过，虽然出口平台型FDI与市场寻求型FDI均阻碍了东道国企业的技术进步，前者的抑制作用无疑要更突出，东道国在制定优惠政策吸引外资时对此应予以充分考虑。

加入企业规模等控制变量后，出口平台型FDI、市场寻求型FDI中各变量的系数绝对值均略有下降，但结论不变：两种类型的FDI的技术溢出效应仍为负；税收优惠仍进一步恶化了FDI的技术溢出效应，且出口平台型FDI税收优惠的负向效应仍大于市场寻求型FDI。控制变量系数的估计结果显示，企业规模的影响显著为正，这表明大中型企业的生产率高于小型企业，内资企业技术进步同样存在规模优势；但轻重工业虚拟变量的系数不显著，即轻重工业企业生产率分布并无差异。

三、稳健性检验与拓展分析

与上一节的分析相同，式（6.2）同样可能存在内生性问题而导致无法保证参数估计的无偏性，相应地，我们加入被解释变量滞后项以反映其他未考虑因素的影响，并对动态面板做差分GMM估计以避免内生性估计偏差。具体地，这里以被解释变量与政策优惠的三阶或四阶滞后项作为 GMM 工具变量，以轻重工业类型、企业规模以及年份虚拟变量作为差分方程的工具变量进行估计。检验发现，AR1 统计量显示残差存在一阶相关，工具变量是有效的；AR2 统计量则显示残差序列二阶不相关有相当大的概率成立，因此，模型设定是合适的。具体估计结果见表 6.5。

表 6.5　税收优惠政策对异质型 FDI 技术溢出的影响（系统 GMM 估计）

变量	LP	OP
L. lnTFP	0.3145*** (0.0293)	0.3102*** (0.0393)
L2. lnTFP	0.1249*** (0.0160)	0.0899*** (0.0127)
Taxpolicy	0.0229 (0.0475)	0.1915 (0.1566)
EXFDI	-0.0513*** (0.0136)	-0.0197* (0.0109)
MFDI	-0.0638*** (0.0048)	-0.0950*** (0.0079)
EXFDI × *Taxpolicy*	-0.0554*** (0.0165)	-0.1216*** (0.0221)
MFDI × *Taxpolicy*	-0.0031 (0.0022)	-0.0192** (0.0069)
DumLH	0.1472 (0.3382)	-0.3465*** (0.0565)
DumSize	0.6374 (0.4902)	0.1002 (0.2743)
DumSOE	-1.0612** (0.5222)	-0.9327*** (0.1565)
Wald	8.64***	16.18***
AR1	0.00	0.00
AR2	0.1335	0.6685
Obs	140138	137958

系统 GMM 估计显示，加入被解释变量的两阶滞后项后，出口平台型 FDI 与市场寻求型 FDI 的技术溢出仍显著为负，FDI 税收优惠政策直接影响的系数不再显著，但交互项系数的估计表明优惠政策对出口平台型 FDI 以及市场寻求型 FDI 技术溢出的影响仍显著为负，且对出口平台型 FDI 的阻碍作用仍更大。LP 法计算的生产率回归显示，FDI 税收优惠率每提高一个百分点，市场寻求型 FDI 对内资企业的技术溢出降低 0.3% 左右，而出口平台型 FDI 技术溢出效应降低的幅度更大，为 5% 以上，对于 OP 法计算的生产率水平而言，二者的差别程度更为明显，这说明税收优惠对不同类型 FDI 的技术溢出影响存在很大差异，这无疑是招商引资过程中值得注意的地方。此外，所有制类型的虚拟变量显著为负，即国有企业的生产率水平低于民营企业，这也与已有研究结论一致。

我们进一步将内资行业分为制造型与非制造型以检验税收优惠政策对异质型 FDI 技术溢出效应的影响在不同类型行业中是否存在差异。以 OP 方法计算的生产率为例，省略控制变量后的分行业类型的系统 GMM 估计结果见表 6.6。回归结果显示：出口平台型 FDI 与市场寻求型 FDI 均产生了负向溢出效应，市场寻求型 FDI 在制造型行业的阻碍作用更大，而出口平台型 FDI 在非制造行业的抑制作用更突出；税收优惠政策对市场寻求型 FDI 在制造行业与非制造行业的溢出效应均产生了不利影响，而对出口平台型 FDI 溢出效应的阻碍作用主要集中在制造行业。可见，本研究的结论对不同行业类型的企业仍基本成立。唯一例外的是税收优惠促进了出口平台型 FDI 在非制造型企业的技术溢出，这可能是因为其中的加工业更多地参与了出口平台型 FDI 的中间品供给，虽然税收优惠降低了出口平台型 FDI 的生产率门槛，但引进更多的外商资本仍通过前后向联系带动了加工行业内资企业的发展。

表 6.6　行业类型与外资来源地差异检验（系统 GMM 估计）

变量	行业类型		外资来源地	
	制造型	非制造型	HMT	Non - HMT
L. ln*TFP*	0.4067 * * * (0.0175)	0.3280 * * * (0.0320)	0.5108 * * * (0.0128)	0.5635 * * * (0.0098)
L2. ln*TFP*	0.1151 * * * (0.0072)	0.0917 * * * (0.0145)	0.1484 * * * (0.0111)	0.1567 * * * (0.0087)
EXFDI	-0.0298 * * * (0.0032)	-0.0499 * * * (0.0050)	0.1065 * * * (0.0149)	0.0170 * * * (0.0042)
MFDI	-0.0313 * * * (0.0023)	-0.0158 * * * (0.0043)	0.0653 * * * (0.0074)	0.0191 * * * (0.0026)
EXFDI × *Taxpolicy*	-0.0185 * * * (0.0042)	0.0239 * * (0.0061)	-0.1597 * * * (0.0304)	-0.0410 * * * (0.0074)
MFDI × *Taxpolicy*	-0.0040 * * * (0.0010)	-0.0035 * * (0.0015)	-0.0138 * * * (0.0036)	0.0036 * * (0.0016)
Wald	21.66 * * *	16.96 * * *	21.34 * * *	31.44 * * *
*AR*1	0.00	0.00	0.00	0.00
*AR*2	0.4751	0.5619	0.9521	0.7886
Obs	97879	40077	137 956	137248

为与以往研究相一致，表 6.6 同时给出了来自港澳台与非港澳台国家或地区的 FDI 技术溢出分类检验结果。结果显示，无论是市场寻求型 FDI 还是出口平台型 FDI，港澳台资本均对内资企业技术进步产生阻碍作用，而非港澳台资本则有显著的正向溢出效应，这与马林、章凯栋（2008）和 Lin 等（2009）等的研究结论是一致的。政策效果检验发现，优惠政策作用阻碍了港澳台资本的技术溢出，特别是降低了出口平台型港澳台资本的技术溢出效应，这与本研究的结论相符，也与港澳台资本本身的生产率水平较低相一致；但是，对非港澳台资本检验发现，优惠政策降低了出口平台型非港澳台资本的技术溢出效应，却有利于市场寻求型非港澳台资本的技术溢出，这可能是因为市场寻求型非港澳台资本的生产率较高，其生产率水平虽然随优惠政策而降低，但仍有利于内资企业技术进步。对 FDI 资

本来源地经验检验进一步拓展了本研究的分析。

最后，我们重新构造了本研究的关键变量以进一步地进行稳健性检验。其中，按出口值占企业销售收入的比重是否超过 50% 重新区分出口平台型 FDI 与市场寻求型 FDI；以行业中内外资平均税收比例之差重新测算了招商引资税收优惠。检验结果发现并无差异（限于篇幅并未列出），这再次证明我们的结果是稳健、可信的。

四、本节结论

基于中国企业微观数据的经验检验发现，一方面，无论是出口平台型 FDI 还是市场寻求型 FDI，税收优惠均弱化了其技术溢出，这说明，东道国的税收优惠降低了跨国公司子公司的边际成本，这降低了 FDI 进入的生产率门槛，从而不利于其技术溢出；另一方面，税收优惠对出口平台型 FDI 和市场寻求型 FDI 技术溢出的影响存在差异，对前者技术溢出效应的阻碍作用更为明显。这是东道国招商引资过程中值得注意的地方。这一结论基本不因内资企业的行业类型以及外商资本是否来自港澳台地区而改变。限于数据，本书未对降低固定投资成本的土地转让优惠等政策效果做检验。

第三节　本章小结

本章在前文异质型 FDI 生产率差异的基础上，利用中国企业微观数据，检验并分析了东道国招商引资优惠政策对异质型 FDI 进入的质量（生产率门槛）的影响。此外，结合中国存在大量出口平台型 FDI 这一典型性事实，在前文我们拓展了新新贸易理论的 HMY 模型和 Yeaple 模型，构造了一个生产率异质性企业在出口、出口平台型 FDI 与市场寻求型 FDI 间自我选择的模型，首次从理论上分析了东道国招商引资优惠政策对异质型 FDI 生产率进入门槛及其溢出效应的影响。检验发现，东道国税收减免等 FDI 激励政策降低了外资进入的生产率门槛，在吸引更多外资的同时却牺牲了外资质量，进而弱化了 FDI 技术溢出效应。

具体来说，一方面，税收优惠政策降低了 FDI 企业进入的生产率门槛，无论是出口平台型 FDI 与市场寻求型 FDI，还是按 FDI 企业生产率分位数分布，这一结论都是稳健可信的。这说明，东道国的税收优惠降低了跨国公司子公司的边际成本，这降低了两种类型的 FDI 进入的生产率门槛。进一步地，（企业所得税）税收优惠对市场寻求型 FDI 和生产率上分位数企业的影响更大。另一方面，税收优惠促进了 FDI 进入规模（市场份额）的扩大，这一促进作用主要集中在出口平台型 FDI，即税收优惠的影响主要体现在低技术的出口平台型 FDI，对市场寻求型 FDI 的影响较小。

本章第二节来自中国企业微观数据的经验检验支持了东道国税收减免等 FDI 激励政策降低了外资进入的生产率门槛，在吸引更多外资的同时却牺牲了外资质量，进而弱化了 FDI 技术溢出效应这一观点。

一方面，无论是出口平台型 FDI 还是市场寻求型 FDI，税收优惠均降低了其生产率并弱化了其技术溢出，这说明，东道国的税收优惠降低了跨国公司子公司的边际成本，这降低了两种类型的 FDI 进入的生产率门槛，从而不利于其技术溢出；另一方面，税收优惠对出口平台型 FDI 和市场寻求型 FDI 技术溢出的影响存在差异，对前者技术溢出效应的阻碍作用更为明显。这是东道国招商引资过程中值得注意的地方。这一结论基本不因内资企业的行业类型以及外商资本是否来自港澳台地区而改变。限于数据，本书未对降低固定投资成本的土地转让优惠等政策效果做检验。

当然，与 Yeaple（2009）模型类似，本书采用局部均衡分析，研究对象也仅限于讨论招商引资优惠政策对异质型 FDI 的生产率进入门槛以及其技术溢出差异的影响。正如文中已指出的，虽然过度的优惠政策弱化了 FDI 对国内企业技术进步的影响，但并不能因此忽视招商引资在解决资本与就业等方面的作用。

第七章　基础设施、FDI 质量与技术溢出：中国企业证据

本部分重点研究基础设施与我国 FDI 流入规模之间的关系，即基础设施水平是如何影响 FDI 规模的。基础设施主要包括交通运输与邮电通信，它们为全社会公众提供便利的服务。在企业层面，区域内基础设施水平的提高可以降低企业的交通运输和通信成本，从而吸引外国资本的流入，使本地区的 FDI 规模不断扩大。

我们将基于 Chen（2010）的研究进行理论分析。为了便于说明，我们考虑一种极端情况，我们假设世界上只存在一家跨国公司公司 i、东道国 A 与母国 B，跨国公司 i 的生产投资决策如下。①跨国公司选择在母国进行生产与销售，那么该公司面临的成本为可变成本与固定成本；②跨国公司选择将产品从母国 B 出口至东道国 A，则公司 i 的成本主要有包含货物运输成本以及关税的冰山成本以及在东道国 A 设置销售和服务网络的额外固定成本；③如果公司 i 选择在东道国 A 进行生产并服务东道国 A 的消费者，则其成本包含在国外开设子公司、设置销售服务网络的固定成本。我们假设决策 1、2、3 的总成本分别为 f_1、f_2、f_3，根据 Helpman 等（2004），有 $f_1 < f_2 < f_3$，由此可见，外商直接投资（FDI）的成本要大于国内生产销售和出口销售。跨国公司进入东道国的成本也可以视作是生产力门槛，成本越大门槛越高，只有母国 B 内的生产力高的企业以外国直接投资（FDI）的形式进入东道国 A 时才有利可图，对于生产力处于平均水平甚至平均水平以下的企业而言，FDI 并非最优选择。我们可以认为，生产力门槛水平

与一国内外商企业的数量成反比，即东道国生产力门槛越低，则国内外商资本越多。

根据前文的研究我们知道，限制一个国家的 FDI 流入的主要因素为生产力门槛的高低，因此如果想要增加一国的 FDI 流入，最好且最直接的方法就是降低该国的生产力门槛以促进外商资本的流入，即政府可以通过招商引资优惠措施主动降低跨国公司的生产环节中的可变成本从而达到降低生产力门槛的目标，那么招商引资优惠措施中非常重要的一项措施就是提高区域内的基础设施水平。如上文所提，区域内基础设施主要包括交通运输和邮电通信，目前我国的外商企业大多为出口平台型企业，对交通运输服务的要求较高，不断提高的交通运输和邮电通信水平可以不断降低出口平台型 FDI 的可变成本，从而提高企业利润，促使企业规模不断扩大，同时便利的基础设施也会吸引更多的外商企业进行投资，从而促进地区的 FDI 规模不断扩大，因此我们假设地区内的交通运输水平与 FDI 规模存在正相关关系。

第一节　我国基础设施现状

本部分我们尝试利用现有的基础设施数据对我国的基础设施发展历程进行归纳总结，在此，课题组借鉴陈银娥（2016）于《经济地理》上刊登的《中国基础设施发展水平测算及影响因素——基于省级面板数据的实证研究》一文中的方法，将我国的区域划分为东、西、中部。具体划分如下：东部包括北京、天津、河北、辽宁、上海、江苏、浙江、福建、山东、广东和海南；中部包括山西、吉林、黑龙江、安徽、江西、河南、湖北和湖南；西部包括广西、重庆、四川、贵州、云南、甘肃、青海、宁夏、新疆和内蒙古。同时，为了考察不同时期我国基础设施的发展变化，课题组借鉴赵昌文（2015）于《中国工业经济》刊登的《工业化后期的中国经济增长新动力》一文中的方法，将我国的工业化进程划分为三个阶段：第一阶段的时间跨度为 1994—1999 年，这一时期的中国处于经济下行期的工业化初级阶段，特别是 1997 年的亚洲金融危机给我国经济带来了巨大的打击，无异于雪上加霜。第二阶段的时间跨度为 2000—2011 年，这一时期的中国处于工业化中期阶段，也是我国城镇化快速发展的阶段，尤其是 2008 年金融危机后政府的四万亿人民币计划为我国的基础设施发展注入了强大动力。第三阶段的时间跨度为 2012—2016 年，这一时期的中国处于工业化后期阶段，我们面临着“三期叠加”的难题，经济增速放缓，进入新常态。

一、交通基础设施

（一）铁路

我国的铁路发展历程分为三个阶段，第一阶段为 1980—1994 年，该阶段对应着我国的工业化初级阶段，同时我国也处于改革开放的初期，虽然国家划拨出部分资金发展铁路建设，但囿于经济实力的薄弱，我国铁路营运里程的增长速度缓慢，从 1978 年的 5.17 万公里到 1994 年的 5.90 万公里，17 年间我国的铁路营运里程仅增长了 0.73 万公里。第二阶段为 1995—2007 年，我国从工业化初期阶段过渡到工业化中期阶段，随着 1996 年京九铁路线的全线开通，我国铁路发展迈入新阶段，铁路营运里程较 1980—1994 年有了较大幅度的增加。第三阶段为 2008—2016 年，此时我国从工业化中期阶段跨入工业化后期阶段，为缓冲 2008 年全球金融危机对我国经济造成打击，政府出台四万亿计划对宏观经济进行调控，其中大部分资金投放于基础设施建设项目，2008 年 10 月国家发展和改革委员会批准了《中长期铁路网规划（2008 年调整）》，对铁路发展提出了更高的要求，随着“四纵四横”、城际客运系统以及高铁布局的逐步实现，我国的铁路发展乘上高速列车，铁路营运里程大幅度增加，从 2008 年的 7.97 万公里增加到 2016 年的 12.4 万公里，9 年间增幅为 55%，我国铁路水平跻身世界前列。图 7.1（a）刻画了 40 年来我国铁路运营里程的发展状况。

下面我们重点考察课题样本期间（2001—2016 年）我国东中西部的铁路发展情况。图 7.1（b）为样本期间我国东部地区各省市的铁路营运里程

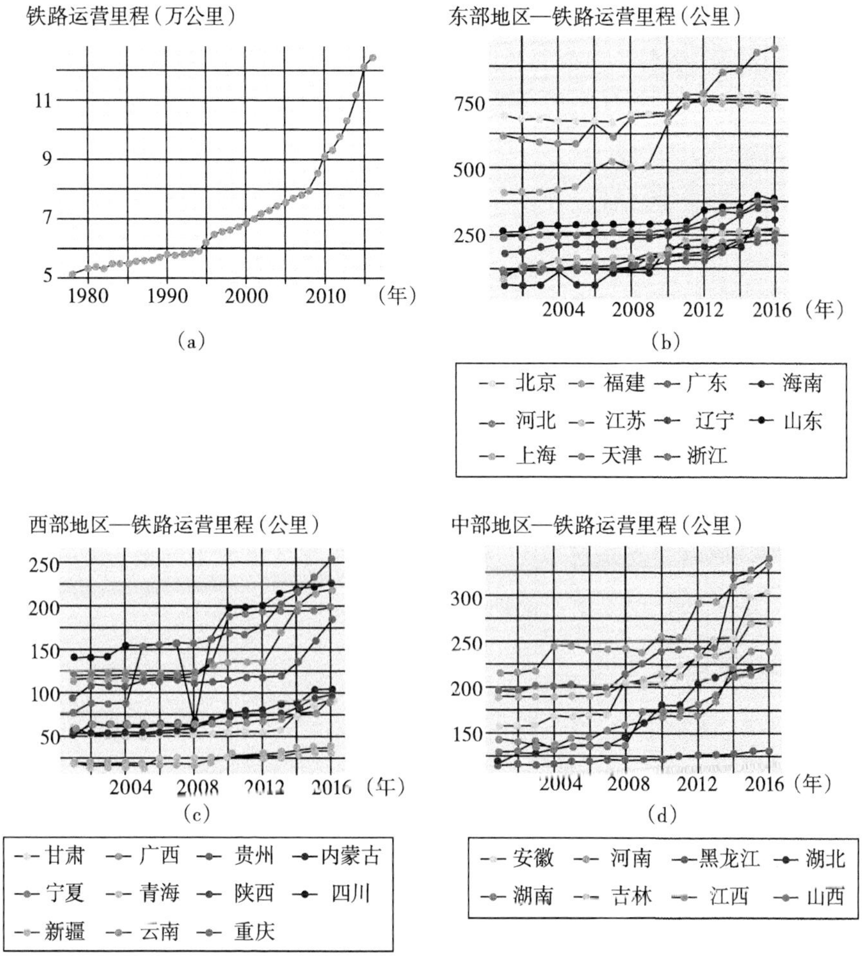

图 7.1　全国及东中西部地区铁路营运里程

发展状况。从图中我们可以看出除天津和上海外，东部地区各省份的铁路营运里程在 2012 年以前基本维持不变，2012 年后缓慢增长，东部各省铁路设施水平和密度历来遥遥领先西部和中部地区，大规模的铁路建设已不现实。究其在 2013 年开始缓慢增长的原因，不难想象是由于我国推行的“四纵四横”的高铁布局的逐步实现所造成的。

图 7.1（c）为样本期间中部地区铁路发展情况。从图中不难发现，在 2008 年之前，中部各省份铁路营运里程的变化基本处于平稳或小幅增长的

状态，自 2008 始，至 2016 年止，除黑龙江省外，铁路营运里程出现大幅度增长，增长幅度最小为吉林省的 41.87%，增长幅度最大为安徽省的 91.07%。除 2013 年开始的高铁布局外，中部地区铁路营运里程大幅增加的原因之一是 2008 年的四万亿计划所投资的基础设施项目大部分位于中部地区，由此带来中部地区铁路基础设施的飞速发展。

图 7.1（d）显示，对于样本期内的西部各省市而言，2008 年之前铁路建设基本处于停滞或缓慢增长状态，2001—2007 年铁路营运里程增幅最大的为陕西省 10.83%。2008—2012 年，各省市铁路营运里程开始缓慢增长，由此可以得知，2008 年的四万亿计划中的基础设施投资并没有过多的惠及西部地区。2013 开始，重庆、陕西、广西、宁夏和贵州五省的铁路建设速度迅速提高，内蒙古、四川、云南和甘肃四省的铁路建设速度开始逐步增长，其原因主要是自 2013 年以来，我国铁路建设年均投资超过 7000 亿元，其中大部分用于中西部地区的铁路建设。

（二）公路

从图 7.2 的全国公路里程发展情况来看，我们可以清楚地把公路发展分为两个阶段，第一阶段为 1980—2004 年的缓慢爬行阶段，第二阶段为 2005—2016 年的逐步增长阶段。从图中我们可以明显发现，2005 年我国的公路里程有一个相当大幅度的增长，从 2004 年的 187.07 万公里到 2005 年的 334.52 万公里，增长了 147.4 万公里，增幅达 78%，是我国公路里程增长最快的一年，实现如此巨大增长的原因主要是 2005 年是“十五”计划的最后一年，党和政府出色完成了“十五”时期发展交通事业的主要任务，为“十一五”时期公路水路交通发展奠定了坚实基础。

从分地区情况来看，各省市的公路发展情况与全国总体情况相符合，公路水平在经历了 2005 年的跨越式发展后随即进入相对缓慢增长阶段。

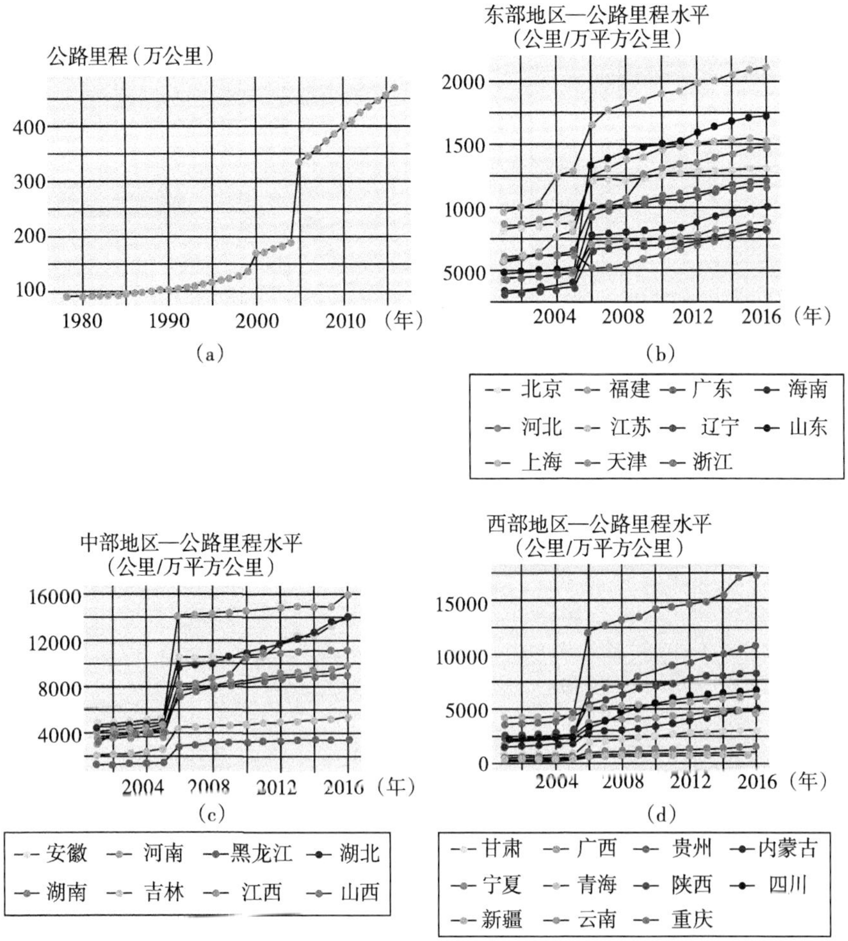

图 7.2　全国及东中西部地区公路里程水平

二、通信基础设施

（一）长途光缆线路长度

从图 7.3 的全国长途光缆线路长度发展情况来看，我们大致可以把我国的光缆发展分为两个阶段，分别是 2006—2009 年以及 2010—2016 年两个快速发展阶段。2006 年，由亨通、法尔胜等五家光纤生产商联合研制并且建成的“仪长原油管道通信工程”全场 1018 公里，在气送微缆技术线

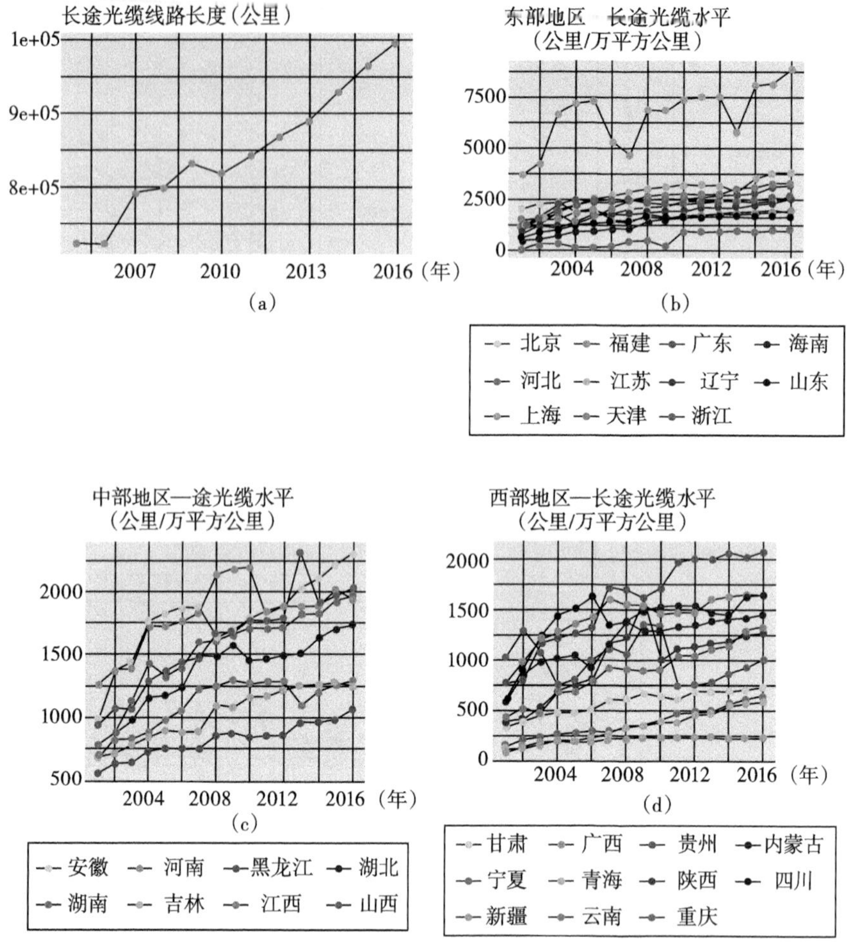

图 7.3 全国及东中西部长途光缆线路长度

路长度、施工难度以及通信线路优化方面均位于世界顶级水平，开启了中国光纤光缆产业的新篇章，从此我国的光纤产业进入了一个快速发展阶段。2010 年我国移动互联互通时代开启，互联网产业的快速发展使得我国的光纤需求量大幅增加，同年 1 月的国务院常务会议中也明确提出将推进电信网、广播电视网和互联网三网融合作为阶段性目标和工作重点，在政策支持和互联网时代背景下，我国光纤企业迅速发展，光缆线路长度在 7 年间增加 21.5%。

对比样本期间东部地区的长途光缆水平，我们可以明显看到上海市长途光缆水平远超东部其他省市并且总体上处于上升趋势，样本期内增幅达137.07%。截止至2016年，上海地区长途光缆水平无疑在全国各省市中处于第一名的位置，我们认为这与国家力图将上海打造成国家金融中心、经济中心与国际贸易中心的决策不无关系。上海市超高的光缆水平扩大了图7.3中纵坐标的刻度，掩盖了东部其他各省市的光缆发展水平，因此我们在图7.3中去掉上海来考察东部地区的光缆发展水平。从图中我们可以看出，在样本期间内东部各省市的长途光缆水平发展速度非常快，各省（自治区、直辖市）增幅如下：北京28.71%，天津125.78%，河北271%，辽宁138.57%，江苏247.9%，浙江124.7%，福建61.5%，山东196%，广东174.6%，海南913.8%。东部地区平均增幅为219.97%。

同样在样本期间内，中部地区光缆水平呈现上升趋势，各省（自治区、直辖市）增幅如下：山西114.69%，吉林84.8%，黑龙江89%，安徽134.12%，江西89.36%，河南54%，湖北123.76%，湖南152.44%。中部地区平均增幅为105.27%。

西部地区的长途光缆水平在样本期间内依然呈现快速上升趋势，各省增幅如下：广西117%，重庆10%，四川221%，贵州166.5%，云南207.4%，陕西144%，甘肃116.4%，青海420.1%，宁夏180.1%，新疆163.5%，内蒙古350%。西部地区平均增幅为189.4%。

（二）其他通信基础设施

图7.4刻画了我国互联网上网人数、固定电话用户和移动电话用户等其他通信基础设施的发展情况。

从样本期间的2001年开始，我国的互联网发展历程大致可分为三个阶段。第一阶段，2001—2007年。这是我国互联网的第二次大浪潮，这一阶段博客、sns、论坛、微博、淘宝、支付宝以及网游从无到有的发展起来，吸引了无数网民，互联网使用人数开始增加。第二阶段，2008—2013年。这是我国互联网的第二次大浪潮，随着智能手机的兴起，我国互联网进入了新的“移动互联时代”，智能手机的普及使得我国的手机上网用户越来

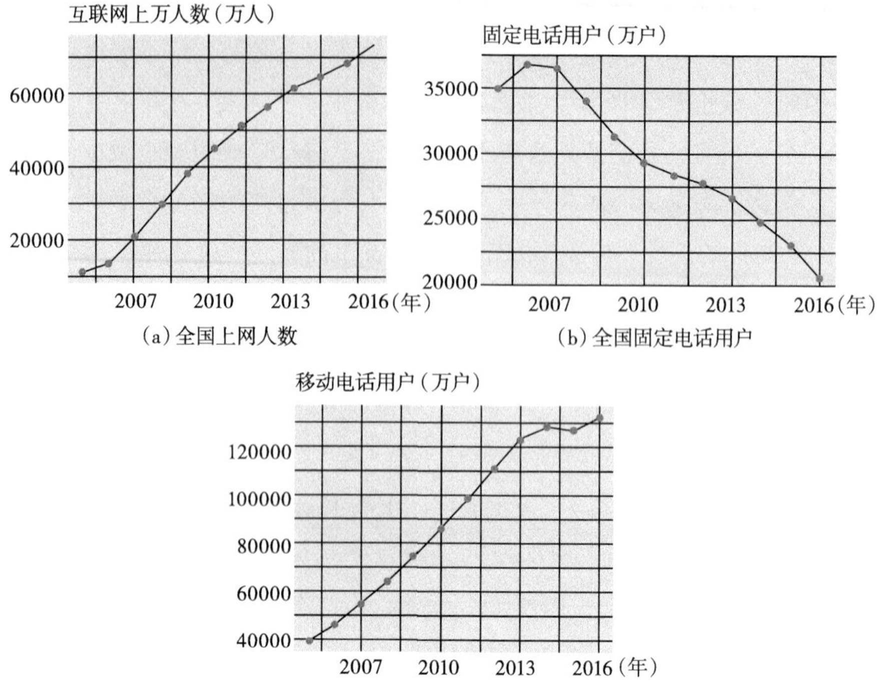

（a）全国上网人数

（b）全国固定电话用户

（c）全国移动电话用户

图 7.4　其他通讯基础设施

越多，由此带动着互联网使用人数的迅猛增加，至 2013 年为止，我国的非智能手机基本消失在公众的视线中，手机上网用户的超高速增加的时代随之消失。第三阶段，2014—2016 年。互联网用户增速明显放缓，从 2014 年的 64875 万人，到 2016 年的 73125 万人，互联网用户数量增加不足 1 亿人，是 16 年来互联网用户人数增加最少的一个时期。分地区来看，东、中、西部地区的互联网发展趋势与全国总体发展趋势相符合，样本期间内的互联网发展水平均呈现出明显的上升趋势。

固定电话用户与移动电话用户的发展方向基本为负相关关系，随着 2008 年智能手机开始在中国的兴起，固定电话进入寒冬，固定电话用户以每年近 7% 的速度减少，截止至 2016 年，固定电话用户为 20662. 4 万户，较 2007 年的 36563. 7 万户，减少了 43. 5%。与此相对应的移动电话用户数量则直线式上升，从 2007 年的 54730. 6 万户到 2013 年的 122911. 3 万户，增幅达到 124.6%。2013 年我国实现了智能手机的基本覆盖，因此移动电话用户的增速明显放缓，结合上一部分的互联网使用人数的分析，我们发现二者的变化趋势基本相一致，不难判断二者之间存在着正相关关系。东、中、西部的固定电话用户水平和移动电话用户水平的发展情况基本与全国水平相一致，这里不再做赘述。

第二节　模型设定与数据说明

一、模型设计

本部分研究对象为基础设施水平对 FDI 规模的效应分析，因此，我们将 FDI 规模效应的基本模型设定为：

$$\log Output_{it} = \alpha + \beta_1 \log Infra_{it} + \beta_2 X_{it} + \varepsilon_{it} \qquad (7.1)$$

其中，j 代表中国各省市；t 代表时间；$Output_{it}$ 是各省市域内 FDI 企业的总产出；$Infra_{it}$ 代表各省市的基础设施水平；X_{it} 为控制变量，主要包括域内科技支出水平、教育支出水平以及人力资本水平，分别用 TEC、EDU、HR 表示；ε_{it} 表示随机误差项。

二、数据和关键变量的说明

区域内 FDI 规模即 $Output_{jt}$ 的数据来自 2001—2013 年“中国工业企业数据库”，中外商企业总产出按区域进行加总所获得的区域总产出，在进行数据预处理时，西藏地区数据为离群值，故去除掉西藏地区的相关数据，下文的基础设施与控制变量的处理方式与此处相同。

基础设施水平我们以 $Infra_{it}$ 衡量，一般而言，基础设施主要包括交通与邮电，供水供电，卫生事业，文化教育，环保与绿化以及科研技术服务等市政公用工程设施和公共生活服务设施。由于本次课题是基于异质型 FDI 自我选择模型为基础进行研究，考察引资激励与技术溢出效应，众所周知，基础设施是影响异质型跨国公司区位选择的重要因素，完善的基础设施可以吸引到更多的外商资本，对 FDI 的数量有着重要影响，同时，基础设施完善程度的高低与否也影响着外商企业技术溢出效应的大小，因此在基础设施部分的研究中，我们的指标选取应主要集中于可为外商资本创造良好营商环境的指标。我们初步将指标定在交通邮电领域，考察各省的交通邮电基础设施变化对 FDI 质量与数量的影响。本部分数据选取均来自 1999—2017 年《中国统计年鉴》。

首先，在衡量指标选取部分，由于 1999—2001 年《中国统计年鉴》中对于各省及直辖市的统计信息存在较大程度的缺失，故我们使用 2002—2017 年《中国统计年鉴》。为了保证指标能够全面且充分的衡量各省市的基础设施程度，我们初步的将选取目标定在以下 9 个方面：①铁路营业里程（公里）；②公路里程（公里）；③光缆线路长度（公里）；④长途光缆线路长度（公里）；⑤固定电话普及率（部/百人）；⑥移动电话普及率（部/百人）；⑦互联网上网人数（万人）；⑧固定电话用户（万户）；⑨移动电话用户（万人）。由于光缆线路长度（公里）指标只涵盖 2011—2016 年的统计数据，而长途光缆线路长度（公里）的统计数据较为充分完整，所以在二者中我们选择后者作为统计指标。同样对于固定电话普及率（部/百人）及移动电话普及率（部/百人）两个指标只包含 2010—2016 年的统计数据，故我们将此二指标放弃，选用固定电话用户与移动电话用户进行替代。因此，我们最终选取指标为：① 铁路营业里程（公里）；② 公路里程（公里）；③ 长途光缆线路长度（公里）；④ 互联网上网人数（万人）；⑤ 固定电话用户（万户）；⑥ 移动电话用户（万人）。

其次，为了使数据能够更好地代表基础设施发展程度，我们对数据进行进一步的处理，使其更加合理。在铁路公路里程方面，我们借鉴何洁（2000）和张宇（2008）的方法，选用道路长度（铁路营运里程、公路里程）占地区面积的比重来度量基础设施程度。在光缆线路长度、互联网上网人数、固定电话用户和移动电话用户方面，我们借鉴陈丰龙（2014）的方法，选用长途光缆线路长度占地区面积的比重，每百人互联网上网人数、每百人固定电话用户、每百人移动电话用户来度量基础设施程度。至此，基础设施部分的数据预处理部分完成，我们选取以下 6 个方面来代表基础设施发展水平：①铁路水平（公里/万平方公里）；②公路水平（公里/万平方公里）；③长途光缆线路长度水平（公里/万平方公里）；④互联网用户水平（人/百人）；⑤固定电话用户水平（户/百人）；⑥移动电话用户水平（人/百人）。至此，基础设施部分的指标预处理完成。

为了使我们的回归函数更加完善，我们决定引入控制变量，本部分的控制变量主要是同时影响 FDI 和基础设施的因素。我们借鉴刘渝琳（2006）和何兴强（2014）的思想，将控制变量选为各地区财政预算的科技支出（*TEC*）、教育支出（*EDU*），以及各地区的人力资本水平（*HR*）。本部分数据依旧来自 2001—2017 年《中国统计年鉴》。在地区财政科技支出方面，2000—2006 年的《中国统计年鉴》中，衡量地区财政科技支出的科目为科技三项费用（万元）与科学事业费（万元），2007—2008 年的年鉴中，上述两科目消失，科学技术支出（万元）科目出现，在查阅资料和询问有关财政审计人员后，我们确定可以用科学技术支出来替代科技三项费用和科学事业费二者之和，随后从 2009 年开始，科学技术支出科目的单位由万元替换为亿元。综上所述，我们将 2000—2006 年的科技三项费用与科学事业费加总生成科技支出，随后将 2000—2008 年的科技支出单位由万元改为亿元。对于教育支出，2000—2006 年的年鉴中，以教育事业费（万元）科目来衡量教育支出，2007—2008 年，转变为教育支出（万元），2009 年其单位改为亿元，为了同一单位，我们将 2000—2008 年的教育支出单位统一换算为亿元。为了更加合理的衡量地区财政中科技支出和教育支出水平，我们拟采用科技支出占地区财政支出的比重与教育支出占地区财政的比重来衡量各地区的科教支出水平，同样的，地区财政预算支出额的有关数据均来自 2002—2017 年《中国统计年鉴》。

人力资本水平我们以地区科技人员占地区总人口比重来衡量，本部分数据来自 2002—2017 年《中国统计年鉴》与《中国科技统计年鉴》，为统一口径，我们以 2012—2016 年按行业分城镇单位科学研究和技术服务人员（万人）为统一口径。具体处理如下，在 2000—2002 年的年鉴中，由于按行业分城镇私营和个体单位职工人数统计分表中无科学研究和技术服务人员，故我们将按行业分城镇集体单位职工人数（科研、技术服务）等同为按行业分城镇单位职工人数。2003—2011年的年鉴中，地质勘探人员与科学研究和技术服务人员合并为一个科目，故我们找到2003—2011年的《中国科技统计年鉴》中相关的地质人员从业人数，二者做差得到2003—2011年的科学研究与技术服务人员人数。为了更加合理地衡量地区人力资本水平，我们拟采用科技人员占地区总人口比重来度量人力资本水平。至此，控制变量指标的数据预处理完成。

通过以上两步，我们完成了基础设施和控制变量的数据预处理，接下来我们进一步对数据进行凝练。由于当前对基础设施的衡量并没有一个明确且可信度较高的指标，因此课题组尝试提出一个可以衡量基础设施的指标以供参考。为了将数据无量纲化，我们首先尝试了 z 分数标准化，但有以下两个缺陷：①经 z 分数标准化后的数据存在负值，但我们的回归方程不允许负值的存在；②通过对数据进行 Shapiro - Wilk 检验［对应 R 软件中的 shapiro. test（） 函数］，发现 p 值小于0.05，说明数据为非正态分布。综上两点，我们放弃对数据进行 z 分数标准化，为了消除量纲和数据的量级差别，我们转而采用定基比率法，除数选择样本均值，通过该处理后的数据既不会存在负值，也不会受限于正态分布的特征，所以我们认为这是一种较为合理的处理方法。随后我们对2001—2016年的基础设施数据进行无量纲化处理，将6个指标的数据加总后得到各省市每年的基础设施水平。经过以上处理，本书所使用的主要变量的统计特征如表7.1所示。

表7.1　主要变量的统计性描述

变量	观测值	均值	标准差	25%分位数	75%分位数
log*Output*	299	18.23	4.04	16.67	19.73
log*Infra*	299	1.7	0.2	1.43	1.94
TEC	299	1.02	0.37	0.62	1.23
EDU	299	1.01	0.02	0.9	1.12
HR	299	1.01	3.32	0.4	0.79

第三节　实证检验

本部分利用 2001—2013 年“中国工业企业数据库”中数据所计算出的各省市外商企业总产值，各省市的基础设施水平以及科教支出和人力资本水平所构成的平衡面板数据，通过对式（7.1）进行回归，检验基础设施水平对 FDI 规模的效应。首先我们利用普通最小二乘法对样本进行回归，为了解决简单回归方程中遗漏变量的问题，我们分别使用固定效应和随机效应对样本进行回归。表 7.2 给出了三种回归结果。

在表 7.2 中，普通最小二乘法（*OLS*）、固定效应模型（*FE*）、随机效应模型（*RE*）三种回归方法均显示基础设施水平与 FDI 规模有显著正相关关系，这说明基础设施水平的提高确实可以促进区域内外商资本的流入，即基础设施水平的提高可以降低外商资本的交通运输和邮电通信的成本，吸引那些虽然想进入中国市场但是囿于生产力水平较低的外商企业进入我国市场，这样可以实现降低进入我国市场的门槛高度，刺激大量的外资进入，从而使区域内 FDI 规模不断提高，促进地区经济不断发展。回归结果显示，域内政府财政支出中科技支出水平与 FDI 规模呈现显著正相关关系，所以我们认为科技支出水平也是吸引外商资本的一个重要因素。结果显示，科技支出水平每提高 1 个百分点，地区 FDI 规模提高约 0.5 个百分点，可以看出，进入我国的外资从最初的偏好科技含量低的劳动密集型产业向科技含量高的高科技产业聚集。但是我们发现，以科技人员占地区总人口表示的人力资本水平与 FDI 规模却呈现显著的负相关关系，这与科技支出水平与 FDI 规模的关系相反，这一结果出乎我们的预料，我们认为出现这种结果的原因之一是进入我国的外商企业很大一部分原因是为了享受政府对于高科技企业的政策优惠和政策扶持，而并非想要促进我国产业的生产力水平，也就是说进入我国的外资企业中的很大一部分企业属于低质量外商企业，它们并不能为我国的技术水平带来促进效用。这一点需要我们继续探究。

表 7.2　基础设施与 FDI 规模的检验结果

变量	OLS	FE	RE
log*Infra*	3.39***	4.03***	3.63***
	(0.23)	(0.57)	(0.33)
TEC	0.65***	0.45*	0.38*
	(0.16)	(0.19)	(0.15)
EDU	1.22*	0.75	1.03
	(0.50)	(0.82)	(0.69)
HR	-0.32***	-0.14 .	-0.21**
	(0.05)	(0.07)	0.06
Intercept	10.87***		10.82***
	(0.54)		0.87
R^2	0.65	0.16	0.33

注：括号内为标准误；***、**、*、分别代表 0.1%、1%、5% 的显著性水平。

第四节　本章小结

本部分通过构建基础设施水平与 FDI 规模的模型，认为地区的基础设施水平的提高可以吸引更多的外商资本进入我国，因此对于地方政府而言，提高招商引资水平的一个重要因素就是提高地方的基础设施水平。科技支出水平和人力资本水平与 FDI 规模截然相反的回归结果告诉我们，在招商引资时一定要注意对外商资本的质量进行筛选，过多低质量 FDI 的进入对我国的技术水平的提高无促进作用。

第八章　金融发展与 FDI 技术溢出：中国企业微观证据

正如第二章文献回顾所介绍的，金融发展水平的提高，使资源的流动性增强，交易成本减少，提高了资源配置效率，进而提高了生产率（Merton 和 Bodie，1995；King 和 Levine，1993；Beck、Levine 和 Loagza，2000）。生产率越高的企业，在获得出口信贷支持方面越有优势，贸易量、产品种类、贸易伙伴等在金融发达程度不同的国家之间，甚至在金融脆弱性不同的部门之间都有差异，金融发达国家的企业更易进入出口市场且出口的产品数量更多，金融发展水平高的国家拥有更多的贸易伙伴。金融发展水平对企业生产率的影响显而易见，因此，一个经济体的金融发展水平不仅是影响 FDI 区位选择的因素之一，也是限制东道国企业消化吸收 FDI 技术溢出效应的一个很重要的因素。第六章对全球范围内的金融发展的宏观影响做了一个简单的考察，本章将以中国企业微观数据为基础，进一步考察地区层面的金融发展对 FDI 的影响。

本章首先介绍了中国地区层面的金融发展情况，并对其进行量化测度；然后实证检验金融发展对 FDI 的影响，最后是结论。

第一节　我国区域金融发展现状分析

中国地域辽阔，由于空间地理位置、经济发展水平、地方金融政策、金融资源配置方式、金融市场发育程度、金融主体行为等差异，各区域的金融实力呈现出显著差异。对于中国金融发展水平的衡量，我们尝试从 31

个省（自治区、直辖市）公开发布的经济数据出发，选取了宏观经济实力、金融业发展程度、金融机构实力、融资能力、地区资本化程度、民间资本活跃度 6 个维度，根据其下的 10 个二级指标，测算了中国 31 个省（自治区、直辖市）的金融实力。根据 31 个省（自治区、直辖市）的金融实力总得分，我们得到了中国区域金融发展排行的榜单。表 8.1 展示了 2017 年中国区域金融发展排行。

表 8.1　2017 年中国区域金融发展排行

地区	宏观经济实力	融资能力	金融机构实力	金融业发展程度	资本化程度	民间资本活跃度	综合实力	排名
广东	2.61	3.23	3.08	5.35	2.63	9.95	26.86	1
江苏	3.49	0.71	2.22	5.36	2.48	7.50	21.76	2
上海	4.44	2.55	2.12	5.55	0.55	4.48	19.70	3
浙江	3.03	2.13	1.90	2.96	1.41	6.12	17.54	4
北京	2.88	3.33	2.05	3.89	0.40	4.35	16.91	5
山东	2.65	2.42	1.76	3.25	1.53	2.91	14.53	6
四川	1.45	2.06	1.27	2.93	2.00	2.00	11.71	7
辽宁	2.34	1.58	1.40	2.61	2.19	0.79	10.93	8
天津	4.52	1.77	0.72	2.51	0.51	0.75	10.78	9
福建	2.91	1.14	1.52	2.20	0.55	1.85	10.17	10
河南	1.54	1.88	1.68	2.30	1.43	0.78	9.60	11
重庆	2.15	2.08	0.63	2.22	1.69	0.52	9.29	12
河北	1.72	1.55	1.17	2.01	2.12	0.47	9.05	13
安徽	1.42	1.36	0.83	1.70	1.93	1.42	8.67	14
湖北	1.75	1.57	0.80	2.26	1.37	0.33	8.08	15
吉林	2.03	1.09	0.96	0.98	1.71	0.59	7.36	16
内蒙古	2.72	0.90	0.55	1.35	1.58	0.24	7.34	17
黑龙江	2.05	1.15	0.75	1.56	1.01	0.32	6.84	18
陕西	1.54	1.45	0.59	1.37	1.17	0.65	6.77	19
山西	1.26	1.16	0.64	1.85	1.35	0.35	6.60	20
广西	1.36	1.11	0.74	1.49	1.46	0.44	6.60	21
湖南	1.53	1.09	0.74	1.30	0.63	1.20	6.49	22

续表

地区	宏观经济实力	融资能力	金融机构实力	金融业发展程度	资本化程度	民间资本活跃度	综合实力	排名
云南	1.11	1.19	0.61	1.58	1.44	0.50	6.43	23
甘肃	1.04	1.70	0.60	1.12	1.40	0.50	6.35	24
西藏	0.99	2.03	1.68	0.88	0.06	0.46	6.11	25
江西	1.29	1.32	0.55	1.30	0.97	0.45	5.88	26
新疆	1.21	1.13	0.37	0.97	1.14	0.89	5.70	27
贵州	0.83	1.45	0.37	0.96	1.15	0.55	5.32	28
青海	1.28	1.69	0.17	1.13	0.33	0.22	4.81	29
海南	1.44	0.93	0.20	0.90	0.26	0.41	4.13	30
宁夏	1.16	0.85	0.10	1.06	0.67	0.11	3.94	31

在 31 个省（自治区、直辖市）中，广东、江苏、上海以金融实力上的绝对优势位列榜单前三名，无论是从 26.86 分、21.76 分、19.70 分的总得分，还是从 6 个维度的分项得分数据来看，都以压倒性的差距碾压全国其他地区。这 3 个省（自治区、直辖市）也是中国的绝对一线省（自治区、直辖市），经济最为发达，我们暂且称之为一线组团。

第二梯队，以金融实力总得分低于 18 分、高于 10 分为范围，包含浙江、北京、山东、四川、辽宁、天津、福建，排名依次从 4 到 10。这 7 个省（自治区、直辖市），除四川外，基本都位于中国东部地区，我们暂且称之为东部组团。浙江和北京分别以金融实力总得分 17.54 分和 16.91 分位列第 4 和 5 名，处于第二梯队的头部；山东、四川、辽宁、天津、福建的总得分在 121 分左右，已经与第一梯队的广东、江苏、上海构成一定的差距，总得分不足它们的 2/3。

第三梯队，总得分以 6.4 ~ 10 分为范围，包括河南、重庆、河北、安徽、湖北、内蒙古、吉林、黑龙江、广西、山西、陕西、湖南、云南。这 13 个省（自治区、直辖市），除河北外，基本位于中部和西南地区，我们称之为西南—中部组团，它们的金融实力总得分均在 6.4 ~ 10 分，区域之间的差异较小，最大也仅有 3.6 分。其中，河南、重庆、河北位居本梯队的前三甲，得分均高于 9 分。

第四梯队，金融实力总得分低于 6.4 分的组团，由甘肃、西藏、江西、新疆、贵州、青海、海南和宁夏组成。这 8 个省（自治区、直辖市），除海南和江西外，基本都位于西部，我们暂且称之为西部组团。它们之间的总得分相差 3.4 分，介于 3.94 分和 6.35 分之间，均处于底部水平。

通过相同的测算方式，我们进一步得到了我国各省（自治区、直辖市）1996—2016 年金融发展的综合数据，表 8.2 展示了我国各省（自治区、直辖市）2010—2017 年的金融发展综合水平排名。从表中可以看出，我国区域金融发展综合水平呈现由东向西依次减弱的情况。由于前面的分析中广东、江苏、上海的金融发展水平遥遥领先其他地区，我们称之为第一阶梯。而排名第 4 ~ 11 位的省（自治区、直辖市）中，除四川外，其余 7 各省市都属于东部地区，处于我国区域金融发展的第二阶梯。排名第 12 ~ 19 位的省（自治区、直辖市）中，除重庆和内蒙古外，其余 6 个省（自治区、直辖市）皆位于中部地区，处于我国区域金融发展的第三阶梯。排名第 20 ~ 31 位的省（自治区、直辖市）中，绝大部分位于西部地区，处于我国区域金融发展的第四阶梯。

表 8.2　我国历年区域金融发展综合水平排名

省（自治区、直辖市）	2017	2016	2015	2014	2013	2012	2011	2010	综合排名
广东（东部）	1	1	1	1	1	1	1	2	1
江苏（东部）	2	2	2	3	2	2	3	5	2
上海（东部）	3	3	3	2	3	3	2	3	3
北京（东部）	5	5	5	4	4	4	4	1	4
浙江（东部）	4	4	4	5	5	5	5	4	5
山东（东部）	6	6	6	6	6	6	6	6	6
天津（东部）	9	8	8	7	7	8	7	7	7
辽宁（东部）	8	7	7	8	8	7	8	8	8
四川（西部）	7	9	9	9	10	10	14	10	9
福建（东部）	10	10	10	13	9	9	9	9	10

续表

省（自治区、直辖市）	2017	2016	2015	2014	2013	2012	2011	2010	综合排名
河北（东部）	13	11	11	11	11	12	12	12	11
重庆（西部）	12	13	12	10	12	11	11	13	12
河南（中部）	11	12	13	12	14	15	15	15	13
内蒙古（西部）	17	14	15	15	15	14	10	11	14
安徽（中部）	14	16	14	14	13	13	13	14	15
湖北（中部）	15	15	16	16	16	17	18	17	16
黑龙江（中部）	18	18	17	17	18	16	17	19	17
山西（中部）	20	19	18	18	19	18	16	16	18
云南（西部）	23	21	20	19	17	19	19	18	19
吉林（中部）	16	17	19	20	21	22	22	23	20
广西（西部）	21	20	21	22	20	20	21	22	21
陕西（西部）	19	22	22	21	22	21	20	21	22
湖南（中部）	22	23	23	25	26	23	23	20	23
江西（中部）	26	25	24	24	23	24	25	29	24
甘肃（西部）	24	24	25	23	24	27	28	31	25
新疆（西部）	27	26	26	27	27	25	24	25	26
贵州（西部）	28	28	27	26	25	26	29	27	27
西藏（西部）	25	27	31	29	28	31	31	24	28
宁夏（西部）	31	29	28	30	31	30	26	26	29
青海（西部）	29	30	29	28	29	28	30	30	30
海南（东部）	30	31	30	31	30	29	27	28	31

综观整个榜单，我们可以发现中国区域金融实力显著不平衡，呈现金融资源的分布向领先金融中心集中的态势，强者愈强、弱者愈弱的马太效应突出。

四个梯队中，处于第一梯队的广东、上海、江苏拥有金融领域的绝对竞争力，也是中国主要的金融中心和金融交易市场所在地。第二梯队的东部组团，由于先天的地理优势，也具备一定的金融实力，却已然与第一梯队形成一定的差距。而占据中国大半个江山的东北、中部、西部地区，21

个省（自治区、直辖市）的金融实力均处于较低的水平，与第一、第二梯队差距显著。通过分析可以发现，区域金融实力与地区经济发展程度高度相关。竞争力处于第一、第二梯队的省区市，也是中国经济最为发达的地区。金融和经济高度相连，对于难以晋升金融中心的地区，如何借力资本市场等金融资源，提升区域金融竞争力，成为题中之意。

第二节　模型设定与数据说明

一、模型设计

根据国内外学者的研究情况，为了验证我国区域金融发展对 FDI 规模的影响，我们构建了计量模型（8.1）；同时，我们为了进一步验证我国区域金融发展对 FDI 进入质量的影响，我们构造了计量模型（8.2）：

$$\ln fdi_{it} = \alpha_1 \ln fin_{it} + \alpha_2 \ln trade_{it} + \alpha_3 \ln state_{it} + \alpha_4 \ln gov_{it} + \alpha_5 \ln hr_{it} + \alpha_6 \ln urban_{it} + \alpha_7 \ln tran_{it} + u_i \tag{8.1}$$

$$\ln fdi\_q_{it} = \alpha_1 \ln fin_{it} + \alpha_2 \ln trade_{it} + \alpha_3 \ln state_{it} + \alpha_4 \ln gov_{it} + \alpha_5 \ln hr_{it} + \alpha_6 \ln urban_{it} + \alpha_7 \ln tran_{it} + u_i \tag{8.2}$$

其中，$\ln fdi_{it}$和 $\ln fdi_q_{it}$分别代表 i 省（自治区、直辖市）与第 t 年的实际利用外商直接投资额和外商直接投资质量，为被解释变量；$\ln fin_{it}$为 i 省（自治区、直辖市）与第 t 年的金融发展综合水平指标，为解释变量。控制量主要有以下 6 个：$\ln trade_{it}$为 i 省区市与第 t 年的对外贸易发展水平；$\ln state_{it}$为 i 省（自治区、直辖市）与第 t 年的国有化水平；$\ln gov_{it}$为 i 省（自治区、直辖市）与第 t 年政府对经济的干预程度；$\ln hr_{it}$为 i 省（自治区、直辖市）与第 t 年的人力资本水平；$\ln urban_{it}$为 i 省（自治区、直辖市）与第 t 年的城镇化发展水平；$\ln tran_{it}$为 i 省（自治区、直辖市）与第 t 年的基础设施水平；u_i为误差项。

此外，为了以动态模型考察金融发展对 FDI 流入数量与质量的变化，我们在模型（8.1）与模型（8.2）的基础上加入被解释变量的滞后一阶衡量模型中影响因素的惯性作用，构建了模型（8.3）与模型（8.4）：

$$\ln fdi_{it} = \alpha_0 \ln fdi_{it-1} + \alpha_1 \ln fin_{it} + \alpha_2 \ln trade_{it} + \alpha_3 \ln state_{it} + \ln gov_{it} + \ln hr_{it} + \ln urban_{it} + \ln tran_{it} + u_i \quad (8.3)$$

$$\ln fdi\_q_{it} = \alpha_0 \ln fdi\_q_{it-1} + \alpha_1 \ln \mathrm{fin}_{it} + \alpha_2 \ln \mathrm{trade}_{it} + \alpha_3 \ln \mathrm{state}_{it} + \ln gov_{it} + \ln hr_{it} + \ln urban_{it} + \ln tran_{it} + u_i \quad (8.4)$$

其中，$\ln fdi_{it-1}$为实际利用外商直接投资额的滞后一阶，$\ln fdi_q_{it-1}$为外商直接投资质量的滞后一阶，其余变量含义不变。

二、关键变量说明

fdi：地区实际利用外商直接投资额，用来衡量外商直接投资规模；

fdi_ q：外商投资企业加权劳动生产率之和，用各省（自治区、直辖市）外商投资企业自身工业总产值占全省外商投资企业工业总产值的比重作为权重，对企业劳动生产率进行加权求和，用来衡量外商直接投资质量；

fin：地区金融发展综合水平指标，具体通过下列 6 个维度的金融发展指标整合得到；

gdp：地区宏观经济实力，用各省（自治区、直辖市）人均国民生产总值表示；

gdp_ fin：地区金融业发展程度，由各省（自治区、直辖市）金融、保险业 GDP 及金融、保险业 GDP 占地区 GDP 的比重两个指标表示；

fin_ po：地区金融机构实力，由省（自治区、直辖市）金融机构资产总额、法人机构数来表示；

fin_ socia：地区融资能力，由各省（自治区、直辖市）社会融资规模与 GDP 比值表示；

fin_ capital.：资本化程度，由各省（自治区、直辖市）上市公司数量以及地区每年上市公司增加数表示；

fin_ capital_ activity：民间资本活跃度，由各省（自治区、直辖市）小额贷款公司数量以及从业人员数来表示；

地区金融发展综合指标*fin*，将各省（自治区、直辖市）6 个维度的金融发展指标通过标准化测度方法整合为综合性指标，全面衡量各地区金融发展水平。我们采用定比标准法对数据进行去量纲化处理，利用原值与数据平均值之比作为替代数据，去除数据单位之间的不统一，将各个维度的金融发展数据统一变换为无单位（统一单位）的数据集，再进行累加求和形成综合的金融发展指标。

控制变量包括地区对外贸易发展水平（*trade*）、城镇化发展水平（*urban*）、国有化水平（*state*）、地区基础设施水平（*tran*）、政府对经济的干预程度（*gov*）和人力资本水平（*hr*）。其中地区对外贸易发展水平用进出口总额与 GDP 的比值来衡量；城镇化发展水平用非农业人口与总人口的比值衡量；国有化水平用国有及国有控股工业企业工业销售产值与工业企业销售总产值之比来衡量；地区基础设施水平用各省（自治区、直辖市）每万平方公里面积公路里程和铁路里程之和作为代理变量；政府对经济的干预程度用政府财政支出与当年 GDP 的比值来衡量；人力资本水平用高等院校在校学生人数与人口的比值来衡量。

三、数据说明

我们的分析对象是我国内地 31 个省（自治区、直辖市）（除港澳台地区）在 1996—2013 年的面板数据，各项数据来源于“中国工业企业数据库”、《中国统计年鉴》、Wind 金融终端、《中国市场化指数》、《中国分省份市场化指数报告（2008—2014）》、《中华人民共和国乡镇行政区划简册》。根据国家统计局标准，我们将企业资本成分中外商投资和港澳台投资之和大于百分二十五的企业定义为外商投资企业。对于地区金融机构实力中各项指标中由于统计原因出现的缺失项，我们采用回归法进行填充。此外，民间资本活跃度指标中小额贷款公司数量和小额贷款公司从业人数这两项数据由于是从 2010 年起开始统计，因此，为了更准确地衡量各省（自治区、直辖市）金融发展的综合水平，在 1996—2009 年的数据中，地区金融发展综合指标只包含地区宏观经济发展水平、金融机构实力、地区金融业发展程度、地区社会融资规模、资本化程度 5 个维度的指标，而在

2010—2017 年的数据中，地区金融发展综合指标中除了包括上述 5 个维度的数据外，新增民间资本活跃度这个维度，构成 6 个维度的地区金融发展综合指标。

此外，为了剔除通货膨胀因素的影响，使不同年份的数据可比较，我们计算出了各个地区 1996—2017 年的 GDP 平减指数。GDP 平减指数反映了全社会物价总水平的变化，是衡量一个国家物价水平真实波动的重要指标。计算方法是根据《中国统计年鉴》各省（自治区、直辖市）GDP 指数数据求出以 1996 年为基期（1996 = 100）的 1996—2017 年的 GDP 指数，再通过当年名义 GDP 与下一年度 GDP 指数相乘求出下一年度地区实际 GDP。由 GDP 平减指数 = 名义 GDP/实际 GDP，可以求出以 1996 年为基期的各省（自治区、直辖市）GDP 平减指数，然后对价格数据进行了平减处理。对外贸易等以美元为单位的数据先根据当年的美元和人民币汇率的中间价折合成以人民币为单位，再对数据进行价格变动处理。

第三节　经验检验分析

一、基本回归结果

考虑到中国各个地区的差异并根据豪斯曼检验结果，我们建立个体固定效应回归模型。首先以各省（自治区、直辖市）的实际利用外商直接投资额为被解释变量进行了固定效应 OLS 估计，回归结果见表 8.3。

表 8.3　固定效应 OLS 估计结果（FDI 数量）

变量	整体	东部	中部	西部
ln*fin*	0.441***	0.109*	0.970***	1.124***
	(0.108)	(0.125)	(0.250)	(0.364)
ln*trade*	0.324***	-0.352	0.145*	0.476**
	(0.115)	(0.219)	(0.176)	(0.199)
ln*state*	0.149*	-0.583**	0.240	0.155

续表

变量	整体	东部	中部	西部
	(0.210)	(0.255)	(0.275)	(0.750)
ln*gov*	0.742***	1.357***	0.469	0.278
	(0.268)	(0.398)	(0.506)	(0.462)
ln*hr*	0.483**	0.748***	1.352***	0.238
	(0.240)	(0.281)	(0.365)	(0.565)
ln*urban*	-1.971***	-2.499***	-0.176	-2.684***
	(0.416)	(0.695)	(0.929)	(0.739)
ln*tran*	0.392**	0.719***	-0.0943	0.819**
	(0.176)	(0.201)	(0.231)	(0.406)
Constant	1.293	-3.907	8.835***	-5.671
	(2.078)	(2.616)	(3.035)	(4.721)
R^2	0.516	0.595	0.837	0.542
N	29	10	8	11

注：括号内为标准差；***、**、*分别表示1%、5%、10%的显著性水平。

首先从全国整体来分析金融市场发展对 FDI 流入规模的影响，实证结果见表 8.3 第一列，模型回归 R^2 大于 0.5，说明我们的面板数据模型有较强的解释力。回归结果显示，金融发展水平系数在 1% 的显著性水平上为正，说明金融发展对 FDI 流入有正向效应，这说明金融发展水平已经成为跨国公司选择投资地点的一个重要因素。金融发展给外商投资企业带来了融资便利与风险控制，有利于吸引外资数量，从而共同推动经济的发展。在控制变量中，对外贸易发展水平在 1% 的显著性水平上为正，说明越来越深入的对外开放政策是吸引 FDI 流入我国的重要因素。政府支出在 1% 的显著性水平上为正，说明我国政府对外商投资企业的支持吸引了外资的流入，一系列的招商引资优惠政策的实施进一步为外资的进入带来了便利，有利于 FDI 规模的增长。国有化程度在 10% 的显著水平上为正，是因为信贷资源主要掌握在国有商业银行中，而且能够获得信贷支持的往往是具备央企和国企背景的大型企业，中小企业的融资难、融资成本高等问题一直难以得到有效缓解。中小企业由于难以通过银行信贷解决融资需求，且其他融资渠道也不通畅，因此偏好于与外资进行合作，通过建立合资企业的方式进行扩张和发展，这就导致 FDI 流入规模的增长。人力资本水平与基础设施条件均在 5% 的显著性水平上为正，这表明我国越来越高的人力资源水平和越来越完善的基础设施条件是吸引外资流入我国的重要因素。

此外，我们将样本划分为东部、中部、西部三个区域进行检验，研究不同区域下金融发展对 FDI 流入规模的影响，实证结果见表 8.3 第二、三、四列，分别为东部、中部、西部的回归结果，模型回归 R^2 大于 0.5，说明我们的面板数据模型有较强的解释力。从回归结果来看，东部地区、中部地区、西部地区金融发展水平均显著为正，但东部地区金融发展水平在 10% 的显著性水平上为正，中部与西部地区均在 1% 的显著性水平上为正。这说明，与东部地区相比，中部与西部地区的金融发展对 FDI 流入的促进作用更大。这是因为东部地区相比于中部与西部地区来说，金融发展水平较高，而中西部地区金融市场还处在发展初期，只要市场潜力进一步被激发，会导致 FDI 大幅度地流入。控制变量中，对外贸易发展水平在中部与西部地区均显著为正，而在东部地区却不显著，可能是因为东部地区是我国改革开放的先行者，开放程度较高，对外贸易发展水平较高，因此相比中西部来说，对 FDI 流入的影响潜力降低。东部地区政府支出在 1% 的显著性水平上为正，而中西部政府支出不显著，这可能是因为相比于东部地区，中西部地区地方政府招商引资措施还不够完备，导致政府支出对 FDI 的流入影响不大。此外，各地区人力资本水平与基础设施条件回归情况与全国总体情况大致一致，这表明我国越来越高的人力资源水平和越来越完善的基础设施条件是吸引外资流入我国的重要因素。

此外，我们研究了金融发展与 FDI 质量的影响。我们考虑到中国各个地区的差异并根据豪斯曼检验结果，建立个体固定效应回归模型。首先以各地区的实际利用外商直接投资额为被解释变量进行了固定效应 OLS 估计，回归结果见表 8.4。

表 8.4　固定效应 OLS 估计结果（FDI 质量）

变量	整体	东部	中部	西部
ln*fin*	-1.216***	-0.249*	-0.688	-0.228*
	(0.183)	(0.178)	(0.512)	(0.646)
ln*trade*	0.606***	0.816**	-0.486	-1.031***
	(0.196)	(0.318)	(0.359)	(0.354)
ln*state*	-0.838**	-1.576***	-0.446	-0.659
	(0.359)	(0.370)	(0.562)	(1.331)
ln*gov*	3.940***	1.483**	4.394***	4.289***
	(0.458)	(0.575)	(1.034)	(0.821)
ln*hr*	0.0842	-1.146***	-0.150	-0.573
	(0.409)	(0.404)	(0.746)	(1.003)
ln*urban*	0.877	1.737*	0.995	0.214
	(0.711)	(1.007)	(1.897)	(1.313)
ln*tran*	0.940***	0.603**	0.719	1.450**
	(0.301)	(0.291)	(0.471)	(0.721)
Constant	14.72***	7.035*	15.24**	4.786
	(3.542)	(3.746)	(6.200)	(8.386)
R^2	0.614	0.620	0.759	0.663
N	29	10	8	11

注：括号内为标准差；***、**、* 分别表示 1%、5%、10% 的显著性水平。

首先从全国整体来分析金融市场发展对 FDI 流入质量的影响，实证结果见表 8.4 第一列，模型回归 R^2 大于 0.6，说明我们的面板数据模型有较强的解释力。回归结果显示，金融发展水平系数在 1% 的显著性水平上显著为负，说明金融发展对 FDI 企业的劳动生产率具有抑制作用，低水平的金融业抑制了 FDI 的技术溢出，并且为负效应。在中国的金融市场上，信贷市场的规模是最大的，而证券市场、保险市场、债券市场等市场发展较为滞后，难以满足民营企业特别是民营中小企业的融资需求。同时，国有化水平指标在 1% 的显著性水平上显著为负，是因为在银行信贷业务存在较为明显的行政控制现象，信贷资源主要掌握在国有商业银行中，而且能够获得信贷支持的往往是具备央企和国企背景的大型企业，中小企业的融资难、融资成本高等问题一直难以得到有效的缓解。资金需求得不到有效支持，这将对企业劳动生产率的提高造成不利影响。在其他控制变量中，对外贸易发展水平在 1% 的显著性水平上为正，说明越来越深入的对外开放政策不但吸引了大量外资的进入，同时一系列的激励措施也使得外商投资企业的生产率大幅提升。政府支出在 1% 的显著性水平上为正，说明我国政府对外商投资企业的支持吸引了外资的流入，一系列的招商引资优惠政策的实施进一步为外商投资企业在华生产经营带来了便利，有利于 FDI 质量的提升。基础设施条件在 1% 的显著性水平上为正，说明越来越完善的基础设施条件促进了外商投资企业的发展，进而促进了企业生产率的提升。人力资本与城镇化水平系数不显著，说明这两者对 FDI 质量的作用不明显。

此外，我们将样本划分为东部、中部、西部三个区域进行检验，研究不同区域下金融发展对 FDI 质量的影响，实证结果见表 8.4 第二、三、四列，分别为东部、中部、西部的回归结果，模型回归 R^2 大于 0.6，说明我们的面板数据模型有较强的解释力。从回归结果来看，东部、中部、西部三个地区金融发展对 FDI 质量的影响的显著性降低，总体上是显著的负向影响。其中，东部地区金融发展对 FDI 质量在 10% 的显著性水平上为负，而中部地区金融发展对 FDI 质量的影响不显著，可能是因为大多数外商投资企业都集中在东部地区，中部与西部地区外商直接投资企业相对较少，因此地区金融发展水平对外商投资企业的劳动生产率影响不明显。在控制变量中，东部地区对外贸易发展水平在 5% 的显著性水平上为正，而中部与西部地区对外贸易发展水平对 FDI 质量的影响不明显或者为负，说明与中西部地区相比，东部地区较高的对外开放水平对外商投资企业生产率的提升具有促进作用。东部、中部、西部三个地区政府支出均显著为正，且中部与西部地区政府支出的显著性以及系数均高于东部地区，说明中部与西部地区地方政府正越来越重视招商引资的作用，实施了一系列引资激励措施，从而促进了 FDI 质量的提升。基础设施条件在总体上显著为正，说明东部、中部、西部三个地区，越来越完善的基础设施条件促进了外商投资企业的发展，进而促进了企业生产率的提升。其中西部地区基础设施条件系数最高，说明西部大开发使得地区基础设施条件有了质的提升，这对当地外资企业的发展具有十分积极的正向作用，我国政府对外商投资企业的支持吸引了外资的流入，一系列的招商引资优惠政策的实施进一步为外商投资企业在华生产经营带来了便利，有利于 FDI 质量的提升。

二、动态面板估计结果

根据以往国内外的研究可以发现，FDI 与金融发展之间可能存在水平较高的双向因果关系。因此，为了减少内生性问题的存在影响到回归结果，我们在计量模型（8.1）和模型（8.2）的基础上引入被解释变量的滞后一期，并采用动态面板估计方法来减少由于“惯性”等其他问题所引起的误差，即模型（8.3）和模型（8.4）。

首先，以外商直接投资为被解释变量进行了动态面板估计，估计结果见表 8.5。此外，我们又以各省（自治区、直辖市）FDI 为被解释变量，同样进行动态面板 GMM 估计，以研究各地金融发展水平对 FDI 质量的影响，回归结果见表 8.5。

表 8.5　动态面板估计结果（FDI 数量）

变量	整体	东部	中部	西部
L. ln*fdi*	0.578***	0.756***	0.373***	0.727***
	(0.0414)	(0.0621)	(0.0800)	(0.0810)
ln*fin*	0.287***	-0.0238	0.224*	0.234*
	(0.0697)	(0.0627)	(0.156)	(0.247)
ln*trade*	0.244***	0.0481	0.302***	0.296**
	(0.0806)	(0.120)	(0.105)	(0.144)
ln*state*	0.0237	-0.282*	-0.430**	0.438
	(0.156)	(0.148)	(0.191)	(0.486)
ln*gov*	0.381**	0.544***	-0.485	0.302
	(0.187)	(0.205)	(0.319)	(0.330)

续表

	整体	东部	中部	西部
ln*hr*	-0.239	-0.558**	1.143**	0.0182
	(0.217)	(0.221)	(0.451)	(0.460)
ln*urban*	-1.446***	-0.681*	0.242	-1.588***
	(0.309)	(0.354)	(0.601)	(0.592)
ln*tran*	0.250**	0.318***	0.0421	0.416
	(0.102)	(0.0970)	(0.125)	(0.261)
Constant	-2.203	-2.974**	5.767**	-2.743
	(1.383)	(1.457)	(2.644)	(3.296)
Sargan 统计量	[1.0000]	[1.0000]	[1.0000]	[1.0000]
N	29	10	8	11

注：括号内为标准差；***、**、*分别表示1%、5%、10%的显著性水平。

回归结果通过了 Sargan 检验，工具变量是有效的。首先从全国整体来分析金融市场发展对 FDI 流入质量的影响，实证结果见表 8.5 第一列，实际利用外资额的一阶滞后项的估计系数在 1% 的显著性水平上显著为正，这表明流入我国的 FDI 具有很强的集聚和示范效应。金融发展水平系数在 1% 的显著性水平上显著为正，说明金融发展对 FDI 流入有正向效应，这说明金融发展水平已经成为跨国公司选择投资地点的一个重要因素。金融发展给外商投资企业带来了融资便利与风险控制，有利于吸引外资数量，从而共同推动经济的发展。在控制变量中，对外贸易发展水平在 1% 的显著性水平上为正，说明越来越深入的对外开放政策是吸引 FDI 流入我国的重要因素。政府支出在 1% 的显著性水平上为正，说明我国政府对外商投资企业的支持吸引了外资的流入，一系列的招商引资优惠政策的实施进一步为外资的进入带来了便利，有利于 FDI 规模的增长。基础设施条件均在 5% 的显著性水平上为正，这表明我国越来越完善的基础设施条件是吸引外资流入我国的重要因素。城镇化水平在 1% 的显著性水平上为负，说明城镇化水平对 FDI 的流入有负向影响。

此外，我们将样本划分为东部、中部、西部三个区域进行检验，研究不同区域下金融发展对 FDI 流入规模的影响，实证结果见表 8.5 第二、三、四列，分别为东部、中部、西部的回归结果，回归结果通过了 Sargan 检验，说明我们的面板数据模型有较强的解释力。从回归结果来看，东部地区、中部地区、西部地区金融发展水平均显著为正，说明金融发展促进了地区 FDI 的流入。控制变量中，对外贸易发展水平在中部与西部地区均显著为正，而在东部地区却不显著，可能是因为东部地区是我国改革开放的先行者，开放程度较高，对外贸易发展水平较高，因此相比中西部来说，对 FDI 流入的影响潜力降低。东部地区政府支出在 1% 的显著性水平上为正，而中西部政府支出不显著，这可能是因为相比于东部地区，中西部地区地方政府招商引资措施还不够完备，导致政府支出对 FDI 的流入影响不大。东部地区基础设施条件回归情况与全国总体情况大致一致，即越来越完善的基础设施条件是吸引外资流入的重要因素。但中部与西部基础设施条件回归情况不明显，说明当地基础设施条件对 FDI 的流入影响不大。

表 8.6 动态面板估计结果（FDI 质量）

变量	整体	东部	中部	西部
L. ln*fdi_ q*	0.216***	0.269***	0.367***	0.221**
	(0.0531)	(0.0776)	(0.117)	(0.0997)
ln*fin*	-1.327***	-0.189*	-0.652	-0.935*
	(0.205)	(0.159)	(0.559)	(0.533)
ln*trade*	-0.0133	0.990***	0.0582	-0.329
	(0.232)	(0.302)	(0.383)	(0.334)
ln*state*	0.0961	-1.436***	0.178	-0.883
	(0.547)	(0.361)	(0.693)	(1.114)
ln*gov*	3.350***	1.832***	2.613*	2.697***
	(0.526)	(0.551)	(1.418)	(0.863)
ln*hr*	2.188***	-1.712***	0.402	1.486
	(0.710)	(0.523)	(1.253)	(1.151)
ln*urban*	-0.131	0.971	0.501	-1.482
	(0.816)	(0.885)	(2.158)	(1.189)

续表

变量	整体	东部	中部	西部
ln*tran*	0.957***	0.701***	1.354**	1.911**
	(0.323)	(0.251)	(0.543)	(0.770)
Constant	20.70***	1.080	6.952	6.917
	(5.324)	(3.823)	(8.344)	(9.870)
Sargan 统计量	[1.0000]	[1.0000]	[1.0000]	[1.0000]
Number of region	29	10	8	11

注：括号内为标准差；***、**、*分别表示1%、5%、10%的显著性水平。

表8.6的回归结果通过了 Sargan 检验，工具变量是有效的。首先从全国整体来分析金融市场发展对 FDI 流入质量的影响，实证结果见表8.6第一列，FDI 质量的一阶滞后项的估计系数在1%的显著性水平上显著为正，这表明流入我国的 FDI 具有很强的集聚和示范效应。金融发展水平系数在1%的显著性水平上显著为负，说明金融发展对 FDI 企业的劳动生产率具有抑制作用，低水平的金融业抑制了 FDI 的技术溢出，并且为负效应。在其他控制变量中，政府支出在1%的显著性水平上为正，说明我国政府对外商投资企业的支持吸引了外资的流入，一系列的招商引资优惠政策的实施进一步为外商投资企业在华生产经营带来了便利，有利于 FDI 质量的提升。基础设施条件与人力资本在1%的显著性水平上为正，说明越来越完善的基础设施条件和越来越高的人力资源水平促进了外商投资企业的发展，进而促进了企业生产率的提升。城镇化水平系数不显著，说明城镇化水平对 FDI 质量的作用不明显。

此外，我们将样本划分为东部、中部、西部三个区域进行检验，研究不同区域下金融发展对 FDI 质量的影响，实证结果见表8.6第二、三、四列，分别为东部、中部、西部的回归结果，回归结果通过了 Sargan 检验，工具变量是有效的。从回归结果来看，东部、中部、西部三个地区金融发展对 FDI 质量的影响的显著性降低，总体上是显著的负向影响。其中，东部地区金融发展对 FDI 质量在10%的显著性水平上为负，而中部地区金融发展对 FDI 质量的影响不显著，可能是因为大多数外商投资企业都集中在东部地区，中部与西部地区外商直接投资企业相对较少，因此地区金融发展水平对外商投资企业的劳动生产率影响不明显。在控制变量中，东部地区对外贸易发展水平在1%的显著性水平上为正，而中部与西部地区对外贸易发展水平对 FDI 质量的影响不明显，说明与中西部地区相比，东部地区较高的对外开放水平对外商投资企业生产率的提升具有促进作用。东部、中部、西部三个地区政府支出均显著为正，且中部与西部地区政府支出的显著性以及系数均高于东部地区，说明中部与西部地区地方政府正越来越重视招商引资的作用，实施了一系列引资激励措施，从而促进了 FDI 质量的提升。基础设施条件在总体上显著为正，说明东部、中部、西部三个地区，越来越完善的基础设施条件促进了外商投资企业的发展，进而促进了企业生产率的提升。其中西部地区基础设施条件系数最高，说明西部大开发使得地区基础设施条件有了质的提升，这对当地外资企业的发展具有十分积极的正向作用。我国政府对外商投资企业的支持吸引了外资的流入，一系列的招商引资优惠政策的实施进一步为外商投资企业在华生产经营带来了便利，有利于 FDI 质量的提升。

三、稳健性检验

为了使研究结果更具有说服力，我们将不同金融发展指标放入模型（3）和模型（4）中，观察在变换指标后原有模型是否显著。由于一国的金融发展水平很大程度上决定了市场中企业的容易成本，金融发展水平越高，市场中的企业融资渠道更多，从而融资成本也随之减少。我们利用利息/负债规模指标 *fin*2 表示我国工业企业的融资成本来代替金融发展的指标，观察在变换指标后，原有模型是否显著。

首先，我们以实际利用外商直接投资额为被解释变量进行了动态面板估计，估计结果见表 8.7。

表 8.7　动态面板估计结果（FDI 数量）

变量	整体	东部	中部	西部
L. ln*fdi*	0.331***	0.810***	0.355***	0.396***
	(0.0616)	(0.132)	(0.134)	(0.121)
Ln*fin2*	-0.0343*	-0.0132*	-0.146*	0.0545
	(0.0245)	(0.0317)	(0.0744)	(0.0492)
ln*trade*	0.218*	0.223	0.307	0.256
	(0.115)	(0.207)	(0.241)	(0.233)
ln*state*	-0.200	-0.577*	-0.383	0.533
	(0.226)	(0.332)	(0.371)	(0.649)
ln*gov*	0.923***	0.837*	-0.654	1.257**
	(0.307)	(0.574)	(0.707)	(0.518)
ln*hr*	-0.377	-0.673	0.734	-0.380
	(0.392)	(0.513)	(1.055)	(0.918)
ln*urban*	-1.128	-3.777***	2.703	-1.556
	(0.765)	(1.155)	(2.538)	(1.372)
ln*tran*	0.376***	0.521***	0.217	0.672**
	(0.128)	(0.142)	(0.265)	(0.332)
Constant	-1.217	7.238**	6.314	-3.608
	(2.501)	(2.908)	(6.919)	(6.022)
Sargan 统计量	[1.0000]	[1.0000]	[1.0000]	[1.0000]
Number of region	28	10	8	10

注：括号内为标准差；***、**、*分别表示 1%、5%、10% 的显著性水平。

回归结果通过了 Sargan 检验，工具变量是有效的。回归结果显示，实际利用外资额的一阶滞后项的估计系数在 1% 的显著性水平上显著为正，这表明流入我国的 FDI 具有很强的集聚和示范效应。利息/负债规模系数在 10% 的显著性水平上显著为负，即融资成本越高，FDI 的流入规模将减少。由于金融发展水平越高，融资成本将越低，说明金融发展对 FDI 流入有正向效应。这与表 8.3 和表 8.5 的回归结果相同，说明回归结果总体上是稳健的。控制变量中，对外贸易发展水平、政府支出以及基础设施水平回归结果与表 8.3 和表 8.5 的回归结果基本一致，说明回归结果总体上是稳健的。

同时，以实际利用外商直接投资额为被解释变量进行了动态面板估计，估计结果见表 8.8。

表 8.8 动态面板估计结果（FDI 质量）

变量	整体	东部	中部	西部
L. ln*fdi*_ *p*	0.150*	0.156*	0.330*	0.0670*
	(0.0870)	(0.126)	(0.216)	(0.183)
ln*fin2*	0.101*	0.180**	0.334	0.357**
	(0.0870)	(0.0839)	(0.259)	(0.148)
ln*trade*	1.189***	1.446***	1.640*	0.862
	(0.395)	(0.531)	(0.899)	(0.761)
ln*state*	0.831	-1.401	1.157	1.049
	(0.798)	(0.891)	(1.262)	(1.906)
ln*gov*	4.835***	2.367*	3.979*	4.755***
	(1.002)	(1.500)	(2.658)	(1.699)
ln*hr*	5.283***	-1.519	1.690	9.582***
	(1.296)	(1.358)	(2.677)	(2.498)
ln*urban*	-4.308*	0.273	4.355	-4.466
	(2.495)	(3.078)	(8.178)	(3.964)
ln*tran*	-0.486	0.634*	-0.173	-1.604
	(0.503)	(0.384)	(0.967)	(1.288)
Constant	41.64***	4.619	33.60**	64.68***
	(8.703)	(7.706)	(15.44)	(18.44)
Sargan 统计量	[1.0000]	[1.0000]	[1.0000]	[1.0000]
Number of region	28	10	8	10

注：括号内为标准差；***、**、*分别表示 1%、5%、10% 的显著性水平。

回归结果通过了 Sargan 检验，工具变量是有效的。回归结果显示，实际利用外资额的一阶滞后项的估计系数在 10% 的显著性水平上显著为正，这表明流入我国的 FDI 具有较强的集聚和示范效应。但效果较 FDI 的流入量来说有所减少。利息/负债规模系数显著为正。由于金融发展水平越高，融资成本将越低，说明金融发展对 FDI 质量有负向影响。这与表 8.4 和表

8.6 的回归结果相同，说明回归结果总体上是稳健的。控制变量中，对外贸易发展水平、政府支出回归结果与表 8.4 和表 8.6 回归结果基本一致，说明回归结果总体上是稳健的。

四、结论

我们的主要结论是：金融发展对 FDI 流入有正向效应，这说明金融发展水平已经成为跨国公司选择投资地点的一个重要因素。金融发展给外商投资企业带来了融资便利与风险控制，有利于吸引外资数量，从而共同推动经济的发展。分地区来看，东部地区、中部地区、西部地区金融发展水平均对 FDI 的流入具有正向影响，但与东部地区相比，中部与西部地区的金融发展对 FDI 流入的促进作用更大。此外，研究发现金融发展对 FDI 企业的劳动生产率具有抑制作用，低水平的金融业抑制了 FDI 的技术溢出，并且为负效应。分地区来看，东部、中部、西部三个地区金融发展对 FDI 质量的影响的显著性降低，东部地区金融发展对 FDI 质量具有抑制作用，而中部地区金融发展对 FDI 质量的影响不显著，可能是因为大多数外商投资企业都集中在东部地区，中部与西部地区外商直接投资企业相对较少，因此地区金融发展水平对外商投资企业的劳动生产率影响不明显。

第四节　本章小结

本部分我们以 1996—2013 年中国 31 个省（自治区、直辖市）的面板数据为样本，实证检验金融发展下对 FDI 规模和 FDI 质量的影响，并采用动态面板估计，克服了变量内生性问题，同时我们采用不同指标进行稳健性检验，回归结果总体上是稳健的。我们的主要结论是：金融发展对 FDI 流入数量有正向效应，这说明金融发展水平已经成为跨国公司选择投资地点的一个重要因素。但对金融发展对 FDI 质量的影响研究发现，金融发展对 FDI 企业的劳动生产率具有负向作用，低水平的金融业抑制了 FDI 的技术溢出，并且为负效应。这一负向效应主要出现在东部地区，而中部地区金融发展对FDI质量的影响不显著，可能是因为大多数外商投资企业都集中在东部地区，中部与西部地区外商直接投资企业相对较少，因此地区金融发展水平对外商投资企业的劳动生产率影响不明显。

第九章　关于对外投资与技术获取的一些思考

近年来中国对外直接投资（Outward Foreign Direct Investment，OFDI）增长迅速。2015 年，在全球外国直接投资流出流量 1.47 万亿美元，较上年增长 11.8%的背景下，中国对外直接投资流量创下 1456.7 亿美元的历史新高，同比增长 18.3%，超过日本成为全球第二大对外投资国。2016 年，中国对外直接投资金额首度破万亿元，高达 11299.2 亿元，同比增长 44.1%[①]。由此看出，中国将逐渐成为净资本输出国并进入一个新的发展阶段。当前中国经济已从高速增长的赶超阶段进入了中低速增长的经济新常态，产业调整优化等后发优势、劳动成本低等传统优势已不在。OFDI 的增加使其成为中国经济发展的重要推动力和国民财富的重要来源。在经历过以自然资源、技术资源获取为主要目的的快速增长期后，探讨中国 OFDI 自身的内在规律以实现其持续增长已成为一个重要课题。以对外投资方式嵌入全球生产网络、引来新的增长动能不失为一条有效途径，网络嵌入应成为企业对外投资的主要目的之一，尤其应该关注对外投资对企业的研发引致效应、逆向技术溢出效应，以实现企业竞争力提升。

那么对外投资的效果如何呢？企业对外投资又受哪些因素影响呢？国内学者已经对此做了很多研究，本章将结合课题研究，从对外投资的网络嵌入以及对外投资的汇率影响两个相对薄弱甚至有所忽视方面对此加以补充，以其为在双向 FDI 背景下，企业如何全球范围内获取技术资源提供一

① 以上数据均来自国家商务部。

点借鉴。本章第一节是以山东省为例，考察企业对外投资的网络嵌入情况，以及企业对外投资的绩效评价；第二节主要分析汇率对中国 OFDI 企业投资的影响；最后是总结。

第一节　对外投资、网络嵌入与技术获取：以山东省为例

虽然以智能化为代表的工业 4.0、中国制造 2025 仍将会形成一批新兴产业中心，但以山东省为典型的传统产业如何摆脱原有经济增长模式的技术锁定和产业固化成为一个亟须解决的问题。对于传统动能主导的山东省经济发展而言，应积极鼓励和支持企业进行对外投资，通过走出去带动引进来促进新旧动能转换以全面提升经济发展质量。随着国家大力实施“走出去”的战略和“一带一路”倡议的实施，山东省对外直接投资的规模也在不断加大，对外直接投资的项目数和对外投资的总额度逐渐攀升。投资规模一直保持高速增长，特别是 2009 年以后基本实现了 40% 左右的增长速度，2018 年 1—11 月份，山东省累计有实际出资的境外投资企业 397 家，中方投资 417. 6 亿元，增长 23. 3% ，对外投资战略实施效果显著。

对外直接投资能够有效嵌入东道国当地的产品市场网络和技术、资源等要素市场网络，不仅能够在全球范围内实现市场与要素优化配置，也为其技术创新提供了新的途径。企业通过在东道国设立子公司或并购当地厂商等形式，得以和本土企业、政府机关、研发机构等产生联系，实现网络嵌入，从中获取自身所缺乏的资源、先进技术知识、管理经验以及前沿信息等。在此基础上，海外子公司或研发机构等通过跨国公司内部机制，将已得经验知识和信息反馈回母公司，母国公司加以消化、整合、再创新，并运用到加工生产环节中，参与国内市场竞争。

然而，目前尚缺乏关于山东省企业对外投资的网络嵌入有效性的分析。据商务部公布的《境外投资企业（机构）名录》，截至 2015 年 12 月，山东省共 1588 家企业开展对外投资，总计 2378 项投资项目。然而，进一步的统计发现，山东省 OFDI 企业投资经验偏少，如图 9. 1 所示，绝大部

分企业仅进行过一次项目投资。这是否说明大多数对外投资企业已成功实现了网络嵌入呢?

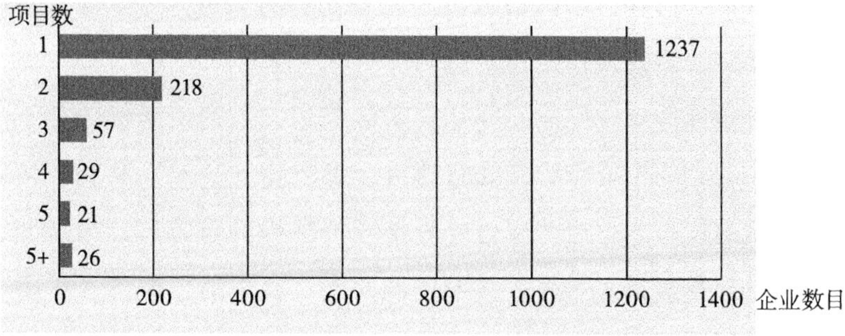

图 9.1　山东省企业对外投资项目经验统计分布

本节将以山东省上市公司与《境外投资企业（机构）名录》进行样本匹配，通过对山东省 OFDI 企业的投资绩效进行检验，并着重考察网络嵌入特征的影响来回答这一问题。我们发现，通过对外投资，山东省 OFDI 企业整体经营绩效得到一定提高，但在研发引致创新与竞争力提升方面并未显现出明显优势；网络嵌入特征研究发现，网络嵌入强度以及并购投资模式对山东省 OFDI 企业的研发引致效应提升明显，其竞争力提升也得到市场的认可；但是对美欧日等技术发达地区的网络中心的接近尚未实现逆向技术溢出，其绩效提升效应仅是源于更好地嵌入了全球市场网络中心。总体来看，山东省与全国整体的以产能转移和资源获取为主要目的对外投资动机相一致，对外投资的技术网络嵌入效果有限。因此，有必要加强对 OFDI 企业研发引致创新的策略研究和政策激励，增强国际竞争力。

一、简单的文献回顾

企业对外投资研究主要包括投资动因研究与影响研究两方面。

（一）跨国投资动因研究

传统的对外直接投资理论可称为“优势前提论”，即认为企业因拥有优势而进行对外直接投资。国内外许多学者从不同的侧面或同时从多个方面研究企业国际扩展的决定因素，如经典的垄断优势理论、产品生命周期理论、内部化理论，以及国际生产折中理论。垄断优势论及生产折中理论对于中国的对外直接投资具有一定的解释力，如鹿朋（2007）以理论与实证研究揭示了对外直接投资与产业优势之间的关系，并发现我国制造类企业海外并购较多的行业也正是我国拥有比较优势的行业。

另有学者针对中国的研究却表明传统意义上的垄断优势并不足以解释我国企业的对外投资行为，如官建成、王晓静（2007）从实证角度验证了我国企业的技术能力对我国对外直接投资规模的影响。结果表明，技术能力并非引起我国企业对外直接投资的原因；裴长洪、樊瑛（2010）认为中国进行海外并购投资以国有企业，特别是资源类企业为主的事实是这种国家意志推动的结果，而政府在企业对外投资过程中提供的政策导向与服务形成的企业所有权优势之外的“国家特定优势”是推动我国企业对外直接投资的主要动因。

随着新新贸易理论的发展，学者们倾向于从 OFDI 企业的生产率异质性（Yeaple，2009）角度来解释企业对外投资行为，但是，除了外包（Antras 和 Helpman，2004）与出口平台型 OFDI（Ekholm，Forslid 和 Markusen，2007）外，鲜有从网络嵌入视角的分析研究。

（二）跨国投资影响分析

跨国投资的影响分析主要集中在其对东道国的溢出影响方面，即 FDI 技术溢出研究，而关于中国 OFDI 企业绩效的影响分析则相对较少。张凌霄（2016）用制度质量、OFDI 国有化程度以及政策因素三个指标实证检验了政府参与对我国企业海外直接投资绩效的影响，李平和丁宁（2018）从东道国制度的角度分析了中国 OFDI 企业绩效的影响因素，衣长军等（2018）则着重分析了制度距离对 OFDI 企业技术创新的影响。

上述文献回顾表明，当前关于中国企业对外投资的研究仍以投资动因探究为主，较少分析企业投资绩效，更缺少从网络嵌入视角的绩效分析研究。我们将以山东省上市公司为样本，探讨企业对外投资的网络嵌入特征对其投资绩效的影响。

二、模型设定与数据说明

通过对外投资实现网络嵌入对企业动能转换、经营绩效提升表现在两方面：一是通过研发引致效应，倒逼对外投资企业加大研发投入以更好地在投资东道国立足并开拓市场；二是逆向技术溢出效应，通过跟东道国当地企业的技术合作、技术购买、技术模仿学习等途径，促进子公司与母公司的技术进步和竞争力提升。本部分将以山东省上市公司为例，检验分析对外投资是否促进了母公司整体绩效，并进一步考察对企业研发引致与竞争力提升的影响。

（一）模型设定

具体模型设定包括两方面，一是对企业经营绩效的检验，二是对研发引致效应和企业竞争力提升检验：

$$Perf = \beta_0 + \beta_1 Dum + \beta \cdot X + \varepsilon \tag{9.1}$$

$$RD = \beta_0 + \beta_1 Dum + \beta \cdot X + \varepsilon \tag{9.2}$$

$$CC = \beta_0 + \beta_1 Dum + \beta \cdot X + \varepsilon \tag{9.3}$$

其中 $Perf$ 表示 OFDI 企业对外投资经营绩效效应，RD 表示 OFDI 企业竞争力提升效应，RD 表示 OFDI 企业研发引致效应，Dum 是表示企业是否对外直接投资的虚拟变量，X 为控制变量，ε 为误差项。

为考察网络嵌入的影响，我们从网络嵌入强度、网络嵌入方式以及网络中心接近度三方面来检验。具体地，我们进一步区分了相应的对外投资经验、企业对外直接投资方式、对外直接投资目的地对山东省 OFDI 企业的经营绩效、研发引致以及竞争力提升的影响。具体模型设定仍包括 3 种，第一种是经营绩效效应的检验，第二种是对研发引致效应的检验，第三种是企业竞争力提升检验：

$$Perf = \beta_0 + \beta_1 Dum + \beta_2 \cdot Exp + \beta_3 \cdot Model + \beta_4 \cdot Host + \beta \cdot X + \varepsilon \tag{9.4}$$

$$RD = \beta_0 + \beta_1 Dum + \beta_2 \cdot Exp + \beta_3 \cdot Model + \beta_4 \cdot Host + \beta \cdot X + \varepsilon \tag{9.5}$$

$$CC = \beta_0 + \beta_1 Dum + \beta_2 \cdot Exp + \beta_3 \cdot Model + \beta_4 \cdot Host + \beta \cdot X + \varepsilon \tag{9.6}$$

其中，*Exp* 表示 OFDI 企业对外直接投资的经验，表示网络嵌入强度，*Model* 表示 OFDI 企业对外直接投资模式，以区别绿地投资与并购投资两种不同的网络嵌入方式的影响，*Host* 表示 OFDI 企业对外直接投资的目的地是否为全球网络中心，其他变量含义不变。

（二）变量与数据说明

经营绩效 *Perf*：关于企业经营绩效的测度有多种方式，我们以企业净利润率作为替代变量，在控制了企业规模后，企业净利润率的提升显然表示经营绩效。

研发投入 *RD*：上市公司数据中，并无企业研发的具体数据统计，我们以上市公司无形资产净值的变动作为企业研发投入的替代变量。

竞争力 *CC*：上市公司竞争力的最直接衡量就是资本回报率等股票表现，我们以上市公司在股票市场的表现作为其业绩及竞争力衡量。

其他变量：对外直接投资 *Dum*，若企业有对外直接投资行为，我们设定虚拟变量为 1，否则为 0。对外直接投资方式 *Exp*，若企业对外直接投资多于 1 次，我们设定虚拟变量为 1，否则为 0。对外直接投资方式 *Model*，若企业对外直接投资为绿地投资，我们设定虚拟变量为 0，若企业对外直接投资存在并购投资，我们设定虚拟变量为 1。对外直接投资目的地 *Host*，若企业对外直接投资目的地中含美欧日等全球网络中心国家和地区，我们设定虚拟变量为 1，否则为 0。

控制变量 *X*：限于数据，我们将以企业注册资本衡量的企业规模 *Scale* 作为主要的控制变量，同时，考虑到上市公司数据的行业差异，我们还选取了企业的行业类型作为控制变量。

本部分所用数据全部来源于商务部公布的《境外投资企业（机构）名录》与国泰安《上市公司数据库》。具体地，我们以上市公司名称为依据，对两部分数据进行匹配，最后得到 145 家山东省上市公司数据，经营绩效 *Perf*、研发投入 *RD*、竞争力 *CC* 数据采用上市公司最后一次公告数据，主要变量的统计性描述见表 9.1。数据统计显示，山东省上市公司对外直接投资上市公司 74 家，全球网络嵌入强度（平均对外投资经验）为 3.34 次，采取海外并购方式直接进行网络嵌入的占 35%，有 65% 的上市公司仅对外进行绿地投资，以间接方式实现当地网络嵌入，以美欧日等技术发达地区为网络嵌入点的约占 45%。

表 9.1　主要变量统计性描述

变量	观测值	均值	标准差	最小值	最大值
Perf	145	0.04	0.06	-0.14	0.24
RD	145	0.06	0.06	0	0.4
CC	112	0.12	0.53	-0.28	4.8
Exp	74	3.34	3.78	1	17
Model	74	0.35	0.48	0	1
Host	74	0.45	0.5	0	1
Scale	145	19.92	0.84	17.61	22.72

三、估计结果

本部分以山东省对外投资上市公司样本数据进行实证检验。在检验企业对外直接投资以及网络嵌入特征对上市公司的经营绩效、研发投入和竞争力的影响时，为避免企业自身特征与行业特征等同时影响企业对外投资决策与企业绩效所产生的内生性问题，我们加入了企业规模作为控制变量，避免因遗漏同时影响解释变量与被解释变量的重要变量所导致的估计偏差，并按企业的行业特征进行分组得到标准差的稳健估计。对企业经营绩效、研发引致效应、竞争力效应估计的初步结果见表 9.2。

表 9.2　对外投资效应估计结果

变量	*Perf*	*RD*	*CC*
Dum	0.014 (0.007)*	0.002 (0.004)	-0.146 (0.104)
Scale	-0.011 (0.001)***	0.003 (0.007)	-0.041 (0.011)**

续表

变量	*Perf*	*RD*	*CC*
C	0.257 (0.018)***	-0.011 (0.148)	1.030 (0.303)**
R^2	0.034	0.003	0.029

注：括号内是标准差；***、**、*分别表示在1%、5%、10%的显著性水平上变量显著。

表9.2的估计结果显示，企业经营绩效的对外直接投资虚拟变量 *Dum* 的回归系数显著为正，这说明，企业对外直接投资促进了母公司的经营绩效。研发引致效应估计的对外直接投资虚拟变量 *Dum* 的回归系数不显著，这说明，企业是否对外投资对其研发投入没有影响，也就是说不存在对外直接投资的研发引致效应。这表明，通过研发提高企业技术创新从而增强企业在东道国的技术水平与竞争力尚未成为山东省 OFDI 企业对外投资的主要途径。企业竞争力市场反应对对外直接投资虚拟变量 *Dum* 的回归系数不显著，这说明，市场不认可企业对外直接投资对母公司竞争力的提升意图，或者说市场认为对外直接投资的整体绩效表现欠佳，对外直接投资并没有给母公司带来进一步的竞争力提升。综合来看，山东省对外直接投资量多质低，跨国投资只是利用了东道国的市场网络提高的利润率等经营绩效，但未能实现通过对技术等要素市场有效嵌入达到逆向技术溢出和研发引致效应等长期发展目标，市场对其竞争力提升的不认同也应是基于这一考虑。

进一步加入网络嵌入特征变量后，对企业经营绩效、研发引致效应、竞争力效应估计的结果见表9.3。对 OFDI 企业的经营绩效检验发现，对外直接投资经验 *Exp* 的系数不显著，而对外直接投资模式 *Model* 的系数显著为负，对外直接投资目的地 *Host* 的系数显著为正。这说明：不存在“干中学”效应，OFDI 企业不能从对外投资经验中进一步提升经营绩效；绿地式投资反而要比并购式投资更能实现经营绩效提升，而东道国差异则表明发达经济体更能实现利润率提升等经营绩效。综合来看，对外投资经营绩效的提升主要是源于企业有效嵌入了成熟的市场网络中心。

表 9.3　网络嵌入特征与对外投资绩效估计结果

变量	*Perf*	*RD*	*CC*
Exp	0.000 (0.001)	0.003 (0.001)***	0.008 (0.001)***
Model	−0.018 (0.005)**	0.027 (0.012)*	0.048 (0.014)**
Host	0.020 (0.005)**	−0.014 (0.016)	0.048 (0.011)**
Scale	−0.013 (0.003)**	0.013 (0.012)	−0.017 (0.004)**
C	0.305 (0.054)***	−0.215 (0.248)	0.322 (0.080)**
R^2	0.098	0.140	0.215

注：() 内是标准差；***、**、*分别表示在1%、5%、10%的显著性水平上变量显著。

对研发引致效应的检验发现，对外直接投资经验 *Exp* 的系数显著为正。表明随着对外投资经验的增多、网络嵌入强度加大，企业逐步意识到通过研发活动提高技术创新的重要性，出现研发引致效应；对外直接投资模式 *Model* 的系数显著为正，表明为了企业通过跨国并购获得并购企业的技术与品牌等无形资产，实现了研发网络的有效嵌入。而对外直接投资目的地 *Host* 的系数则不显著，表明对欧美日国家和地区进行投资未能促使企业加大研发投资，也就是说通过嵌入全球研发网络中心实现逆向技术溢出尚未得到实现。上述研究发现与 Kogut 和 Chang（1991）在对日本对美国直接投资时的结论类似，他们发现日本企业对美国的直接投资主要分布于 R&D 密集型产业，并倾向于采取合资方式。

对竞争力提升的市场反应检验发现，对外直接投资经验 *Exp* 、模式 *Model* 以及目的地 *Host* 的系数均显著为正，这说明无论是投资经验的增多，还是并购式跨国投资，以及对美欧日等发达地区投资都能更好地实现网络有效嵌入，其对母公司的整体竞争力提升的作用得到了市场认可。

值得注意的是，控制变量企业规模 *Scale* 的绩效回归系数和竞争力提升的回归系数均显著为负，说明规模越大的企业利润率等绩效表现越差、整体竞争力越差，即规模过大的企业在跨国投资时存在控制力不足的问题，导致市场对其信心不足。这表明山东省传统产业中的 OFDI 企业规模过大，确实存在动能转换困境，制约企业通过对外直接投资提升竞争力。

四、结论

总体来看，山东省 OFDI 企业虽通过对外投资提升了经营绩效，但并未形成逆向技术溢出与研发引致效应，市场反应认为对外投资企业整体而言并没有获得高于非对外投资企业的竞争力。对网络嵌入特征的进一步分析发现，随着对外投资经验的增加，即网络嵌入强度增强，以及并购投资式网络直接嵌入模式的采用，山东省 OFDI 企业的研发引致效应明显提升，其竞争力提升得到市场的认可，但是对美欧日等技术发达地区的网络中心的接近尚未实现逆向技术溢出，其绩效提升效应仅是源于更好地嵌入了全球市场网络中心。总体来看，山东省与全国整体的以产能转移和资源获取为主要目的对外投资动机相一致，对外投资的技术网络嵌入效果有限，有必要加强对 OFDI 企业研发引致创新的策略研究，以制定相应的激励与保障措施，增强国际竞争力。

第二节　汇率对中国对外投资的影响

在影响 OFDI 的诸多因素中，关于汇率的研究可能是分歧最大且研究进展较为迟缓的。一个重要的原因在于，汇率兼有商品市场价格属性与金融市场价格属性所导致的复杂性。在一个完美的金融市场上，实际购买力平价成立，汇率风险可以通过金融工具进行规避，汇率对 OFDI 的影响就是货币中性的。实际上，在布雷顿森林体系之后，主要经济体间的汇率波动已成为常态，且汇率的波动幅度远超同期的企业利润率，企业跨国投资经营面临着交易风险、经营风险等不容忽视的汇率风险问题。但是，出于成本或投机的考虑，跨国经营企业大多采用部分敞口的不完全对冲、多国经营自然对冲等方式，汇率变动是影响甚至改变跨国企业投资决策的重要因素之一。20 世纪 80 年代的美元贬值促使美国成为全球最大的 FDI 流入地，就是一个明显的汇率影响非货币中性的例证，这也促使了汇率影响 OFDI 的研究热潮。遗憾的是，现有文献关于汇率影响 OFDI 的理论研究存在着严重分歧。学者们从不同的汇率属性、不同的研究视角出发，提出了相对比较优势（Kohlhagen，1977）、相对财富论（Froot 和 Stein，1991）、实物期权理论（Dixit 和 Pindyck，1994）、风险规避论（Benassy - Quere，2001）等，分别论述了汇率水平变动和汇率波动风险对 OFDI 的影响。这些理论虽然揭示了汇率与 OFDI 的某种理论机制，但严苛甚至相左的假定使得理论分析难以形成一个统一的分析框架。

关于汇率影响 OFDI 的实证研究同样存在着严重分歧，不仅对不同国家 OFDI 分析的结论存在差异（Russ，2007；Schmidt，2008），甚至就连对同一国家的分析也存在截然相反的结论。例如，Dixit 和 Pindyck（1994）指出，汇率的剧烈波动将推迟跨国公司的对外直接投资决策，从而不利于对外直接投资流量的增加。而 Goldberg 和 Kolstad（1995）却认为较高的汇率波动率对跨国企业的对外直接投资有促进作用。研究结论的不一致使得以其他国家为样本的研究对中国相关政策制定的参考价值有限。而现有文献中以中国 OFDI 为样本的汇率风险影响研究非常鲜见。一方面，作为一个发展中国家，中国 OFDI 发展快速但时间尚短，学者们更多地关注其特殊性，如 OFDI 的逆向技术溢出效应、制度偏好等。另一方面，虽然近年来中国经历了多次汇率改革，人民币汇率逐步市场化，但长期以来的钉住美元或实际钉住美元的汇率政策，使得汇率波动风险在某种程度上被忽视了。实际上，中国历年境外投资项目中，流向美国的仅占 12.1%①，即便人民币钉住美元，也难以避免企业跨国投资所面临的汇率风险。图 9.2 是 2003 年以来人民币用几种主要 OFDI 流入国货币的双边汇率及人民币与美元汇率对比图。

① 根据商务部公布的《中国企业境外投资名录》统计。

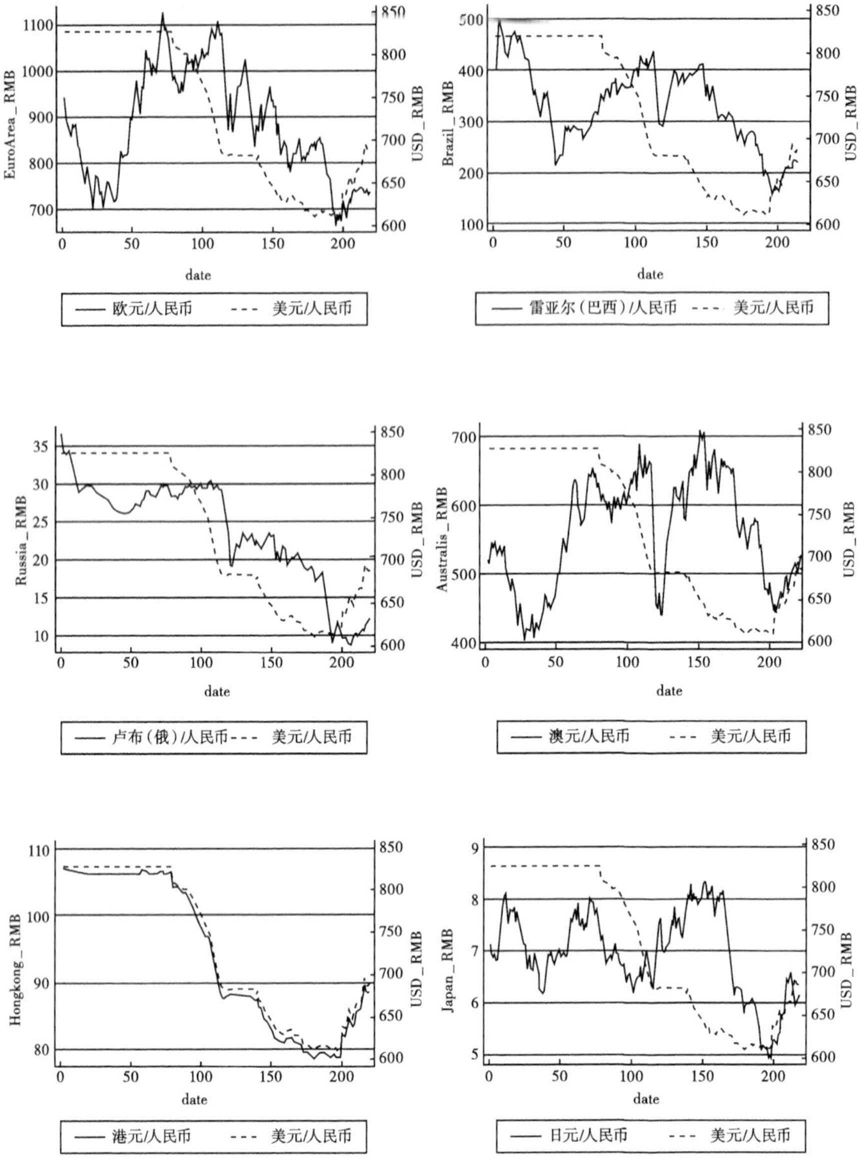

图 9.2　人民币对各国汇率走势

显然，除港币因实行联系汇率制与美元波动一致外，其他货币的波动幅度都非常大且频繁。人民币兑美元汇率不适合用来测度中国企业对外投资所面临的汇率风险。因此，我们采用双边汇率来测度汇率风险，而且为了更好地测度企业对外投资所面临的汇率风险，有别于文献研究中常见的基于整个样本期的汇率方差作为风险的测度方法，我们提出了两种新的观测期风险测度指标，即以该年累积的日间汇率波动和月度汇率波动作为观测年份的风险衡量，研究表明这两种方法更合理。高频数据测度观测期的汇率风险是我们的一个创新。

此外，与已有的中国 OFDI 研究文献不同，我们主要研究汇率风险对企业对外投资决策的影响，考虑到投资主体规模存在很大的异质性，简单的 OFDI 金额流量难以全面反映企业的决策，因此，我们在宏观数据中加入对对外投资项目的考察，从对外投资次数和对外投资规模两个维度研究汇率风险的影响。为了进一步区分投资主体异质性所带来的影响，我们进一步采用企业微观数据分类别检验了汇率风险影响的差异。结果显示，无论是投资规模还是投资次数都受汇率风险的影响，但对规模的影响主要是在 2007—2009 年国际金融危机期间。企业微观数据的检验则表明，这主要是因为对外投资企业中，占主体地位的央企对汇率风险反应不敏感。这是我们的另一个创新。

我们其余部分的安排如下：第一部分文献回顾，从理论和实证两方面总结并梳理了汇率风险的国内外研究；第二部分结合分析构建了计量模型，并对数据来源和指标测算做了说明，其中，重点介绍并比较了三种不同的汇率风险测度指标；第三部分实证结果分析，在宏观总量检验的基础上，进一步比较了国际金融危机的特殊性，最后从企业微观异质性检验角度做了进一步阐述；第四部分是结论。

一、文献回顾

关于汇率和国际直接投资的研究最早开始于 20 世纪 70 年代，Aliber（1970）第一次从金融角度研究了对外直接投资（OFDI）的汇率动因，之后很多学者基于不同视角对这一问题进行了理论探讨。现有关于汇率影响 OFDI 的文献主要集中在汇率水平变动和汇率波动两个方面，其中汇率水平变动的研究相对丰富并形成比较具有代表性的理论，如资本化理论（Aliber，1983、1994）、相对财富理论（Froot 和 Stein，1991）、专有资产理论（Blonigen，1997）以及市场未来收益预期理论（Campa，1993）等。而对于汇率波动的研究相对较少，由汇率波动带来的汇率风险的研究更是匮乏，我们关于汇率风险对 OFDI 影响的文献梳理主要从汇率风险对 OFDI 现有研究与汇率风险测算两个方面展开。

从汇率风险影响 OFDI 的文献梳理可知，学界对此问题探讨结论尚不统一，主要存在以下三个观点：一是汇率风险不利于 OFDI，其理论依据为实际期权论。实际期权论将 OFDI 看作企业购买的一种美式看涨期权，汇率风险使得企业不投资或延缓投资的期权价格更高（Dixit 和 Pindyck，1994）。二是汇率风险有利于 OFDI，该结论主要表现为风险规避论。风险规避论与上述观点不同，认为汇率风险来自投资和收益之间的时间差，当预期收益能够弥补成本和汇率波动风险时候，企业将会进行 OFDI，并且较高的汇率波动幅度在一定程度上有利于企业 OFDI（Goldberg 和 Kolstad，1995；Benassy - Quere，2001），此外，Sung 和 Lapan（2000）指出汇率波动增加有利于增强企业开设多个分厂的预期收益。三是汇率风险对 OFDI 的作用效果并不显著，这部分学者认为国内的市场化程度和生活规模等条件相较于汇率变动，对企业 OFDI 的影响更大（Mann，1993）。

从汇率风险测算方面分析，Schmidt（2008）利用两种方法分别测算汇率波动对 OFDI 的影响，其作用结果相反。由此可知，汇率风险对 OFDI 影响结果存在异质性的一个主要原因在于汇率风险衡量指标的不确定性。目前针对汇率风险的衡量主要利用汇率波动进行表示。一方面，Brodsky（1984）、Clark 等（2004）直接采用年度汇率变动作为衡量汇率风险的指标；另一方面，惠晓峰等（2003）基于 1994—1996 年的人民币兑美元的日汇率数据运用 GARCH 模型进行估计，结果表明，GARCH 模型的估计和预测表现均比较合理。值得注意的是，Russ（2004）指出，对于投资流量与汇率波动的标准回归并不准确。Pong（2004）等运用多种方法对汇率波动进行测算，结果指出，利用日汇率和周汇率测算汇率波动更具有准确性，因此年度汇率波动的准确性值得考量。而彭红枫（2011）在探究汇率波动的过程中指出，人民币的自回归方程的残差不存在 ARCH 效应，因此不能用 GARCH 模型来估计实际有效汇率的预期，而采用滚动样本的回归方法解决该问题。

通过以上梳理可知，针对汇率风险作用于 OFDI 的结论因汇率风险测度指标的准确性而产生质疑。我们针对以上研究的不足，首先，在汇率风险的测算方法上予以完善，将采用双边日度、季度以及年度汇率进行测算，力求增加汇率风险测量的准确度；其次，考虑到汇率风险不仅影响 OFDI 的决策，同时还会影响 OFDI 的规模，因此我们从 OFDI 决策和规模两个角度详细测度汇率风险对 OFDI 的影响，用以丰富和支撑现有文献；最后，考虑到汇率风险受到金融危机等因素的影响，以及企业性质不同面对汇率风险的决策不同，我们针对时间和企业性质进行分组回归，进一步探究汇率风险对 OFDI 的影响。

二、模型构建与变量数据说明

（一）计量模型构建

考虑到汇率风险不仅影响 OFDI 投资决策，还会影响企业 OFDI 的投资规模。鉴于此，我们的实证模型设定如下：

$$Ofdi_{it}^{times} = \beta_0 + \beta_1 \ln Exrate_{it} + \beta_2 Exrate\_\ risk_{it} + \sum_{j=1}^{n} \beta_n X_{it}^{j} + \varepsilon_{it} \quad (9.7)$$

$$\ln Ofdi_{it}^{scale} = \alpha_0 + \alpha_1 \ln Exrate_{it} + \alpha_2 Exrate\_\ risk_{it} + \sum_{j=1}^{n} \alpha_n X_{it}^{j} + \varepsilon_{it} \quad (9.8)$$

其中，$Ofdi_{it}^{times}$ 和 $\ln Ofdi_{it}^{scale}$ 分别表示中国 t 时期向国家 i 的投资次数和投资金额（万美元）；$\ln Exrate_{it}$ 代表 t 时期人民币兑换国家 i 货币的双边汇率；$Exrate\_\ risk_{it}$ 代表 t 时期人民币兑换国家 i 货币的双边汇率风险；X_{it} 代表其他控制变量。参照已有文献研究，我们主要包括以来自该国的外商直接投资（$\ln fdi_{it}$）和中国对该国出口量（$\ln ex_{it}$）表示的双边经贸往来、东道国人均 GDP（$\ln per\_\ gdp_{it}$）和总人口（$\ln pop_{it}$）表示的市场规模、中国对该国进口量（ $\ln im_{it}$ ）表示的东道国资源环境，以及东道国腐败治理程度（ $corrupt_{it}$ ）表示的制度环境 4 个方面。

（二）变量与数据说明

1. 汇率及汇率风险测度

在外汇金融市场研究中，有大量关于风险测度的文献。比较有代表性的是 Pong 等（2004）的研究，他们通过对英镑、德国马克、日元三种货币兑美元波动的多种指标进行比较研究，指出汇率波动性测度采用日内高频数据要优于传统的隐含波动率（金融界的 IV 指标）。借鉴他们的思路，我们采用高频数据来测度汇率风险。考虑到跨国投资企业既面临相对短期的交易风险，也面临长短期限不定的经营风险，我们认为日间汇率和月度汇率是较为合适的风险度量频率。我们分别采用这两种汇率数据来构建年度汇率风险指标，实证检验发现两种指标区别不大，但都优于现有 OFDI 影响文献中常见的以整个样本期为基础的风险度量。具体计算公式如下：

$$A1\ monthly\ risk = \left| exrate\_\ month - \overline{exrate\_\ year} \right|$$

$$exrate\_\ year = \sum_{i=1}^{12} exrate\_\ month$$

$$A2\ yearly\ risk = \max exrate\_\ month - \min exrate\_\ month$$

$$B1\ dailyrisk = \left| exrate\_\ day - \overline{exrate\_\ month} \right|$$

其中，*monthly risk*, *yearly rist*, *daily risk* 分别代表月汇率风险、年汇率风险和日汇率风险三种；*exrate_ month* 和 *exrate_ month* 分别表示月度汇率和日度汇率；$\overline{exrate\_\ year}$ 和 $\overline{exrate\_\ month}$ 分别表示年度平均汇率和月度平均汇率；我们以月汇率风险作为实证的主要解释变量，以日汇率风险数据进行稳健性检验。双边汇率日度数据来自美国联邦储蓄系统（FED），月度数据以及年度数据由自国际货币基金组织（IFM）整理而得。

2. 其他变量

（1）中国对外直接投资规模（ $\ln Ofdi_{it}^{scale}$ ）用中国对其他国家的 OFDI 金额来表示；中国对外直接投资次数（ $Ofdi_{it}^{times}$ ）通过统计中国对各国的 OFDI 次数而得，以上数据均来自《中国对外直接投资统计公报》和《企业对外直接投资（机构）名录》。（2）中国的外商直接投资（$\ln fdi_{it}$）、中国对其他国家的进出口（$\ln im_{it}$ 和 $\ln ex_{it}$）分别表示各国对中国投资规模以及中国对其他国家的进出口规模，数据来自国家统计局。（3）人均 GDP（$\ln per\_gdp_{it}$）和总人口（$\ln pop_{it}$）表明各个国家的经济发展情况，数据来自世界银行。（4）OFDI 目的国的制度环境（$corrupt_{it}$），利用全球治理指数中腐败监管指数进行替代，并将各国家腐败监管指数同中国腐败监管指数相减，更好地体现 OFDI 目的国制度与中国制度环境差距，数据来自世界银行 WDI 数据库。

（三）统计性分析

我们采用 2003—2015 年 42 个国家的面板数据探究汇率风险对中国 OFDI 的影响。中国对外直接投资金额排名前 10 位的国家或地区为中国香港、美国、俄罗斯、日本、澳大利亚、越南、新加坡、韩国、德国和阿联酋，其总 OFDI 金额占比高达 60.68%（见表 9.4）。

表 9.4　主要变量的统计性描述

变量	观测值	平均值	标准差	最大值	最小值
$Ofdi_{it}^{times}$	401	37.429	107.266	1	1608
$\ln Ofdi_{it}^{scale}$	417	8.155	2.845	0	14.113
$Exrate_{it}$	507	583.450	395.890	0.046	1521.545
$Exrate\_risk_{it}$	507	19.765	18.359	0.0008	127.118
$\ln fdi_{it}$	488	8.793	2.658	0.693	13.508
$\ln ex_{it}$	507	8.896	1.625	4.706	12.922
$\ln im_{it}$	507	8.247	2.298	0.113	12.179
$\ln per\_gdp_{it}$	507	10.023	0.989	6.324	11.674
$\ln pop_{it}$	507	16.760	1.791	12.896	20.994
$corrupt_{it}$	507	1.506	0.925	0.012	3.134

三、实证分析

综合上述整理分析，探究汇率风险对 OFDI 影响的文献尚不全面，且测算方法存在较大争议。为解决该问题，我们不仅引入日汇率风险与月汇率风险衡量指标，重新测度汇率风险对中国OFDI具体影响，同时还考虑到汇率风险对OFDI决策和规模的双重影响，将OFDI决策与规模同时纳入衡量体系，可以更全面地反映汇率风险对OFDI的影响，揭示中国企业跨国投资时的更多信息。此外，我们利用宏观数据初步测算汇率风险对中国OFDI的影响，并进一步利用微观数据找寻出现该结果的企业原因。

（一）基本结果

由于我们测算汇率的方法有别于其他文章，因此我们一方面针对普通测算方法，即采用年度汇率方差测算得到的汇率风险指标（$Exrate\_risk_{it}^{*}$）对模型（1）与模型（2）进行验证；另一方面则利用我们测算的月度与日度汇率风险指标，探究汇率风险对中国OFDI的影响。考虑到模型（1）中汇率风险对投资目的国的投资次数在不同一段时间内，发生的概率相互独立，因此我们首先采用PSSSION对模型（1）进行检验，分析汇率风险对OFDI投资项目的影响；其次，我们采用随机效应模型（RE）对模型（2）进行初步回归，同时利用GLS模型去除异方差，可以发现基本回归结果存在一致性。此外，我们采用日间汇率风险对基本回归结果做稳健性检验，结果发现回归结果基本一致（见表9.5）。

表9.5　基本回归结果

变量	(1)	(2)		(1)	(2)	
	Poisson	OLS	GLS	Poisson	OLS	GLS
$\ln Exrate_{it}$	-0.0462*** (-12.13)	-0.287*** (-4.02)	-0.308*** (-6.62)	0.041*** (7.20)	-0.183** (-2.49)	-0.219*** (-4.59)
$Exrate\_risk_{it}^{*}$	-0.00047*** (-3.40)	0.0004 (0.17)	0.0009 (0.43)			
$Exrate\_risk_{it}$				-0.002*** (-3.45)	-0.021** (-2.24)	-0.021** (-2.43)
cons	3.891*** (213.76)	9.650*** (27.38)	9.709*** (50.94)	3.748*** (182.01)	9.480*** (26.71)	9.673*** (49.81)
N	401	417	417	401	417	417

注：*、**、***分别代表10%、5%和1%显著性水平，括号内数值表示t值。

首先，对汇率风险两种不同测算方法所得的测算结果进行对比分析可知，利用年度汇率方差测算得到的结论为汇率风险显著影响中国企业 OFDI 投资决策，但对企业投资规模的作用并不显著。而利用月度汇率测算得到的汇率风险则同时显著影响中国企业 OFDI 投资决策与投资规模。这在一定程度上表明，利用年度汇率波动方差计算得来的汇率风险指标存在一定的偏差，其原因在于企业 OFDI 投资决策与投资行为是当期发生的，无法及时预测全年汇率波动情况，企业及时根据上一年的年度汇率波动情况做出是否投资的决策，汇率风险也很难影响企业当期的投资规模。因此双边汇率高频数据更加符合现实情况，这样初步支撑了我们的测算结果。

其次，针对汇率风险对中国 OFDI 投资决策与投资规模的双重影响结果进行分析，无论是 OFDI 投资决策还是投资规模，汇率风险增加均在 5% 及以上的显著性水平上阻碍了中国的 OFDI，这与以往的研究结果不同。以往的研究倾向于汇率风险对 OFDI 的作用效果并不显著，究其原因在于年度汇率风险测算有失准确性，在一定程度上缩小了汇率风险对 OFDI 的影响。对于汇率风险阻碍 OFDI 投资决策的作用结果，可以从投资行为的不可逆性进行理解。由于投资行为不可逆性使得企业进行 OFDI 决策更为谨慎，汇率风险的增加会令企业 OFDI 决策面临更多的不确定性，变相增加了企业 OFDI 投资决策的机会成本，因而使得企业更加倾向于延迟进行 OFDI（Dixit 和 Pindyck，1994）。对于汇率风险对 OFDI 规模的作用结果，汇率风险阻碍了 OFDI 的投资规模，这是因为汇率风险可能会通过增加企业经营过程中产生的现金流因货币汇率的变动而造成损失，使得企业投资规模、投资收益与汇率波动显著相关（Brodsky，1984），因此汇率风险会减少 OFDI 投资规模。

（二）固定效应与分组检验

在基本回归结果的基础上，我们进一步控制了其他变量以避免内生性问题，最后采用固定效应对样本进行综合分析，并对其结果进行 HAUSMAN 检验，结果均通过 1% 的显著性水平。从其他变量分析，一是对于本币升值而言，本币升值显著促进 OFDI 投资，但是对投资规模的影响却呈负向不显著作用。这是因为本币升值不仅使本国企业拥有相对更高的资产购买力（Froot 和 Stein，1991），同时还降低企业在东道国的生产成本（Cushman，1985），由此促使企业产生投资需求，促使企业进行 OFDI。相较于投资决策，OFDI 投资规模是一个长期战略决策，因此本币升值对其影响作用并不显著。二是根据企业自身条件分析，即观测滞后一期的 OFDI、出口与进口三个变量，滞后一期的 OFDI、出口以及进口显著影响 OFDI 生产决策，说明中国企业当期投资决策受到前期投资、出口与进口的影响，这是因为企业通过前期 OFDI、进口与出口业务，可以了解投资目的国有关的资源、市场等条件，从而影响企业 OFDI 决策。而对于投资规模而言，相较于前期 OFDI 以及出口业务，前期进口业务更为显著地影响企业投资规模，原因在于进口业务在一定程度上影响再加工企业的生产成本和企业利润，进而影响企业投资规模。三是从投资目的国的人均 GDP、人口总量和政策制度角度分析，投资目的国人均 GDP 的增加表明一国经济发展程度的提升，其对 OFDI 的作用为负向，说明中国企业即便跨国投资进入东道国市场，瞄准的也不是高端市场，此时通过投资目的国总人数对 OFDI 的正向作用同样支持该结论；投资目的国政策制度的提升与完善则有利于中国企业 OFDI，制度环境的提升为中国企业 OFDI 提供良好的保障措施，因此促进企业 OFDI。

综上结论可知，汇率风险的确是影响企业 OFDI 的因素之一，且汇率风险增加显著抑制中国企业 OFDI。具体地，本币升值、企业自身经营条件（包括上一期 OFDI 规模与出口）以及投资目的国环境（包括人均 GDP 以及制度环境）主要通过影响投资决策对 OFDI 产生影响，而非投资规模。

为进一步分析汇率风险作用于中国企业 OFDI 投资决策与投资规模异质性结果的原因，并结合国际金融危机前后汇率波动的明显增加以及金融市场的敏感性，我们将时间划分为 2007 年前后，着重分析金融危机前后汇率风险对中国 OFDI 的影响，同时考察国际金融危机前后中国 OFDI 企业有无对汇率风险态度的转变。通过表 9.6 可以明显观测到，一方面，汇率风险显著作用于中国企业 OFDI 投资决策，但 2007 年前后汇率风险作用于投资决策的结果却截然相反。具体地，2007 年之前，汇率风险对中国企业 OFDI 投资决策的作用结果显著为正，这是因为 2007 年之前汇率波动相对缓和，汇率风险在一定程度的提升可能会刺激跨国公司通过选择投资时间同时变换国外生产地点从而获得额外的收益（Sung 和 Lapan，2000）。而在 2007 年之后，剧烈的汇率波动所带来的汇率风险增加了企业投资决策的风险，从而不利于企业进行 OFDI。另一方面，汇率风险对中国企业 OFDI 投资规模的影响主要体现在 2007 年之后，2007 年之前其作用效果并不显著。结合中国实际发展情况来分析，在 2007 年之前，汇率波动较为平缓，其所带来的汇率风险相对较小，因此对企业 OFDI 投资规模的影响并不显著。在 2007 年之后，汇率波动明显增加，剧烈的汇率波动不仅为企业投资规模带来更大的风险，同时还会增加企业生产交易过程中的换算风险，因此不利于企业投资规模的扩大。

表 9.6　全样本及分组检验结果

变量	投资决策 $Ofdi_{it}^{times}$			投资规模 $\ln Ofdi_{it}^{scale}$		
	全样本	2007 前	2007 后	全样本	2007 前	2007 后
$\ln Exrate_{it}$	0. 041 * * * (7. 20)	0. 127 * * * (6. 10)	0. 0315 * * * (5. 30)	-0. 659 (-1. 07)	-1. 199 (-0. 33)	-1. 365 * (-1. 79)
$Exrate\_risk_{it}$	-0. 002 * * * (-3. 45)	0. 0115 * * * (3. 99)	-0. 00212 * * * (-2. 78)	-0. 0167 * * (-2. 55)	0. 000218 (0. 01)	-0. 0176 * * (-2. 55)
$L.\ln Ofdi_{it}^{scale}$	0. 299 * * * (45. 92)	0. 269 * * * (11. 11)	0. 310 * * * (43. 46)	0. 105 * * (1. 97)	-0. 301 * * * (-2. 87)	-0. 0228 (-0. 38)
$L.\ln ex_{it}$	0. 626 * * * (31. 55)	0. 672 * * * (8. 09)	0. 681 * * * (32. 46)	0. 603 * (1. 82)	0. 978 (0. 88)	-0. 247 (-0. 59)
$L.\ln im_{it}$	0. 185 * * * (12. 62)	0. 195 * * * (3. 46)	0. 174 * * * (11. 35)	0. 814 * * * (2. 96)	2. 121 * (1. 81)	0. 882 * * * (2. 68)
$\ln per\_gdp_{it}$	-0. 097 * * * (-3. 85)	-0. 396 * * * (-4. 50)	-0. 0786 * * * (-2. 92)	0. 290 (0. 44)	-1. 957 (-0. 73)	0. 225 (0. 26)
$\ln pop_{it}$	0. 0139 (0. 91)	-0. 162 * * * (-2. 57)	-0. 0119 (-0. 73)	5. 805 * (1. 77)	14. 50 (0. 79)	9. 404 * (1. 95)

续表

变量	投资决策 $Ofdi_{it}^{times}$			投资规模 $\ln Ofdi_{it}^{scale}$		
	全样本	2007 前	2007 后	全样本	2007 前	2007 后
$corrupt_{it}$	0.0402** (2.00)	-0.409*** (-5.82)	0.0339 (1.57)	0.0505 (0.10)	2.101* (1.89)	-0.730 (-1.20)
cons	-7.023*** (-23.08)	-0.735 (-0.62)	-7.333*** (-22.96)	-104.7* (-1.89)	-253.3 (-0.79)	-151.3* (-1.88)
N	351	69	282	362	73	289

注：*、**、***分别代表 10%、5% 和 1% 显著性水平，括号内数值表示 *t* 值。

综合基本回归结果与分组检验，我们认为汇率风险会显著影响中国 OFDI，且呈现显著负向作用。其中，汇率风险对 OFDI 投资决策的影响具有持续性，而对 OFDI 投资规模而言，则主要体现在金融危机之后。这说明，在金融危机爆发之前，汇率波动的风险受到企业的忽视，汇率风险对企业投资规模作用结果并不显著。而在金融危机之后，由于金融危机的爆发加剧了汇率波动幅度，此时被“放大了”的汇率风险开始影响企业投资规模，并引起企业足够重视。

（三）进一步探究

我们通过宏观测算得出汇率风险显著抑制中国 OFDI 的基本结论，且其对 OFDI 投资规模的影响主要体现在金融危机爆发前后。为揭示产生这种结果的主要原因，我们进一步将研究视角落脚到企业层面，探究企业异质性对其作用结果的影响。考虑到中国企业现如今面临的最大问题之一就是企业产权结构的问题，中国企业产权结构十分复杂，对企业的经营发展具有决定性作用（Coase，1937；刘小玄，1995）。通过表 9.7 可知，对于汇率风险而言，首先，汇率风险对不同企业性质的作用结果具有一致性，均产生不用程度负向影响。这同我们利用宏观数据测得的结果一致。但是值得注意的是，汇率风险对地方国有企业和外资企业的影响更为显著。这是因为地方国有企业的经营决策转换慎重，汇率波动带来的风险不利于企业进行 OFDI；而外资企业的资本很多是分期出资的，因各期出资时的汇率不同，可能使投资者对企业人民币净资产的所有权产生变化，极大影响外资企业经营决策（严世农，1996）。此外，该部分实证结果为我们一个重要观点提供解释，即为什么汇率风险对投资规模的影响主要产生在金融危机爆发之后。其原因在于企业 OFDI 投资结构中，国有企业的 OFDI 投资规模占总投资规模的份额最大，而国有企业进行 OFDI 的性质与其他民营企业不同，国有企业投资具有一定的政策导向，且其受到国家政策的保护和支持，这在一定程度上削弱了国有企业对汇率风险的敏感程度，因此汇率波动带来的汇率风险对其投资规模的影响并不显著。

表 9.7　企业性质分组检验

变量	民营企业	地方国有	中央国有	外资企业	其他
rxh	1.524 * * (0.685)	0.305 (0.812)	−1.604 * (1.017)	2.536 (3.193)	4.437 * * (2.270)
sdrxh	−0.525 (0.942)	−1.788 * (1.057)	−2.278 (1.717)	−1.546 * * (0.803)	−4.646 (4.290)
tfpop	−0.180 (0.826)	2.747 * * * (0.848)	4.012 * * (1.846)	7.300 * * (3.211)	4.803 * (2.650)
debt	0.031 * (0.020)	0.057 * (0.035)	0.014 (0.045)	−0.235 * (0.123)	0.059 (0.084)
size	0.261 * * * (0.032)	0.025 (0.019)	0.100 * * * (0.034)	0.165 * (0.114)	0.187 * * * (0.030)
控制变量	已控制	已控制	已控制	已控制	已控制
N	2623	1904	1026	149	350

注：*、* *、* * * 分别代表 10%、5% 和 1% 显著性水平，括号内数值表示 *t* 值。

四、结论

随着中国全球化进程的不断加快，作为企业“走出去”的重要途径之一——对外直接投资，逐渐成为中国经济发展的重要推动力和国民财富的重要来源。而汇率风险是企业对外直接投资无法避免的影响因素之一，鉴于学界对于汇率风险作用于企业对外直接投资的争议，我们采用 2003—

2015 年 42 个国家的日度汇率和月度汇率对汇率风险指标进行重新估算，探究汇率风险对中国对外直接投资的影响。研究结果表明：①汇率风险是影响中国对外投资的一个因素之一，且呈显著负向影响。具体地，相较于企业对外直接投资规模，企业前期对外直接投资、出口行为以及投资目的国的经济发展程度和政策环境对企业 OFDI 决策的影响更大。②金融危机爆发前后企业面对汇率风险的投资态度明显改变，其作用结果由促进作用转向抑制作用。2007 年之前，汇率风险的增加在一定程度上不仅促进企业进行对外直接投资，同时也有利于增加企业对外直接投资规模。而在 2007 年之后，汇率风险的增加显著抑制中国企业对外直接投资。③汇率风险对中国对外直接投资规模影响较弱的一个主要原因在于，中国企业的产权结构。目前国有企业对外直接投资份额在中国对外直接投资总额中占比较大，良好的政策保护以及政策支持，减缓了汇率风险对企业投资规模的影响。

基于以上研究结果，我们认为汇率风险是影响中国企业对外直接投资的一个因素。面对汇率风险，首先，企业应当重视汇率风险对对外直接投资的影响，充分把握或者弥补汇率波动为企业带来的生产优势和劣势，转劣势为优势，提高企业生产率水平，增强企业应对汇率变动风险的能力。其次，政府应当结合汇率风险对中国企业 OFDI 的作用结果，在相应政策上给予倾斜，使其更好地应对汇率风险对企业的影响。最后，汇率风险对企业 OFDI 的影响因企业异质性而不同，政府应当重点关注汇率风险对民营企业 OFDI 造成的影响，在必要情况下可以通过相关的政策帮助这些企业应对外部冲击的不利影响。

第三节　本章小结

当前中国经济一方面已从高速增长的赶超阶段进入了中低速增长的经济新常态，另一方面中国也已逐步进入成为净资本输出国的新的发展阶段，双向 FDI 背景下，合理的对外投资途径是中国经济发展的重要推动力和国民财富的重要来源。本章检验发现，以山东省为例，中国企业对外投资虽然以自然资源、技术资源获取为主要目的，但通过以对外投资方式嵌入全球生产网络，实现对企业的研发引致效应和逆向技术溢出效应，引来新的增长动能，仍有很长的路要走。同时，汇率风险的影响检验也发现其是影响中国企业对外直接投资的一个重要因素，不仅是企业应该予以重视，国家汇率改革进程中也应对此予以考虑，优化人民币国际化的路径设计，避免对 OFDI 企业冲击过大，特别是风险承受力较弱的民营企业对外投资，应是政府关注的重点。

第十章 结论与展望

本章对全文的主要观点和结论进行了总结。本章的内容分为两个部分，第一节对文章进行了总结，第二节指出了本次研究蕴含的政策意义。

第一节 总结

我们结合中国大量存在出口平台型 FDI 这一典型事实，从跨国公司的微观角度，将异质性企业在出口与市场型 FDI 间的自我选择拓展到包括出口平台型 FDI，分析了异质型 FDI 进入的生产率门槛差异的决定因素；并将新新贸易理论思路引入了 FDI 技术溢出研究，考察了异质型 FDI 质量与技术溢出的关系，以及招商引资优惠政策对异质型 FDI 质量与技术溢出的影响；最后运用中国企业微观数据进行了经验分析。通过上述研究，我们得出以下结论。

（一）异质型 FDI 技术溢出的实证检验

通过设立市场寻求型 FDI 与出口平台型 FDI 的技术溢出检验模型，即固定效应（FE）模型和系统 GMM 方法估计模型进行检验。检验结果表明：与市场寻求型 FDI 相比，出口平台型 FDI 的技术溢出效应反而更弱。对这一结果的进一步研究发现，如新新贸易理论所强调的，市场选择是企业根据自身特征做出的自选择行为，出口平台型 FDI 与市场寻求型 FDI 的市场选择异质性的背后很可能是 FDI 生产率差异，即 FDI 质量。借助新新贸易理论中的跨国企业进入国际市场的自选择理论，我们构造了一个外资企业在出口平台型 FDI 与市场寻求型 FDI 间自我选择的模型，分析发现出口退税政策等因素使得出口平台型 FDI 进入中国的生产率门槛低于市场寻求型 FDI 的进入门槛，因此，影响中国 FDI 技术溢出的关键因素是 FDI 质量而非市场挤出效应。这是本书的主要贡献。

（二）跨国公司生产率门槛的决定因素

影响跨国公司进入东道国的生产率门槛的因素包括：市场规模、边际生产成本、固定投资成本、冰山运输成本、产品需求弹性等。出口平台型 FDI 与市场寻求型 FDI 的选择门槛取决于受母国效应和东道国出口退税优惠影响的返销运输成本与市场规模的比较。当 $\tau_{hm} < \hat{\tau}_{hm} = (A_m/A_h)^{\frac{1}{\sigma-1}}$ 成立时，$\varphi_{FX} < \varphi_F$，出口平台型 FDI 的生产率较低。考虑到现代运输技术的发展以及国内外市场规模的差异，我们认为中国大规模的出口退税使得该条件得以满足，从而导致进入中国的出口平台型 FDI 生产率低于市场寻求型 FDI 生产率。

基于中国企业微观数据的检验发现，FDI 进入还是退出中国取决于其生产率水平、沉淀成本、企业资本密度等自身特征以及已进入东道国市场的 FDI 规模，生产率水平高的 FDI 更可能由出口平台型 FDI 进入中国市场，转为市场寻求型 FDI。

（三）FDI 质量与技术溢出的关系

FDI 技术溢出的分析相对简单。实际上，FDI 进入东道国后，一方面通过示范模仿、人员流动、市场竞争等途径产生技术溢出效应；另一方面，市场竞争也会产生挤出效应，这一点在市场规模制约东道国企业的发展时尤为突出。若 FDI 市场规模一定，即市场竞争的挤出效应一定，那么 FDI 生产率越高，技术溢出效应越大，或者说，一定规模的市场让渡吸引的 FDI 生产率越低，对东道国的技术溢出效果越差。基于 60 国的跨国面板数据的经验检验证实了这一点。

（四）引资激励政策的实施效果

通过对税收竞争、基础设施以及金融发展水平等引资激励措施效果的跨国数据检验发现，税收竞争的 FDI 流入效果有限，但是良好的税收环境能够促进东道国的消化吸收能力；基础设施与金融发展水平能够有效提高 FDI 流入，前者能够促进 FDI 技术溢出，后者反而会起到抑制作用。

一种可能的解释是引资激励政策降低了 FDI 进入的生产率门槛。东道国招商引资优惠政策通过改变 FDI 的边际生产成本、固定投资以及冰山运输成本等，影响异质型 FDI 进入的生产率门槛以及其技术溢出效应。不仅外资进入的生产率门槛下降，而且还诱使两类并无技术溢出空间的 FDI 得以进入：一是纯粹的国内资本借道港澳台地区或其他国家或地区再回到内地，以外资身份套取优惠利益；二是无技术优势的 FDI 进入东道国，凭借政策优势与国内企业进行价格竞争。来自中国企业微观数据的经验检验支持这一观点。

第二节　政策意义

在最后一部分中，对我们进行了总结，并提出了异质型 FDI 对中国的影响以及中国招商引资政策的效果意义以及我们进一步研究的方向。政策意义部分包括：外资、外贸政策的产业导向；地方政府引资优惠建议。

（一）外资、外贸政策的产业导向

应着力吸引跨国公司把更高技术水平、更大增值含量的加工制造环节和研发机构转移到中国，引导产业结构和贸易结构的升级换代。因此，中国的外资和外贸政策应当服务于产业升级的战略需要。外资政策一方面应当鼓励跨国公司把高新技术和高附加值产业转移到中国来，另一方面应当进一步细化，鼓励跨国公司把各产业中产业链上游的生产环节转移到中国来。外贸政策应当有利于高技术、高效率跨国公司的进入。根据我们的研究结论，影响跨国公司市场选择的因素主要包括市场规模、边际生产成本、固定投资成本、冰山运输成本、产品需求弹性等，中国的外资、外贸政策应当有利于跨国公司把更多的、附加值更高的生产环节转移到中国来，以促进产业结构和贸易结构的优化升级。在这方面，日本、韩国和中国台湾已经提供了成功的经验。

（二）地方政府引资建议

目前，中国许多地方政府为争夺招商引资项目，不惜成本，大打“引资战”，这种做法虽然短期收益相当明显，但也仅仅是延续“唯GDP论”的发展思路，从长远来看，并不利于当地企业的成长壮大。过度的招商引资优惠将会遏制民族企业的发展，特别是民营企业的发展壮大。各级政府应反过来加大对民营企业的优惠力度，提升它们的创新能力和技术水平。

近几年来，随着中国劳动力成本上升以及各国鼓励FDI回流以应对金融危机的政策激励，大量FDI或转向劳动力成本更低的越南等地，或回到母国，出现了FDI撤资现象。对此我们要有理性的认识。根据我们的研究结论，公司的生产率水平越高越容易通过出口平台型FDI和（或）市场寻求型FDI参与到国际分工体系中来，并且生产率水平越高的公司越倾向于选择当地市场销售的市场寻求型FDI。随着中国成长为全球第二大经济体，中国市场的潜力逐渐得到发掘，越来越多的高技术、高效率跨国公司会参与到中国市场中来，这部分企业才是中国获取FDI技术溢出的主要对象，而优惠政策对它们的影响弹性则要小得多，因此，在撤资中的比重也是微乎其微的。各地政府在招商引资时应灵活选择引资政策，提升外资质量，从而更好地引导内资企业积极嵌入全球生产网络，而鼓励、扶持企业合理对外投资不失为一条有效途径。

参考文献

英文文献：

[1] Aitken B. , Harrison A. Do domestic firms benefit from foreign direct investment? Evidence from Venezuela[J]. *American Economic Review*, 1999, 89(3):605 -618.

[2] Alfaro, Laura, Maggie X. Chen. Market Reallocation and Knowledge Spillover: The Gains from Multinational Production [J]. *American Economic Journal: Economic Policy*, 2018,10(2):1 -38.

[3] Antras Pol, Elhanan Helpman. Global sourcing[J]. *Journal of Political Economy*, 2004,112: 552 -580.

[4] Antras Pol, Elhanan Helpman. Contractual Frictions and Global Sourcing. NBER Working Papers[J]. *National Bureau of Economic Research, Inc*, 2006. No. 12747.

[5] Arndt Sven W. Globalization and the Open Economy[J]. *North American Journal of Economics and Finance*, 1997,8: 71 -79.

[6] Baltagi, Badi H, Egger Peter, Pfaffermayr Michael. Estimating models of complex FDI: Are there third - country effects[J]. *Journal of Econometrics*, 2007, 140(1):260 -281.

[7] Beata S. Javorcik. Does FDI Bring Good Jobs to Host Countries? [J]. *World Bank Research Observer, World Bank Group*, 2015,30(1):74 -94.

[8] Bergstrand J H. The gravity equation in international trade—some mi-

croeconomic foundations theory in international trade[J]. *Review of Economics and Statistics*, 1985,67:474 -481.

[9] Bhagwati Jagdish, Arvind Panagariya, T N Srinivasan. The Muddles over Outsourcing[J]. *Journal of Economic Perspectives*, 2004,18(4):93 -114.

[10] Blalock, G., and Gertler, P. J. Welfare gains from foreign direct investment through technology transfer to local suppliers[J]. *Journal of International Economics*,2007,74(2): 402 -421.

[11] Blonigen Bruce A. A Review of the Empirical Literature on FDI Determinants. NBER Working Paper No. 11299. *National Bureau of Economic Research*, *Inc*, 2005.

[12] Blonigen Bruce A, Davies Ronald B, Waddell Glen R, et al. FDI in space: Spatial autoregressive relationships in foreign direct investment[J]. *European Economic Review*, 2007,51(5):1303 -1325.

[13] Brainard S Lael. A Simple Theory of Multinational Corporations and Trade with a Trade - off Between Proximity and Concentration. NBER Working Paper No. 4269. *National Bureau of Economic Research*, *Inc* , 1993.

[14] Brainard S Lael. An Empirical Assessment of the Proximity - Concentration Trade - off Between Multinational Sales and Trade[J]. *American Economic Review*, 1997,87(4):20 -44.

[15] Broadman Harry G, Xiaolun Sun. The Distribution of Foreign Direct Investment in China[J]. *The World Economy*, 1997,20 (3):339 -361.

[16] Campa J, Goldberg L S. The Evolving External Orientation of Manufacturing: A Profile of Four Countries[J]. *Federal Reserve Bank of New York Economic Policy Review*, 1997,7:53 -58.

[17] Carpenter Theresa. Multinational, intra - firm trade and FDI: s simple model. *HEI working paper No.* 1/2005, 2005.

[18] Caves, R. Multinational Firms, Competition and Productivity in Host - country Markets[J]. *Economica*,1974, 41(162):176 -93.

[19] Chen Chunlai. Provincial Characteristics and Foreign Direct Investment location Decision Within China. Chinese Economy Research Unit Working paper No. 97/16. University of Adelaide, 1997.

[20] Chen, M. Xiaoyang and M. O. Moore. Location decision of heterogeneous multinational firms [J]. *Journal of International Economics*, 2010, 80 (2): 188 - 199.

[21] Cheng L K, Kwan Y K. What are the determinants of the location of foreign direct investment? The Chinese experience [J]. *Journal of International Economics*, 2000, 51 (2): 379 - 400.

[22] Clausing K. Does multinational activity displace trade. *Economic Inquiry*, 2000, 38 (2): 190 - 205.

[23] Coughlin Cletus C, Eran Segev. Location Determinants of New Foreign - Owned Manufacturing Plants [J]. *Journal of Regional Science*, 2000, 40 (2): 323 - 351.

[24] Dean Judith, K C Fung, Zhi Wang. Measuring the Vertical Specialization in Chinese Trade, Office of Economics Working Paper No. 2007 - 01 - A. U. S. International Trade Commission, 2007.

[25] Deardorff Alan V. Fragmentation in Simple Trade Models [J]. *The North American Journal of Economics and Finance*, 2001, 12: 121 - 137.

[26] Deardorff Alan V. Ricardian Comparative Advantage with Intermediate Inputs [J]. *The North American Journal of Economics and Finance*, 2005, 16: 11 - 34.

[27] Denise Eby Konan. The Vertical Multinational Enterprise and International Trade [J]. *Review of International Economics*, 2000, 8 (1): 113 - 125.

[28] Du Luosha, Harrison Ann, Jefferson Gary H. Testing for Horizontal and Vertical Foreign Investment Spillovers in China, 1998 - 2007 [J]. *Journal of Asian Economics*, 2012, 23 (3): 234 - 243.

[29] Dunning J H. The European internal market program and inbound for-

eign direct investment. In: J. H. Dunning (Ed.), Globalization, trade and foreign direct investment (pp. 49 ~ 115)[J]. *Oxford: Elsevier*, 1998.

[30] Eaton Jonathan, Samuel Kortum, Francis Kramarz. Dissecting Trade: Firms, Industries, and Export Destinations [J]. *American Economic Review*, 2004, 94(2):150 - 54.

[31] Eichenggreen Barry, Irvin Douglas A. The role of history in bilateral trade flows," in J. A. Frankel, ed., The regionalization of the world economy, Chicago, IL: University of Chicago Press, 1998:33 - 64.

[32] Eichengreen Barry, Tong Hui. Is China's FDI coming at the expense of other countries [J]. *Journal of the Japanese and International Economies*, 2007, 21(2):153 - 172.

[33] Ekholm K, Forslid R, Markusen J R. Export - Platform Foreign Direct Investment[J]. *Journal of the European Economic Association*, 2007, 5(4): 776 - 795.

[34] Feenstra R C, Hanson G H. Foreign Investment, Outsourcing and Relative Wages. In Feenstra, R. C. Grossman, G. M., Irwin, D. A. (Eds), The Political Economyof Trade Policy[J]. *Papers in Honor of Jagdish Bhagwati*, *MIT Press*, *Cambridge*, *MA.*, 1996a:89 - 127.

[35] Feenstra R C, Hanson G H. Globalization, Outsourcing, and Wage Inequality. NBER Working Paper No. 5424, National Bureau of Economic Research, Inc. 1996b.

[36] Feenstra R C, Hanson G H. Foreign Direct Investment and Relative Wages: Evidence from Mexico's Maquiladoras[J]. *Journal of International Economics*, 1997, 42:371 - 393.

[37] Feenstra R C, Hanson G H. The Impact of Outsourcing and High - Technology Capital on Wages: Estimates for the U. S., 1972 - 1990[J]. *Quarterly Journal of Economics*, 1999, 114(3):907 - 940.

[38] Feenstra R C, Hanson G H. Ownership and Control in Outsourcing to

China: Estimating the Property Rights Theory of the Firm[J]. *Quarterly Journal of Economics*, 2005, 120:729 – 762.

[39] Findlay, R. Relative Backwardness, Direct Foreign Investment, and the Transfer of Technology: A Simple Dynamic Model[J]. *The Quarterly Journal of Economics*, 1978, 92(1):1 – 16.

[40] Fontagné L. Foreign Direct Investment and International Trade: Complements or Substitutes. OECD Science, *Technology and Industry Working Papers No.* 1999/3. *OECD*,1999.

[41] Forte Rosa. The relationship between foreign direct investment and international trade. Substitution or complementarity? A survey. *FEP Working Papers, Universidade do Porto, Faculdade de Economia do Porto*, 2004.

[42] Françoise LEMOINE, Deniz ÜNAL – KESENCI. China in the International Segmentation of Production Processes. *CEPII Working Paper No.* 2002 – 02.

[43] Frank Barry, Holger Görg, Eric Strobl. Foreign direct investment, agglomerations, and demonstration effects: An empirical investigation[J]. *Review of World Economics*, 2004, 140(3):583 – 600.

[44] Gereffi G. International trade and industrial upgrading in the apparel commodity chain[J]. *Journal of International Economics*, 1999, 1(48):37 – 70.

[45] Girma S, Kneller R, Pisu M. Exports versus FDI: an empirical test [J]. *Weltwirt – schaftliches Archiv*, 2005, 12:855 – 866.

[46] Girma S, Wakelin K. Regional underdevelopment: Is FDI the solution? A semi – parametric analysis[J]. *Social Science Electronic Publishing*, 2001, 100 (3):425 – 425.

[47] Görg, Holger, and Eric Strobl. Spillovers from Foreign Firms through Worker Mobility: An Empirical Investigation[J]. *Scandinavian Journal of Economics*, 2005, 107(4):693 – 709.

[48] Greenaway David, Richard Kneller. Firm heterogeneity, exporting and foreign direct investment[J]. *The Economic Journal*, 2007, 117 (517):

134 - 161.

[49] Grossman, G. and Helpman, E. Innovation and Growth in the Global Economy[M], Cambridge, Mass: MIT Press, 1991.

[50] Grossman Gene M, Elhanan Helpman. Outsourcing in a Global Economy[J]. *Review of Economic Studies*, 2005, 72: 135 - 159.

[51] Grossman Gene M, Elhanan Helpman, Szeidl Adam. Optimal Integration: Strategies for the Multinational Firm[J]. *Journal of International Economics*, 2006, 70: 216 - 238.

[52] Grubert H, Mutti J. Taxes, tariffs and transfer pricing in multinational corporate decision making[J]. *The Review of economics and Statistics*, 1991, 73: 285 - 293.

[53] Haddad, M and A. Harrison. Are There Positive Spillovers from Direct Foreign Investment? Evidence From panel data for Morocco[J]. *Journal of Development Economics*, 1993, 42(1):51 - 74.

[54] Haskel, J. E., Pereira, S., and Slaughter, M. Does inward foreign direct investment boost the productivity of domestic firms? [J]. *Review of Economics and Statistics*, 2007, 89(3):482 - 496.

[55] Head Keith, Ries John. Overseas investment and firm exports[J]. *Review of International Economics*, 2001, 9(1):108 - 122.

[56] Head Keith, Ries John. Heterogeneity and the FDI versus Export Decision of Japanese Manufactures[J]. *Journal of the Japanese and International Economies*, 2003, 17(4):448 - 467.

[57] Head K., Ries J. Exporting and FDI as Alternative Strategies[J]. *Oxford Review of Economic Policy*, 2004, 3:409 - 423.

[58] Head K, Ries J, Swenson D. Agglomeration benefits and location choice: evidence from Japanese manufacturing investment in the United States [J]. *Journal of International Economics*, 1995, 38: 223 - 247.

[59] Head Keith, Thierry Mayer. Market Potential and the Location of Jap-

anese Investment in the European Union[J]. *The Review of Economics and Statistics*, 2004, 86(4):959 -972.

[60] Helpman, E. A Simple Theory of Trade with Multinational Corporations[J]. *Journal of Political Economy*, 1984, 92:451 -471.

[61] Helpman E, Krugman P R. Market Structure and Foreign Trade. MIT Press, Cambridge, MA, 1985.

[62] Helpman E, Melitz M, Yeaple S. Export versus FDI. NBER working paper No. 9439, 2003.

[63] Helpman E, Melitz M, Yeaple S. Export versus FDI with Heterogeneous Firms[J]. *American Economic Review*, 2004, 94: 300 -316.

[64] Helpman E. A Simple Theory of Trade with Multinational Corporations [J]. *Journal of Political Economy*, 1984, 92: 451 -471.

[65] Helpman E. Trade, FDI, and the Organization of Firms[J]. *Journal of Economic Literature*, 2006, 44(3):589 -630.

[66] Hijzen Alexander, Holger Gorg, Robert C Hine. International Fragmentation and Relative Wages in the UK. *IZA Discussion Paperseries No.* 717,2003.

[67] Hummels David, Ishii Jun, Yi Kei - Mu. The Nature and Growth of Vertical Specialization in World Trade[J]. *Journal of International Economics*, 2001, 54:75 -96.

[68] Humphrey J, Schmitz H. How does insertion in global value chains affect upgrading in industrial clusters[J]. *Regional Studies*, 2002, 9(36): 1017 -1027.

[70] Javorcik, B. S. Does foreign direct investment increase the productivity of domestic firms? In search of spillovers through backward linkages[J]. *The American Economic Review*, 2004, 94(3):605 -627.

[71] Jones Ronald Kierzkowski Henryk. A Framework for Fragmentation. in Arndt Sven W. and Henryk Kierzkowsk eds., Fragmentation: New Production

Patterns in the World Economy, *Oxford University Press*,2001,17 - 34.

[72] Jones Ronald, Kierzkowski Henryk. International Fragmentation and the New Economic Geography[J]. *The North American Journal of Economics and Finance*, 2005, 16:1 - 10.

[73] Jones Ronald, Kierzkowski Henryk, Lurong Chen. What does evidence tell us about fragmentation and outsourcing[J]. *International Review of Economics& Finance*, 2005, 14(3):305 - 316.

[74] Kang Sung Jin, Hong Shik Lee. The determinants of location choice of South Korean FDI in China[J]. *Japan and the World Economy*, 2007, 19(4):441 - 460.

[75] Kee, Hiau Looi. Local Intermediate Inputs and the Shared Supplier Spillovers of Foreign Direct Investment[J]. *Journal of Development Economics*, 2015, Elsevier 112: 56 - 71.

[76] Keith Head John Ries. Heterogeneity and the FDI versus export decision of Japanesc manufactures[J]. *Journal of the Japanese and International Economies* , 2003, 17(4):448 - 467.

[77] Keller, Wolfgang and Yeaple, Stephen R. Multinational Enterprises, International Tradeand Productivity Growth: Firm Level Evidence from the United States[J]. *The Review of Economics and Statistics*, 2009, 91(4):821 - 831.

[78] Kogut B, N Kulatilaka. Opcrating flexibility, global manufacturing, and the option value of a multinational network[J]. *Management Science*,1994, 40:123 - 39.

[79] Konings, Jozef. The Effects of Foreign Direct Investment on Domestic Firms[J]. *Economics of Transition*, 2001, 9(3):619 - 33.

[80] Levins ohn, J. and A. Petrin. Estimating Production Functions Using Inputs to Control for Unobservables[J] , *Review of Economic Studies*, 2003, 70(2):317 - 342.

[81] Lin Ping, Liu Zhuomin and Zhang Yifan. Do Chinese domestic firms

benefit from FDI inflow? Evidence of horizontal and vertical spillovers[J]. *China Economic Review*, 2009, 20(4):677 -691.

[82] Liza Jabbour, Jean Louis Mucchielli. Technology Transfer through Vertical Linkages: The Case of the Spanish Manufacturing Industry[J]. *Journal of Applied Economics*, 2007, 10: 115 -136.

[83] Luthje. Vertical Specialization Between Developed and Developing Countries: A Modification of the Heckscher - Ohlin Model[J]. *The International Trade Journal*, 2006, 20(4):407 -427.

[84] Lu Yi, Zhigang Tao and Lianming Zhu. Identifying FDI spillovers [J]. *Journal of International Economics*, 2017, 107(C):75 -90.

[85] Malik S K. Conditional Technology Spillovers from Foreign Direct Investment: Evidence from Indian Manufacturing Industries[J]. *Journal of Productivity Analysis*, 2015,43(2):183 -198.

[86] Markusen, J R. Multinationals, Multi - Plant Economies and the Gains from Trade[J]. *Journal of International Economics*, 1984, 16:205 -226.

[87] Markusen J R, A J Venables. The Theory of Endowment, Intra - Industry and Multinational Trade[J]. *Journal of International Economics*, 2000, 52: 209 -234.

[88] Markusen J R, A J Venables. Interacting factor endowments and trade costs: a multi - country, multi - good approach to trade theory[J]. *Journal of International Economics*. 2007, 73(2):333 -354.

[89] Markusen J R. Factor Movements and Commodity Trade as Complements[J]. *Journal of International Economics*, 1983, 13: 341 -356.

[90] Markusen J R. Multinationals, Multi - Plant Economies and the Gains from Trade[J]. *Journal of International Economics*, 1984, 16: 205 -226.

[91] Markusen J R. Trade versus investment liberalization. *NBER Working Paper No*. 6231, 1997.

[92] Markusen J R. Multinationalfirms and the theory of international

trade. Cambridge: The MIT Press, 2002.

[93] Melitz M. The impact of trade on intra - industry reallocations and aggregate industry productivity[J]. *Econometrica*, 2003, 71: 1695 - 1725.

[94] Mucchielli J, Chédor S, Soubaya I. Investissements directs à l'étranger des multinationales francaises et relations commerciales avec leurs filiales: une analyse sur données individuelles d'entreprises[J]. *Revue économique*, 2000, 51: 747 - 760.

[95] Mukherjee Arijit. Foreign direct investment and export under imperfectly competitive host - country input market. No 65, Royal Economic Society Annual Conference 2004 from Royal Economic Society, 2004.

[96] Mundell R A. International Trade and Factor Mobility[J]. *American Economic Review*, 1957, 47: 321 - 335.

[97] Navaretti Giorgio Barba, Anthony J Venables. Multinational Firms in the World Economy[J]. *Princeton University Press*, 2004.

[98] Neary J Peter. Factor Mobility and International Trade[J]. *Canadian Journal of Economics*, 1995, 28(1):4 - 23.

[99] Olley, Steven G. and Pakes, Ariel. The Dynamics of Productivity in the Telecommunications Equipment Industry[J]. *Econometrica*, 1996,64(4): 1263 - 1297.

[100]Peter Kusek and Andrea Silva. What investors want: perceptions and experiences of multinational corporations in developing countries. *Policy Research Working Paper Series* 8386, *The World Bank*,2018.

[101] Pfaffermayr M. Foreign outward direct investment and exports in Austrian manufacturing: substitutes or complements[J]. *Weltwirtschaftliches Archiv*, 1996, 132(3): 501 - 522.

[102] Purvis Douglas D. Technology, Trade and Factor Mobility[J]. *The Economic Journal* , 1972, 82: 991 - 999.

[103] Rob R, Vettas N. Foreign direct investment and exports with growing

demand[J]. *Review of Economic Studies* , 2003, 69: 1 –20.

[104] Roberto Echandi, Jana Krajcovicova, Christine Zhenwei Qiang. 2015. The Impact of Investment Policy in a Changing Global Economy: A Review of the Literature. *Policy Research Working Paper* 7437, *The World Bank* , 2015.

[105] Samuelson Paul A. Where Ricardo and Mill Rebut and Confirm Arguments of Mainstream Economists Supporting Globalization[J]. *Journal of Economic Perspectives* , 2004, 18(3):135 –146.

[106] Slaughter Matthew J. 1995. Multinational corporations, Outsourcing, and American Wage Divergence. *NBER Working Paper* , 1995, No. 5253.

[107] Smith D F, Florida R. Agglomeration and industrial location: an econometric analysis of Japanese affiliated manufacturing establishments in automotive – related industries[J]. *Journal of Urban Economics*, 1994, 36(1):23 –41.

[108] Sun Qian, Wilson Tong and Qiao Yu. The Determinants of Foreign Direct Investment across China[J]. *Journal of International Money and Finance Volume*, 2002, 21(1):79 –113.

[109] Svensson L E O. Factor trade and goods trade[J]. *Journal of International Economics*, 1984, 16: 365 –378.

[110] Veugelers, R. and B. Cassiman. Foreign subsidiaries as a channel of international technology diffusion: Some direct firm level evidence from Belgium[J]. *European Economic Review*, 2004, 48(2):455 –476.

[111] Wheeler D, Mody A. International investment location decisions: the case of U. S. firms[J]. *Journal of International Economics*, 1992, 33: 57 –76.

[112] Windmeijer, F. A finite sample correction for the variance of linear efficient two – step GMM estimators[J]. *Journal of econometrics*, 2005, 126 (1):25 –51.

[113]Xu Xinpeng, Sheng Yu. Are FDI spillovers regional? Firm – level evidence from China[J]. *Journal of Asian Economics*, 2012, 23(3):244 –258.

[114] Xu Xinpeng, Sheng Yu. Productivity Spillovers from Foreign Direct

Investment: Firm – Level Evidence from China[J]. *World Development*, 2012, 40(1):62 – 74.

[115] Yeaple S R. The complex integration strategies of multinationals and cross country dependencies in the structure of foreign direct investment[J]. *Journal of International Economics*, 2003, 60: 293 – 314.

[116] Yeaple, S. Firm heterogeneity and the structure of U. S. multinational activity: an empirical analysis[J]. *Journal of International Economics*, 2009, 78(2):206 – 215.

[117] Yi Kei – Mu. Can Vertical Specialization Explain the Growth of World Trade[J]. *Journal of Political Economy*,2003, 111: 52 – 102.

[118] Zhang, Kevin Honglin, James R Markusen. Vertical Multinational and Host – Country Characteristics[J]. *Journal of Development Economics*, 1999, 59: 233 – 252.

中文文献:

[1]陈涛涛. 中国 FDI 行业内溢出效应的内在机制研究[J]. 世界经济,2003(9):23 – 28.

[2]陈丰龙,徐康宁. 经济转型是否促进 FDI 技术溢出:来自 23 个国家的证据[J]. 世界经济,2014(3):104 – 128.

[3]陈勇兵,蒋灵多. 外资参与、融资约束与企业生存——来自中国微观企业的证据[J]. 投资研究,2012(6):65 – 78.

[4]陈继勇,盛杨怿. 外商直接投资的知识溢出与中国区域经济增长[J]. 经济研究,2018(12):39 – 49.

[5]陈羽,邝国良. 市场结构与 FDI 技术溢出——基于中国制造业动态面板数据的实证研究[J]. 世界经济研究,2009(9):63 – 68,89.

[6]陈羽,朱子凯,贺扬. 技术差距如何影响 FDI 技术溢出效应? ——基于中国制造业面板数据的实证分析[J]. 世界经济研究,2012(6):70 – 86.

[7]陈永清,李卓. 跨国公司复杂一体化理论研究进展[J]. 经济学动态,2007(3):74 – 78.

[8]邓炜,郑兵云.外商在中西部直接投资的区位选择:以安徽省为例的实证分析[J].华东经济管理,2004(6):4 -7.

[9]冯婷婷,杨湘玉,沈晨.中国长三角地区 FDI 技术溢出的空间局限性[J].技术经济,2016(6):71 -77.

[10]何洁.外商直接投资对中国工业部门外溢效应的进一步精确量化[J].世界经济,2000(12),29 -36.

[11]贺灿飞,魏后凯.信息成本、集聚经济与中国外商投资区位[J].中国工业经济,2001(9):38 -45.

[12]黄繁华,王晶晶.服务业 FDI、吸收能力与国际 R&D 溢出效应——一项跨国验研究[J].国际贸易问题,2014(5):95 -104.

[13]蒋殿春,张宇.经济转型与外商直接投资技术溢出效应[J].经济研究,2008(7),:26 -38.

[14]蒋殿春,黄静.微观层面吸收能力对 FDI 技术外溢的影响[J].经济与管理研究,2006(11):75 -79.

[15]金相郁,朴英姬.中国外商直接投资的区位决定因素分析:城市数据[J].南开经济研究,2006(12):35 -45.

[16]李春顶.中国出口企业是否存在“生产率悖论”:基于中国制造业企业数据的检验[J].世界经济,2010(7):64 -81.

[17]李春顶,石晓军,邢春.“出口—生产率悖论”:对中国经验的进一步考察[J].经济学动态,2010(8):90 -95.

[18]李春顶,尹翔硕.我国出口企业的“生产率悖论”及其解释[J].财贸经济,2009(9):84 -90.

[19]李平.国际技术扩散的路径和方式[J].世界经济,2006(9):85 -93.

[20]李平.国际技术扩散对发展中国家技术进步的影响:机制、效果及对策分析[M].2007,北京:生活·读书·新知三联书店.

[21]马林,章凯栋.外商直接投资对中国技术溢出的分类检验研究[J].世界经济,2008(7):78 -87.

[22]梁琦.跨国公司海外投资与产业集聚[J].世界经济,2003(9):29-37.

[23]路江涌.外商直接投资对内资企业效率的影响和渠道[J].经济研究,2008(6):95-106.

[24]鲁明泓.外商直接投资区域分布与中国投资环境评估[J].经济研究,1997(12):37-44.

[25]罗长远,陈琳.FDI是否能够缓解中国企业的融资约束[J].世界经济,2011(4):58-69.

[26]马库森·詹姆斯·R.(JamesR. Markusen).跨国公司与国际贸易理论[M].强永昌,陆雪莲,杨泓艳译,2005,上海:上海财经大学出版社.

[27]潘文卿.外商投资对中国工业部门的外溢效应:基于面板数据的分析[J].世界经济,2003(6):3-7.

[28]潘镇.外商直接投资的区位选择:一般性、异质性和有效性——对江苏省3570家外资企业的实证研究[J].中国软科学,2005(7):100-108.

[29]亓朋,许和连,艾洪山.外商直接投资企业对内资企业的溢出效应:对中国制造业企业的实证研究[J].管理世界,2008(4):57-69.

[30]邱斌,杨帅,辛培江.FDI技术溢出渠道与中国制造业生产率增长研究:基于面板数据的分析[J].世界经济,2008(8):20-31.

[31]孙江永,冼国明.产业关联、技术差距与外商直接投资的技术溢出[J].世界经济研究,2011(4):55-61.

[32]邵军,徐康宁.外商直接投资、人力资本与中国工业部门技术进步——基于吸收能力的FDI技术外溢研究[J].东南大学学报(哲学社会科学版),2008(5):24-29.

[33]沈坤荣,耿强.外商直接投资、技术外溢与内生经济增长——中国数据的计量检验与实证分析[J].中国社会科学,2001(5):82-93.

[34]苏振东,侯铁珊,逯宇铎.基于改进H-O模型的贸易投资一体化模型研究[J].数量经济技术经济研究,2005(5):89-100.

[35]孙俊.中国FDI地点选择的因素分析[J].经济学(季刊),2002

(1):687 698.

[36]唐伟霞. FDI 中的假外资和外资避税问题研究[J]. 首都经济贸易大学学报,2009(1),28 -33.

[37]田文. 加工贸易的分配效应分析[J]. 世界经济,2007(1):12 -19.

[38]田利辉,刘廷华,随洪光. 外资如何提高内资企业生产效率——“己厂效应”还是企业间溢出?[J]. 世界经济研究,2014(1):66 -72.

[39]王爱虎,钟雨晨. 中国吸引跨国外包的经济环境和政策研究[J]. 经济研究,2006(8):81 -92.

[40]王华,祝树金,赖明勇. 技术差距的门槛与 FDI 技术溢出的非线性——理论模型及中国企业的实证研究[J]. 数量经济技术经济研究,2012(4):3 -18.

[41]王立平,彭继年,任志安. 我国 FDI 区域分布的区位条件及地理溢出程度的经验研究[J]. 经济地理,2006(3):265 -269.

[42]王少平,封福育. 外商直接投资对中国贸易的效应与区域差异:基于动态面板数据模型的分析[J]. 世界经济,2006(8):23 -30.

[43]王滨. FDI 技术外溢、技术进步与技术效率[J]. 数量经济技术经济研究,2010(2):93 -103.

[44]王耀中,刘舜佳. 基于前后向关联分析的外商直接投资与技术外溢[J]. 经济评论,2005(6):31 -34.

[45]王争,孙柳媚,史晋川. 外资溢出对中国私营企业生产率的异质性影响——来自普查数据的证据[J]. 经济学季刊,2009(1):129 -158.

[46]王志鹏,李子奈. 外资对中国工业企业生产效率的影响研究[J]. 管理世界,2003(4):17 -25.

[47]魏后凯,贺灿飞,王新. 外商在华直接投资动机与区位因素分析——秦皇岛市外资企业的实证研究[J]. 经济研究,2001(2):67 -76.

[48]魏后凯. 欧美日韩在华制造业投资的区位决定[J]. 中国工业经济,2000(11):65 -73.

[49]魏青山,王任飞. 基础设施与外商直接投资的区位选择[J]. 中国社

会科学院研究生院学报,2005(1):27－33.

[50]薛漫天,赵曙东.外商直接投资:垂直型还是水平型?[J].经济研究,2007(12):93－105.

[51]严兵.外商直接投资行业内溢出效应及相关影响因素分析[J].经济评论,2006(1):41－46.

[52]杨亚平.知识溢出、吸收能力与本土供应商创新绩效——基于珠三角制造业企业的实证分析[J].经济经纬,2012(2):90－94.

[53]殷醒民,陈昱.FDI 技术溢出效应中"人力资本门槛"的实证研究——来自长江三角洲 16 个城市的证据[J].世界经济文汇,2011(6):73－85.

[54]张杰,张培丽,黄泰岩.市场分割推动了中国企业出口吗?[J].经济研究,2010(8):29－41.

[55]张宇.FDI 技术外溢的地区差异与吸收能力的门限特征——基于中国省际面板数据的门限回归分析[J].数量经济技术经济研究,2008(1):28－39.

[56]张海洋.R&D 两面性、外资活动与中国工业生产率增长[J].经济研究,2005(5):107－117.

[57]赵江林.外资与人力资源开发:对中国经验的总结[J].经济研究,2004(2):47－54

[58]赵奇伟,张诚.金融深化,FDI 溢出效应与区域经济增长:基于1997－2004年省际面板数据分析[J].数量经济技术经济研究,2007(6):74－82.

[59]张建华,欧阳轶雯..外商直接投资、技术外溢与经济增长:对广东数据的实证分析[J].经济学(季刊),2003(6):35－47.

[60]钟昌标,黄远浙,刘伟.外资进入速度、企业异质性和企业生产率[J].世界经济,2015(7):53－72.

附　录

附录 A　中国外资企业税收优惠政策[①]

外商投资企业有三种形式，中外合资经营企业、中外合作经营企业以及外资企业。

我国的三部外资法，对外商投资企业按投资项目和投资区域而分为不同的税收优惠，最低税率可达 15%。对外商的利润再投资，可退还再投资部分已缴纳所得税 40% 的税额。经营期在 10 年以上的生产性投资企业，从投产开业获利年度起享有两年免征、三年减半征收企业所得税的优惠。如果是高新技术企业，在此基础上可以再减半。另外，外资企业还可以享有其他优惠，例如免税进口生产设备、零部件、办公用品，为生产出口产品而进口的原材料、辅料、元器件、零部件及包装物品等。

外商投资企业和外国企业的税收优惠，主要有分地区优惠、分产业优惠、再投资优惠、购买国产设备投资抵免企业所得税、采购国产设备退税、地方所得税减免和其他税减免 7 种。主要包括减免优惠、再投资优惠、亏损结转优惠、税收抵免优惠 4 种方式。

●限定地区和产业项目，实行减低税率。

◎外商投资额在 3000 万美元以上，回收投资时间长的项目，在报国家税务总局批准后，按减 15% 税率征收企业所得税。

① 资料来源：http：//news. 9ask. cn/wstz/rmzt/201102/1099638. shtml。

◎从事能源、交通基础设施项目的生产性外商投资企业，报经国家税务总局批准后，可按减15%的税率征收企业所得税。

税法所说生产性企业是指从事机械制造、电子工业、能源工业（不含开采石油、天然气）；冶金、化工、建材工业；轻工、纺织、包装工业；医疗器械、制药工业；农业、林业、畜牧业、渔业和水利业；建筑业；交通运输业（不含客运，因为客运具有较强的服务业性质）；直接为生产服务的科技开发（包括新技术、新工艺、新材料、新品种）、地质普查（包括大面积地质航测、遥感普查等）、产业信息咨询和生产设备、精密仪器维修服务业；经国务院税务主管部门确定的其他生产性企业的外商投资企业。

●限定行业、项目，实行定期减免税。

◎对生产性外商投资企业，经营期在10年以上的，从开始获利的年度起，第1年和第2年免征企业所得税，第3年至第5年减半征收企业所得税。

企业于年度中间开业，如果当年获得利润而实际生产经营期不足6个月的，可以选择从下一个年度起计算免征、减征企业所得税的期限。但当年所获得的利润，应当依照税法规定缴纳所得税。

◎从事农业、林业、牧业的外商投资企业和设在经济不发达的边远地区的外商投资企业，减免税待遇期满后，经企业申请，国家税务总局批准，可以在以后10年内继续按应纳税额减征15%～30%的企业所得税。

◎外商投资举办的产品出口企业，在依照税法规定免征、减征企业所得税期满后，凡当年出口产品值达到当年企业产品产值70%以上的，可以按照税法规定的税率减半征收企业所得税。但经济特区和经济技术开发区以及其他已经按15%的税率缴纳企业所得税的产品出口企业，符合上述条件的，按10%的税率征收企业所得税。

◎外商投资举办的先进技术企业，依照税法规定免征、减征企业所得税期满后仍为先进技术企业的，可以按照税法规定的税率延长3年减半征收企业所得税。

●再投资退税。

对外国投资者将从外商投资企业取得的利润用于再投资给予退税，属于鼓励资本投资的一项税收优惠。外商投资企业的外国投资者，将从企业取得的利润直接再投资于该企业，增加注册资本，或者作为资本投资开办其他外商投资企业。经营期不少于 5 年的，经投资者申请，税务机关批准，退还其再投资部分已缴纳所得税 40% 的税款，国务院另有优惠规定的，依照国务院的规定办理。再投资不满 5 年撤出的，应当缴回已退的税款。

●购买国产设备投资抵免企业所得税。

凡在我国境内设立的外商投资企业，在投资总额内购买的国产设备，对符合《国务院关于调整进口设备税收政策的通知》（国发〔1997〕37 号）中规定的《外商投资产业指导目录》鼓励类、限制乙类的投资项目，除国发〔1997〕37 号规定的《外商投资项目不予免税的进口商品目录》外，其购买国产设备投资的 40% 可从购置设备当年比前一年新增的企业所得税中抵免。如果当年新增的企业所得税税额不足抵免时，未予抵免的投资额，可用以后年度比设备购置的前一年新增的企业所得税税额延续抵免，但延续抵免的期限最长不得超过 5 年。

●外购国产设备退税办法。

享受退税的范围：享受国产设备退税的外商投资企业，是指已经办理税务登记的外商投资企业，包括中外合资企业、中外合作企业、外商独资企业。

外商投资企业的外国投资者已投入的资本金必须达到企业投资各方已到位资本金的 25%（含）以上。

享受退税的设备范围：是指符合《国务院关于调整进口设备税收政策的通知》（国发〔1997〕37 号）中规定的《外商投资产业指导目录》（鼓励类和限制乙类），以及《当前国家重点鼓励发展的产业、产品和技术目录》的投资项目，在国内采购的设备。

对符合上述规定的项目，购货合同中列名的随设备购进的部分塑料件、橡胶件、陶瓷件及石化项目用的管材等，也可以退税。

购进国产设备的应退税额计算公式：

应退税额 = 增值税专用发票注明的金额 × 适用增值税税率

●地方所得税的减免。

◎生产性外商投资企业经营期在 10 年以上，符合下列条件之一者，由企业提出申请，经市、县税务机关批准，从开始获利年度起免征地方所得税 5 年至 10 年。

（1）产品出口企业与技术先进企业。

（2）技术密集、知识密集项目。

（3）外商投资额在 3000 万美元以上，回收投资时间长的项目。

（4）能源、交通、港口建设的项目。

（5）从事港口码头建设的中外合资经营企业。

（6）高新技术产业开发区被认定为高新技术企业的外商投资企业。

（7）从事农业、林业、牧业和水产养殖等开发经营的外商投资企业。

（8）在省内贫困山区举办的生产性企业。

◎生产性外商投资企业、经营期在 10 年以上的，经企业申请，当地税务机关批准，从开始获利的年度起，第 1 年和第 2 年免征地方所得税，第 3 年至第 5 年减半征收地方所得税。

◎经批准减免地方所得税的外商投资企业经营不满 10 年的，应补缴已免征、减征的地方所得税税款。

●其他税的减免。

◎城市维护建设税全免。

◎教育费附加，按中方投资比例缴纳。

◎水利建设基金，经主管税务机关批准后可减免。

◎房产税，经主管税务机关批准后可减免。

附录 B　各国历年 FDI 数量与质量指数

国家	年份	FDI 总量	FDI 质量指数	国家	年份	FDI 总量	FDI 质量指数
AR	1990	—	—	IT	1990	6058. 121	57682. 55
AR	1991	—	—	IT	1991	668. 9521	71197. 77
AR	1992	3210. 489	59914. 094	IT	1992	2104. 83	64771. 61
AR	1993	2382. 715	62887. 154	IT	1993	2645. 8	62723. 75
AR	1994	2964. 123	67950. 643	IT	1994	1733. 851	63479. 28
AR	1995	4278. 534	64681. 998	IT	1995	3755. 756	63190. 87
AR	1996	5506. 59	63789. 547	IT	1996	2911. 71	63122. 51
AR	1997	8126. 61	69277. 561	IT	1997	2138. 18	65776
AR	1998	6315. 56	69633. 983	IT	1998	2832. 674	65356. 12
AR	1999	23213. 048	69514. 002	IT	1999	6206. 931	68920. 84
AR	2000	9583. 434	68570. 279	IT	2000	11374. 42	77579. 73
AR	2001	1447. 916	96633. 23	IT	2001	11787. 92	71212. 37
AR	2002	-514. 023	74590. 028	IT	2002	14296. 37	73697. 86
AR	2003	-429. 196	80349. 622	IT	2003	16792. 51	74792. 72
AR	2004	2207. 138	80113. 399	IT	2004	17587. 88	79455. 01
AR	2005	6857. 7689	60332. 758	IT	2005	29123. 27	73708. 82
AR	2006	5561. 8241	64476. 386	IT	2006	54885. 16	79594. 38
AR	2007	7313. 7351	62814. 917	IT	2007	62638. 46	78797. 44
AR	2008	9169. 8529	63830. 838	IT	2008	-24317. 7	80562. 04
AR	2009	2612. 9273	79829. 201	IT	2009	15298. 6	74249. 1
AR	2010	8819. 2528	58806. 233	IT	2010	2148. 387	36912. 5
AR	2011	9736. 6449	66482. 94	IT	2011	36896. 51	77411. 24
AR	2012	10194. 925	72789. 857	IT	2012	3540. 423	100007
AR	2013	8439. 3677	77128. 861	IT	2013	16211. 54	71974. 84
AR	2014	4681. 8062	78480. 239	IT	2014	17909. 41	74263. 88
AR	2015	11072. 784	73037. 743	IT	2015	9533. 256	70915. 37
AR	2016	9505. 8471	74478. 128	IT	2016	15497. 42	74982. 68
AR	2017	12478. 863	72720. 681	IT	2017	17461. 89	76652. 58
AT	1990	491. 9846	21502. 77	JP	1990	1364. 936	59990. 71

续表

国家	年份	FDI 总量	FDI 质量指数	国家	年份	FDI 总量	FDI 质量指数
AT	1991	342. 955	59873. 624	JP	1991	1051. 965	62563. 57
AT	1992	837. 89648	58931. 685	JP	1992	1928. 088	65690. 8
AT	1993	1015. 3489	63906. 72	JP	1993	105. 5887	65474. 77
AT	1994	1801. 1477	62838. 928	JP	1994	813. 2733	68183. 42
AT	1995	1792. 9377	67066. 178	JP	1995	25. 06778	70971. 62
AT	1996	4449. 8944	63724. 499	JP	1996	-77. 8455	71384. 25
AT	1997	2678. 9335	68501. 174	JP	1997	2035. 817	70868. 2
AT	1998	4828. 5758	78679. 647	JP	1998	1965. 148	77586. 15
AT	1999	2903. 5817	76089. 882	JP	1999	11907. 43	72315. 41
AT	2000	8014. 8491	63966. 277	JP	2000	6167. 052	77077. 55
AT	2001	5935. 2995	67867. 245	JP	2001	5755. 697	83553. 18
AT	2002	185. 72532	-1872. 7379	JP	2002	11326. 67	77813. 95
AT	2003	7383. 82	71480. 416	JP	2003	6836. 572	77518. 7
AT	2004	3701. 0825	71726. 612	JP	2004	8264. 653	80215. 02
AT	2005	73106. 453	68574. 454	JP	2005	2151. 014	114612. 8
AT	2006	7479. 2603	63584. 719	JP	2006	-2643. 89	86156. 42
AT	2007	53851. 201	86531. 013	JP	2007	15576. 53	92318. 56
AT	2008	8809. 1648	59094. 226	JP	2008	19980. 91	90751. 64
AT	2009	8434. 5771	73969. 778	JP	2009	10877. 57	77589. 18
AT	2010	-60338. 41	13936. 305	JP	2010	7248. 261	-148323
AT	2011	12981. 991	61772. 664	JP	2011	1585. 551	58603. 58
AT	2012	7687. 1319	62788. 129	JP	2012	2671. 554	77981. 12
AT	2013	553. 93157	41243. 107	JP	2013	10342. 62	91402. 53
AT	2014	7557. 3686	59032. 817	JP	2014	18086. 2	91101. 13
AT	2015	6814. 4204	58892. 568	JP	2015	4616. 228	170964. 8
AT	2016	6860. 1247	58864. 668	JP	2016	12288. 93	99381. 88
AT	2017	7305. 3754	59474. 015	JP	2017	14357. 3	100719. 6
AU	1990	6691. 0147	58618. 711	KR	1990	850. 5803	52877. 18
AU	1991	2306. 3701	53039. 511	KR	1991	1160. 334	65343. 74
AU	1992	2934. 9206	64706. 728	KR	1992	680. 2545	63954. 98
AU	1993	3289. 5049	62755. 139	KR	1993	603. 083	65569. 69

续表

国家	年份	FDI 总量	FDI 质量指数	国家	年份	FDI 总量	FDI 质量指数
AU	1994	4211.4514	67649.838	KR	1994	840.7461	61781.96
AU	1995	8437.0439	62965.287	KR	1995	1775.148	63005.63
AU	1996	3787.7745	69133.069	KR	1996	2291.688	57619.31
AU	1997	6176.4387	63275.07	KR	1997	2807.919	62935.72
AU	1998	5750.3512	73578.823	KR	1998	5291.892	70597.99
AU	1999	1691.8629	68930.514	KR	1999	8915.209	68140.45
AU	2000	13499.033	61951.181	KR	2000	7134.67	69882.67
AU	2001	-7626.7009	52454.746	KR	2001	3323.113	69067.57
AU	2002	13983.786	73020.243	KR	2002	2298.155	67579.02
AU	2003	11920.683	55377.301	KR	2003	3146.342	68097.71
AU	2004	46837.508	88202.195	KR	2004	9194.932	72623.49
AU	2005	-24162.478	102923.99	KR	2005	12533.93	75934.72
AU	2006	23743.892	74714.895	KR	2006	6742.392	73951.29
AU	2007	40145.146	76338.527	KR	2007	1076.228	-1476.04
AU	2008	43371.164	70238.522	KR	2008	8844.565	65239.4
AU	2009	25976.681	70224.268	KR	2009	8205.252	69504.94
AU	2010	31051.922	81103.883	KR	2010	9621.108	75011
AU	2011	66502.418	73226.19	KR	2011	8975.393	74729.89
AU	2012	46881.24	75851.331	KR	2012	8535.928	78578.18
AU	2013	48874.668	78496.415	KR	2013	10389.16	77606.32
AU	2014	41594.66	75245.462	KR	2014	10222.77	78412.1
AU	2015	41754.957	77006.716	KR	2015	9676.177	80336.54
AU	2016	51367.451	77799.487	KR	2016	9939.399	80844.5
AU	2017	51128.313	78947.408	KR	2017	10210.41	82232.29
AZ	1990	—	—	KZ	1990	—	—
AZ	1991	—	—	KZ	1991	—	—
AZ	1992	—	—	KZ	1992	—	—
AZ	1993	—	—	KZ	1993	—	—
AZ	1994	—	—	KZ	1994	—	—
AZ	1995	328	57775.706	KZ	1995	842.3818	52900.7
AZ	1996	623	59173.67	KZ	1996	1001.122	61895.98

续表

国家	年份	FDI 总量	FDI 质量指数	国家	年份	FDI 总量	FDI 质量指数
AZ	1997	1092	59810. 239	KZ	1997	1138. 873	37168. 68
AZ	1998	991. 8	57614. 622	KZ	1998	894. 0981	57797. 3
AZ	1999	483. 3	62989. 943	KZ	1999	1430. 245	78504. 63
AZ	2000	123. 9	76183. 238	KZ	2000	1302. 402	66905. 3
AZ	2001	233. 6599	63172. 681	KZ	2001	4386. 176	68281. 38
AZ	2002	55. 877945	50322. 614	KZ	2002	3854. 411	70571. 1
AZ	2003	41. 530723	51553. 466	KZ	2003	5158. 289	68902. 34
AZ	2004	130. 72108	42369. 168	KZ	2004	10496. 46	76250. 56
AZ	2005	525. 65218	57110. 133	KZ	2005	8229. 895	75200. 1
AZ	2006	-2342. 8963	60948. 251	KZ	2006	11877. 4	72928. 07
AZ	2007	-296. 28773	65949. 833	KZ	2007	15590. 63	77498. 27
AZ	2008	120845. 42	72504. 117	KZ	2008	18887. 47	72487. 31
AZ	2009	3379. 6332	69010. 985	KZ	2009	18344. 32	74315. 84
AZ	2010	3269. 079	68904. 324	KZ	2010	12072. 12	72845. 25
AZ	2011	1863. 8802	73041. 977	KZ	2011	22458. 87	74207. 72
AZ	2012	2118. 079	71361. 535	KZ	2012	25457. 49	72533. 26
AZ	2013	4880. 1911	61695. 291	KZ	2013	7471. 258	77645. 96
AZ	2014	6062. 7329	62897. 769	KZ	2014	7975. 37	82111. 1
AZ	2015	61. 528478	65778. 21	KZ	2015	11390. 27	95409. 84
AZ	2016	61. 310791	66207. 441	KZ	2016	18758. 31	86952. 36
AZ	2017	61. 63901	67425. 903	KZ	2017	12626. 91	89931. 93
BE	1990	—	—	LK	1990	—	—
BE	1991	—	—	LK	1991	—	—
BE	1992	—	—	LK	1992	—	—
BE	1993	—	—	LK	1993	—	—
BE	1994	—	—	LK	1994	—	—
BE	1995	—	—	LK	1995	—	—
BE	1996	—	—	LK	1996	—	—
BE	1997	—	—	LK	1997	—	—
BE	1998	—	—	LK	1998	—	—
BE	1999	—	—	LK	1999	—	—

续表

国家	年份	FDI 总量	FDI 质量指数	国家	年份	FDI 总量	FDI 质量指数
BE	2000	—	—	LK	2000	—	—
BE	2001	—	—	LK	2001	—	—
BE	2002	11149. 962	85263. 91	LK	2002	—	—
BE	2003	16513. 809	82854. 012	LK	2003	—	—
BE	2004	24090. 834	71102. 791	LK	2004	—	—
BE	2005	20294. 298	79016. 346	LK	2005	—	—
BE	2006	59505. 516	79025. 471	LK	2006	—	—
BE	2007	96166. 268	82236. 101	LK	2007	—	—
BE	2008	127831. 46	81205. 345	LK	2008	—	—
BE	2009	49694. 595	84853. 855	LK	2009	—	—
BE	2010	92180. 958	77121. 795	LK	2010	—	—
BE	2011	71124. 787	65805. 005	LK	2011	—	—
BE	2012	-882. 58818	50199. 451	LK	2012	—	—
BE	2013	-60704. 545	100928. 2	LK	2013	—	—
BE	2014	-64851. 279	90638. 606	LK	2014	—	—
BE	2015	-69055. 209	79698. 411	LK	2015	—	—
BE	2016	-66704. 497	92643. 47	LK	2016	—	—
BE	2017	-64322. 521	94292. 138	LK	2017	—	—
BG	1990	—	—	MX	1990	2285. 561	62818. 25
BG	1991	—	—	MX	1991	4045. 162	65996. 11
BG	1992	—	—	MX	1992	4264. 298	66348. 93
BG	1993	—	—	MX	1993	4044. 944	69854. 96
BG	1994	—	—	MX	1994	9628. 499	69782. 85
BG	1995	—	—	MX	1995	7807. 513	70586. 01
BG	1996	91. 523444	59753. 138	MX	1996	6921. 576	70440. 73
BG	1997	221. 19629	59823. 17	MX	1997	10379. 3	71788. 67
BG	1998	361. 65089	64775. 65	MX	1998	8052. 449	76899. 45
BG	1999	554. 25484	62138. 912	MX	1999	13653. 46	75288. 53
BG	2000	727. 88713	70141. 511	MX	2000	17964. 45	81073. 9
BG	2001	728. 7965	72191. 693	MX	2001	29391. 24	81667. 91
BG	2002	758. 29089	67033. 059	MX	2002	23537. 61	78806. 73

续表

国家	年份	FDI 总量	FDI 质量指数	国家	年份	FDI 总量	FDI 质量指数
BG	2003	1782. 0387	67229. 947	MX	2003	17915. 02	78165. 81
BG	2004	2638. 9659	72626. 65	MX	2004	24677. 48	77722. 28
BG	2005	3654. 2015	72006. 455	MX	2005	23413. 36	83115. 49
BG	2006	7188. 6298	74475. 994	MX	2006	20103. 38	87456. 27
BG	2007	11368. 148	75740. 42	MX	2007	30468. 88	83948. 79
BG	2008	8255. 3189	72102. 56	MX	2008	29999. 92	80619. 08
BG	2009	4467. 3762	69608. 874	MX	2009	19211. 31	82512. 7
BG	2010	1967. 4814	69427. 554	MX	2010	20443. 46	84014. 46
BG	2011	863. 44169	80496. 069	MX	2011	23883. 64	86629. 64
BG	2012	1277. 1604	58888. 6	MX	2012	15941. 51	87181. 97
BG	2013	1500. 2953	74360. 327	MX	2013	44620. 11	85331. 33
BG	2014	1677. 3458	74899. 255	MX	2014	29196. 58	82161. 67
BG	2015	2150. 7107	75886. 673	MX	2015	35835. 75	86205. 67
BG	2016	940. 73347	75351. 966	MX	2016	34637	82289. 33
BG	2017	1789. 2889	76584. 58	MX	2017	36482. 58	85702. 53
BR	1990	782. 63455	44884. 281	MY	1990	—	—
BR	1991	950. 94083	65828. 901	MY	1991	3917. 16	54929. 16
BR	1992	1701. 5657	66428. 449	MY	1992	4977. 505	59660. 72
BR	1993	891. 74689	66817. 062	MY	1993	4831. 031	60796. 34
BR	1994	2288. 1802	67135. 392	MY	1994	4054. 354	64372. 17
BR	1995	—	—	MY	1995	3921. 465	68144. 54
BR	1996	5415. 1	68026. 61	MY	1996	4905. 701	69415. 8
BR	1997	10071. 44	69464. 61	MY	1997	4944. 833	70905. 75
BR	1998	20480. 99	68727. 252	MY	1998	1818. 981	67658. 94
BR	1999	24009. 543	70133. 961	MY	1999	2979. 336	69196. 03
BR	2000	25788. 495	68904. 19	MY	2000	2574. 928	74758. 02
BR	2001	14998. 722	71493. 733	MY	2001	1132. 808	105407. 7
BR	2002	11412. 772	78302. 107	MY	2002	2959. 526	67440. 65
BR	2003	5590. 5335	82528. 948	MY	2003	3049. 653	71881. 6
BR	2004	14771. 513	83343. 026	MY	2004	4132. 911	77822. 31
BR	2005	12713. 118	75365. 118	MY	2005	3783. 181	79334. 87

续表

国家	年份	FDI 总量	FDI 质量指数	国家	年份	FDI 总量	FDI 质量指数
BR	2006	12267.088	77982.504	MY	2006	6803.605	89997.23
BR	2007	24289.325	78745.746	MY	2007	6938.405	76256
BR	2008	22471.552	73324.517	MY	2008	5310.733	86942.44
BR	2009	22960.978	70509.473	MY	2009	-74.4848	87358.41
BR	2010	57914.911	73240.332	MY	2010	9619.298	82964.97
BR	2011	89025.292	77219.282	MY	2011	12438.64	79677.35
BR	2012	71739.391	79196.704	MY	2012	5646.349	88190.39
BR	2013	67368.09	68041.298	MY	2013	8028.253	83365.75
BR	2014	89047.952	67160.519	MY	2014	6617.712	88708.93
BR	2015	65463.411	76315.886	MY	2015	7591.235	83923.9
BR	2016	64258.072	72426.276	MY	2016	13742.25	83512.19
BR	2017	72512.693	72432.766	MY	2017	9408.093	87450.38
CA	1990	6001.69	61042.715	NG	1990	390.89	63133.71
CA	1991	1806.61	74617.632	NG	1991	294.02	57881.18
CA	1992	4940.2	68011.965	NG	1992	753.634	69889.88
CA	1993	3818.28	71286.973	NG	1993	—	—
CA	1994	7933.88	77098.755	NG	1994	954.9	67889.33
CA	1995	8864.7	74250.132	NG	1995	235.03	66957.61
CA	1996	6920.69	74705.62	NG	1996	672.31	61668.34
CA	1997	12597.87	75963.784	NG	1997	1234.03	74794.23
CA	1998	19554.47	79577.975	NG	1998	609.036	60479.28
CA	1999	22446.3	88332.89	NG	1999	626.34	69890.47
CA	2000	19008.79	76393.3	NG	2000	627.8	71261.44
CA	2001	32293.62	80823.781	NG	2001	196.0406	64161.05
CA	2002	20710.12	86164.344	NG	2002	308.458	65217.81
CA	2003	4750.21	82561.022	NG	2003	330.023	66693.38
CA	2004	5910.85	88298.909	NG	2004	308.459	67588.27
CA	2005	13435.33	88584.435	NG	2005	820.115	68891.59
CA	2006	44205.9	79804.16	NG	2006	799.039	69864.32
CA	2007	70670.05	84001.02	NG	2007	993.361	70904.19
CA	2008	33003.112	92575.307	NG	2008	1357.741	70043.93

续表

国家	年份	FDI 总量	FDI 质量指数	国家	年份	FDI 总量	FDI 质量指数
CA	2009	9978. 33	100936. 11	NG	2009	1423. 687	68318. 11
CA	2010	16286. 01	98330. 204	NG	2010	1003. 893	69375. 91
CA	2011	20819. 72	90107. 308	NG	2011	5075. 403	70616. 29
CA	2012	34609. 4	85090. 153	NG	2012	21176. 42	75787. 76
CA	2013	44703. 04	94703. 984	NG	2013	4437. 399	72151. 51
CA	2014	25344. 6	96375. 422	NG	2014	3654. 869	66633. 43
CA	2015	58969. 2	96880. 91	NG	2015	2347. 612	69168. 37
CA	2016	48272. 3	95694. 167	NG	2016	2774. 076	67626. 55
CA	2017	48823	96723. 227	NG	2017	2648. 462	67890. 76
CH	1990	2836. 719	69275. 117	NL	1990	9790. 05	54863. 72
CH	1991	996. 634	69925. 558	NL	1991	5426. 723	62569. 8
CH	1992	1404. 498	72091. 326	NL	1992	5422. 952	59780. 62
CH	1993	4766. 448	81249. 195	NL	1993	6243. 712	59593. 01
CH	1994	3380. 5133	69005. 496	NL	1994	6270. 89	63111. 37
CH	1995	4559. 274	72103. 487	NL	1995	10575. 46	64709. 7
CH	1996	3563. 362	68038. 075	NL	1996	12694. 78	71055. 97
CH	1997	5996. 2919	71960. 702	NL	1997	10117. 63	64625. 13
CH	1998	8146. 905	76703. 601	NL	1998	30938. 73	68924. 09
CH	1999	11866. 782	74396. 582	NL	1999	39773. 69	71571. 85
CH	2000	17251. 453	74790. 304	NL	2000	59320. 37	72174. 85
CH	2001	8626. 3618	79658. 956	NL	2001	50789. 82	73208. 07
CH	2002	7110. 739	73293. 964	NL	2002	22908. 61	73255. 65
CH	2003	16235. 737	81154. 324	NL	2003	16777. 53	57785. 17
CH	2004	3749. 795	119473	NL	2004	3212. 539	25540. 57
CH	2005	4286. 214	194100. 08	NL	2005	159692. 9	71967. 18
CH	2006	49657. 04	77941. 305	NL	2006	517013. 8	79437. 69
CH	2007	57893. 669	87615. 654	NL	2007	750627. 6	76625. 47
CH	2008	1054. 9806	129302. 83	NL	2008	－299547	－3624. 81
CH	2009	21292. 988	50746. 883	NL	2009	86031. 78	59339. 33
CH	2010	833. 312	134720. 73	NL	2010	123091. 9	116402. 5
CH	2011	3609. 142	165504. 75	NL	2011	207143. 9	65614. 88

续表

国家	年份	FDI 总量	FDI 质量指数	国家	年份	FDI 总量	FDI 质量指数
CH	2012	41323.194	97133.494	NL	2012	-12522.7	904122.7
CH	2013	-854125.32	89001.061	NL	2013	163792.3	73281.65
CH	2014	49433.749	82097.42	NL	2014	125554	61102.78
CH	2015	52581.393	80192.767	NL	2015	127137.9	79397.21
CH	2016	-270410.44	91181.299	NL	2016	137805.6	72841.96
CH	2017	-269471.66	92326.53	NL	2017	138876.5	73830.61
CL	1990	564.58975	58137.008	NO	1990	959.6852	48123.54
CL	1991	724.97242	60257.86	NO	1991	-724.413	79358.96
CL	1992	852.2187	54706.086	NO	1992	-654.598	78749.33
CL	1993	941.74236	61870.623	NO	1993	953.0286	81365.11
CL	1994	2505.6565	61709.303	NO	1994	2808.445	69396.18
CL	1995	2850.6882	64154.394	NO	1995	1802.596	64177.6
CL	1996	4746.8936	69114.64	NO	1996	3114.036	69046.7
CL	1997	5207.7377	66273.78	NO	1997	4429.192	63620.68
CL	1998	4356.951	67060.945	NO	1998	4136.197	66705.28
CL	1999	8664.8894	67756.379	NO	1999	5064.746	62553.46
CL	2000	4758.9478	71174.219	NO	2000	6089.046	60064.31
CL	2001	4788.743	74669.586	NO	2001	1287.345	68518.23
CL	2002	3412.5803	78927.689	NO	2002	-1448.71	79578.95
CL	2003	3686.4214	76170.858	NO	2003	1021.954	54994.7
CL	2004	6826.5626	65511.369	NO	2004	12773.68	83651.32
CL	2005	7428.4682	54199.808	NO	2005	8129.008	48672.24
CL	2006	3960.1037	69243.585	NO	2006	10357.62	61413.83
CL	2007	8789.9072	84798.215	NO	2007	21144.35	68572.81
CL	2008	12772.613	71223.608	NO	2008	11421.64	62632.88
CL	2009	8387.0785	66451.65	NO	2009	-9573.98	103421.2
CL	2010	6864.5043	81933.926	NO	2010	17286.98	71475.7
CL	2011	12499.257	84594.938	NO	2011	7328.42	48549.76
CL	2012	19119.489	89388.991	NO	2012	6844.326	45927.69
CL	2013	17436.881	81711.387	NO	2013	7738.82	47579.82
CL	2014	20572.837	76161.753	NO	2014	8626.232	49739.31

续表

国家	年份	FDI 总量	FDI 质量指数	国家	年份	FDI 总量	FDI 质量指数
CL	2015	-81.64448	1157855.4	NO	2015	9682.612	52400.93
CL	2016	12844.571	80607.616	NO	2016	10399.50	55423.89
CL	2017	13329.114	81291.944	NO	2017	11429.71	56932.03
CN	1990	3306.9317	50862.937	NZ	1990	1612.087	54429.06
CN	1991	4106.5318	52621.145	NZ	1991	1296.2	75046.18
CN	1992	10707.59	54231.625	NZ	1992	1878.285	46958.92
CN	1993	26204.18	56071.667	NZ	1993	2379.304	56795.66
CN	1994	32312.961	57992.067	NZ	1994	2324.441	67968.92
CN	1995	34197.986	59799.634	NZ	1995	3336.627	67019.04
CN	1996	37172.73	59990.021	NZ	1996	2034.818	68513.94
CN	1997	40089.64	61287.233	NZ	1997	1796.075	58805.63
CN	1998	36710.543	60722.933	NZ	1998	1707.24	61745.74
CN	1999	34584.899	63147.253	NZ	1999	1359.845	39389.04
CN	2000	32671.572	65638.887	NZ	2000	-1604.21	65254.64
CN	2001	36047.318	64309.442	NZ	2001	-2327.6	75358.71
CN	2002	29839.915	67978.24	NZ	2002	-1901.91	94475
CN	2003	30754.295	67608.259	NZ	2003	2198.317	66649.12
CN	2004	39126.282	69374.942	NZ	2004	2737.814	83371.45
CN	2005	55851.762	72052.703	NZ	2005	4440.533	76106.56
CN	2006	73049.452	74871.545	NZ	2006	1034.894	52817.31
CN	2007	87594.238	78105.684	NZ	2007	6339.751	78216.08
CN	2008	102473.37	78942.381	NZ	2008	2041.113	75647.11
CN	2009	84583.253	76868.188	NZ	2009	22.07914	84825.45
CN	2010	185003.54	83324.122	NZ	2010	-263.981	94844.24
CN	2011	228806.3	84345.503	NZ	2011	536.333	81712.23
CN	2012	224204.98	79827.941	NZ	2012	6552.176	79215.58
CN	2013	270738.56	81366.197	NZ	2013	39.99165	-30688.3
CN	2014	268908.78	83427.987	NZ	2014	3128.753	56093.82
CN	2015	299848.95	84062.898	NZ	2015	148.5361	35913.12
CN	2016	408725.13	85590.017	NZ	2016	2084.862	75417.28
CN	2017	545680.54	88035.92	NZ	2017	2197.796	76198.43

续表

国家	年份	FDI 总量	FDI 质量指数	国家	年份	FDI 总量	FDI 质量指数
CO	1990	—	—	PE	1990	—	—
CO	1991	—	—	PE	1991	-6. 50321	62709. 63
CO	1992	—	—	PE	1992	-58. 9714	296. 1292
CO	1993	—	—	PE	1993	668. 4292	47339. 35
CO	1994	889. 39881	55623. 045	PE	1994	3256. 421	63882. 66
CO	1995	618. 59204	59636. 351	PE	1995	2537. 886	60974. 56
CO	1996	1711. 7041	60541. 282	PE	1996	3295. 969	60002. 69
CO	1997	2383. 9785	64648. 31	PE	1997	1401. 116	66461. 17
CO	1998	1561. 3244	67838. 162	PE	1998	1574. 084	57216. 08
CO	1999	944. 91213	73875. 389	PE	1999	1909. 52	66979. 47
CO	2000	1483. 7908	73299. 168	PE	2000	809. 0879	67111. 99
CO	2001	1878. 2767	75988. 536	PE	2001	1010. 738	63536. 03
CO	2002	1571. 5136	72942. 685	PE	2002	1138. 334	14000. 32
CO	2003	1260. 6744	73469. 691	PE	2003	898. 35	99490. 43
CO	2004	2034. 5538	80501. 953	PE	2004	695. 6727	-86620. 7
CO	2005	8990. 6801	69984. 889	PE	2005	132. 1465	831920. 4
CO	2006	5192. 8791	78641. 453	PE	2006	2965. 897	72641. 59
CO	2007	6021. 6427	70745. 94	PE	2007	3907. 202	43306. 3
CO	2008	6984. 1594	74574. 527	PE	2008	6956. 22	58387. 55
CO	2009	5097. 1282	83071. 167	PE	2009	6188. 87	70905. 02
CO	2010	3378. 6749	83220. 674	PE	2010	7547. 032	47646. 28
CO	2011	8827. 1586	72758. 238	PE	2011	7209. 006	64192. 29
CO	2012	9712. 49	57465. 265	PE	2012	10732. 68	69012. 19
CO	2013	10492. 582	75679. 116	PE	2013	6335. 734	34328. 71
CO	2014	11305. 165	73146. 324	PE	2014	3310. 756	59298. 72
CO	2015	8200. 3132	79079. 274	PE	2015	8130. 16	38299. 34
CO	2016	10060. 905	77780. 548	PE	2016	5975. 633	41386. 52
CO	2017	9917. 7402	77105. 802	PE	2017	6063. 008	41984. 38
CZ	1990	—	—	PH	1990	—	—
CZ	1991	—	—	PH	1991	—	—
CZ	1992	—	—	PH	1992	—	—

续表

国家	年份	FDI 总量	FDI 质量指数	国家	年份	FDI 总量	FDI 质量指数
CZ	1993	515.6808	60922.7	PH	1993	—	—
CZ	1994	746.2458	62830.045	PH	1994	—	—
CZ	1995	2431.7764	68158.387	PH	1995	1443.968	60247.85
CZ	1996	1330.301	69606.996	PH	1996	1413.126	63769.34
CZ	1997	1118.7425	66131.699	PH	1997	989.0271	62878.04
CZ	1998	3331.549	71334.145	PH	1998	2142.778	63709.65
CZ	1999	6251.5748	72789.219	PH	1999	1303.105	72095.29
CZ	2000	5157.3053	69990.489	PH	2000	1557.687	73362.22
CZ	2001	5389.4813	70864.226	PH	2001	1813.595	73456.81
CZ	2002	7937.8586	69942.976	PH	2002	1346.792	70024.26
CZ	2003	1662.6256	62654.661	PH	2003	-207.099	48386.51
CZ	2004	4150.646	78410.566	PH	2004	233.1357	88664.22
CZ	2005	12851.975	65852.331	PH	2005	587.2289	81077.08
CZ	2006	4880.878	69921.684	PH	2006	615.3046	82819.09
CZ	2007	11158.739	77473.832	PH	2007	1606.891	76739.88
CZ	2008	7490.3481	81875.099	PH	2008	933.3104	81573.24
CZ	2009	1875.9307	77197.206	PH	2009	1856.989	79804.73
CZ	2010	9700.2976	72267.181	PH	2010	-533.2	92614.27
CZ	2011	4067.2522	57584.048	PH	2011	522.2458	73284
CZ	2012	9281.2045	81319.92	PH	2012	2384.416	86777.75
CZ	2013	10215.606	86931.99	PH	2013	1685.899	-63728.3
CZ	2014	3108.1422	75045.025	PH	2014	5377.731	88467.4
CZ	2015	805.51645	-78592.604	PH	2015	4523.439	88527.96
CZ	2016	4500.5502	79219.134	PH	2016	7633.086	80957.79
CZ	2017	4751.8543	80322.861	PH	2017	5931.183	87121.8
DE	1990	1410.2847	52629.917	PK	1990	163.0382	58658.2
DE	1991	4128.8223	57992.421	PK	1991	204.455	60872.54
DE	1992	-2278.7011	85458.585	PK	1992	287.3518	47847.76
DE	1993	-881.48536	116075.38	PK	1993	305.715	58593.06
DE	1994	7594.2276	67146.529	PK	1994	290.3369	58256.42
DE	1995	9852.1087	69920.379	PK	1995	460.5015	64184.78

续表

国家	年份	FDI 总量	FDI 质量指数	国家	年份	FDI 总量	FDI 质量指数
DE	1996	14653. 979	72607. 846	PK	1996	555. 2764	68373. 72
DE	1997	17811. 233	66152. 237	PK	1997	566. 7757	65615. 85
DE	1998	25496. 044	67570. 029	PK	1998	250. 4387	63296. 9
DE	1999	70580. 212	69387. 448	PK	1999	273. 5138	89031. 05
DE	2000	136830. 68	69797. 451	PK	2000	128. 6979	47230. 33
DE	2001	24828. 536	73791. 597	PK	2001	23. 1272	86195. 1
DE	2002	43251. 568	76716. 916	PK	2002	595. 8602	79943. 58
DE	2003	53991. 227	78265. 809	PK	2003	354. 223	82171. 13
DE	2004	30353. 788	65111. 712	PK	2004	828. 912	81393. 1
DE	2005	47561. 854	78336. 42	PK	2005	1499. 49	93979. 78
DE	2006	48854. 291	75928. 516	PK	2006	2064. 332	81821. 97
DE	2007	46917. 068	80612. 303	PK	2007	4095. 576	73625. 47
DE	2008	-59648. 277	72474. 346	PK	2008	3801. 302	76571. 36
DE	2009	34203. 417	77104. 39	PK	2009	1321. 683	85385
DE	2010	74362. 251	83282. 004	PK	2010	1235. 845	76355. 44
DE	2011	82085. 414	80851. 623	PK	2011	689. 274	63336. 59
DE	2012	41343. 567	99706. 01	PK	2012	850. 456	65171. 96
DE	2013	-2361. 713	1379892. 3	PK	2013	1136. 716	73793. 02
DE	2014	48858. 327	123573. 77	PK	2014	1640. 342	62291. 55
DE	2015	63355. 377	85215. 202	PK	2015	1376. 774	54790. 89
DE	2016	35956. 926	66645. 709	PK	2016	1950. 611	63198. 73
DE	2017	38425. 33	68223. 222	PK	2017	1792. 657	64050. 32
DK	1990	1080. 7	54870. 171	PL	1990	—	—
DK	1991	1325. 2486	62322. 385	PL	1991	—	—
DK	1992	903. 745	65462. 807	PL	1992	—	—
DK	1993	1720. 5959	60711. 921	PL	1993	360. 5086	62412. 97
DK	1994	4622. 8514	63593. 37	PL	1994	299. 7628	66332. 25
DK	1995	3759. 562	61838. 551	PL	1995	—	—
DK	1996	390. 22066	43878. 087	PL	1996	—	—
DK	1997	2655. 201	66207. 903	PL	1997	—	—
DK	1998	6520. 533	76017. 546	PL	1998	—	—

续表

国家	年份	FDI 总量	FDI 质量指数	国家	年份	FDI 总量	FDI 质量指数
DK	1999	16599. 169	71876. 008	PL	1999	—	—
DK	2000	25018. 648	73085. 121	PL	2000	9008. 85	72763. 3
DK	2001	10404. 513	75314. 013	PL	2001	5324. 92	73298. 53
DK	2002	4411. 2172	72652. 726	PL	2002	3960. 217	80225. 77
DK	2003	1233. 8303	74016. 824	PL	2003	4340. 317	74444. 55
DK	2004	-2109. 6713	87273. 406	PL	2004	11442. 53	77662. 36
DK	2005	11524. 531	74701. 268	PL	2005	8444. 087	72310. 37
DK	2006	-1041. 0074	67970. 226	PL	2006	15795. 64	72546. 31
DK	2007	4975. 5278	89270. 22	PL	2007	20310. 07	76420. 27
DK	2008	4023. 8722	82676. 133	PL	2008	11420. 24	78359. 27
DK	2009	4167. 0656	68090. 704	PL	2009	11836. 28	76736. 54
DK	2010	-5708. 2656	65181. 591	PL	2010	7035. 851	66927. 16
DK	2011	11540. 477	73954. 806	PL	2011	11715. 65	59655. 51
DK	2012	-14713. 881	73039. 114	PL	2012	11480. 25	72459. 77
DK	2013	1212. 9726	4791. 338	PL	2013	2868. 118	75581. 56
DK	2014	7220. 0852	77556. 251	PL	2014	9617. 471	82845. 62
DK	2015	2344. 5315	67367. 33	PL	2015	13594. 83	77980. 18
DK	2016	1049. 7866	72823. 013	PL	2016	9096. 491	82138. 95
DK	2017	1384. 5562	83762. 226	PL	2017	9851. 259	83201
DZ	1990	—	—	PT	1990	2166. 523	50814. 14
DZ	1991	—	—	PT	1991	1978. 166	58124. 61
DZ	1992	—	—	PT	1992	1708. 194	59548. 82
DZ	1993	—	—	PT	1993	1375. 883	59576. 64
DZ	1994	—	—	PT	1994	1128. 996	60339. 06
DZ	1995	—	—	PT	1995	751. 5992	61751. 81
DZ	1996	—	—	PT	1996	1670. 819	65670. 43
DZ	1997	—	—	PT	1997	2442. 696	65020. 8
DZ	1998	599. 72673	71674. 313	PT	1998	3487. 407	67454. 8
DZ	1999	284. 69051	70277. 78	PT	1999	852. 2287	80587. 27
DZ	2000	260. 22198	72769. 56	PT	2000	6404. 455	70131. 21
DZ	2001	1082. 3718	60358. 957	PT	2001	4958. 294	74492. 83

续表

国家	年份	FDI 总量	FDI 质量指数	国家	年份	FDI 总量	FDI 质量指数
DZ	2002	1044. 5838	69113. 771	PT	2002	590. 4682	61524. 7
DZ	2003	610. 68949	73197. 785	PT	2003	8923. 681	65363. 04
DZ	2004	655. 83664	74113. 288	PT	2004	-918. 382	82177. 42
DZ	2005	904. 62133	70022. 706	PT	2005	5396. 624	66675. 12
DZ	2006	1466. 6469	67815. 762	PT	2006	12350. 65	74789. 89
DZ	2007	1325. 657	72311. 23	PT	2007	5140. 971	58279. 44
DZ	2008	2271. 5929	71288. 418	PT	2008	8471. 761	72102. 93
DZ	2009	1895. 7277	74749. 364	PT	2009	5158. 048	91368. 04
DZ	2010	1984. 1049	77475. 308	PT	2010	2287. 547	42158. 38
DZ	2011	2121. 3035	75649. 925	PT	2011	15555. 11	85421. 98
DZ	2012	2156. 0384	75626. 472	PT	2012	3727. 994	97672. 24
DZ	2013	2130. 6472	76320. 584	PT	2013	5816. 357	81659. 72
DZ	2014	2173. 2201	76809. 686	PT	2014	3306. 418	25540. 8
DZ	2015	2094. 9203	77956. 529	PT	2015	-941. 041	61148. 8
DZ	2016	2103. 3834	78103. 685	PT	2016	5643. 422	82052. 62
DZ	2017	2156. 3697	78471. 478	PT	2017	5891. 527	82507. 01
EC	1990	107. 21801	62584. 643	RO	1990	—	—
EC	1991	147. 96749	61338. 105	RO	1991	—	—
EC	1992	164. 27571	68180. 519	RO	1992	—	—
EC	1993	451. 95671	69486. 334	RO	1993	—	—
EC	1994	465. 32434	68823. 185	RO	1994	—	—
EC	1995	377. 71144	64700. 847	RO	1995	—	—
EC	1996	418. 63101	64380. 287	RO	1996	—	—
EC	1997	578. 56677	63879. 964	RO	1997	—	—
EC	1998	771. 19533	69573. 698	RO	1998	—	—
EC	1999	563. 41388	62811. 148	RO	1999	—	—
EC	2000	-19. 844962	71439. 043	RO	2000	—	—
EC	2001	1060. 302	69546. 328	RO	2001	—	—
EC	2002	638. 27684	75634. 885	RO	2002	—	—
EC	2003	170. 6167	53272. 228	RO	2003	1484. 384	62738. 82
EC	2004	729. 97525	58724. 251	RO	2004	5386. 32	79043. 84

续表

国家	年份	FDI 总量	FDI 质量指数	国家	年份	FDI 总量	FDI 质量指数
EC	2005	308.83799	10734.955	RO	2005	6635.06	75858.85
EC	2006	140.1549	-99027.751	RO	2006	11228.56	80477.44
EC	2007	530.02455	53397.606	RO	2007	9378.267	78352.76
EC	2008	899.4756	44484.646	RO	2008	13392.75	76415.41
EC	2009	244.27304	-110664.23	RO	2009	4448.043	84843.34
EC	2010	-39.102946	852077.67	RO	2010	2844.12	83768.88
EC	2011	611.95172	54519.99	RO	2011	2072.112	87508.26
EC	2012	517.24128	55600.407	RO	2012	2741.047	78798.28
EC	2013	522.9945	54190.855	RO	2013	-118.82	68625.62
EC	2014	545.91266	56187.214	RO	2014	-24726.5	98750.89
EC	2015	549.26552	56564.044	RO	2015	-6687.12	102684.8
EC	2016	559.80684	57014.049	RO	2016	-5825.11	107133.7
EC	2017	565.37812	57688.744	RO	2017	-4727.7	116187.1
EG	1990	—	—	RU	1990	—	—
EG	1991	—	—	RU	1991	—	—
EG	1992	—	—	RU	1992	—	—
EG	1993	—	—	RU	1993	—	—
EG	1994	—	—	RU	1994	—	—
EG	1995	—	—	RU	1995	—	—
EG	1996	—	—	RU	1996	—	—
EG	1997	—	—	RU	1997	—	—
EG	1998	—	—	RU	1998	2044.15	74366.33
EG	1999	—	—	RU	1999	2557.063	78124.8
EG	2000	—	—	RU	2000	1832.104	76145.66
EG	2001	602.1178	72787.607	RU	2001	—	—
EG	2002	774.51949	78493.182	RU	2002	-4060.42	84988.76
EG	2003	254.37426	82122.012	RU	2003	-3063.28	89729.07
EG	2004	833.38388	88316.951	RU	2004	-998.1	118106.9
EG	2005	5905.4638	83265.032	RU	2005	1713.35	56241.7
EG	2006	8456.0146	83737.64	RU	2006	4052.283	71191.27
EG	2007	10882.499	86319.013	RU	2007	25425.95	80575.89

续表

国家	年份	FDI 总量	FDI 质量指数	国家	年份	FDI 总量	FDI 质量指数
EG	2008	10876.675	85017.394	RU	2008	24345.6	80690.25
EG	2009	8631.9854	77819.888	RU	2009	11840.77	69567.51
EG	2010	9867.6471	77923.636	RU	2010	20274.58	75639.67
EG	2011	6856.8979	75633.791	RU	2011	24467.64	82892.73
EG	2012	5261.4984	76671.41	RU	2012	30771.14	85548.37
EG	2013	3758.908	80038.78	RU	2013	40968.34	78023.37
EG	2014	3873.2543	82251.98	RU	2014	10692.35	68625.74
EG	2015	5353.2358	76707.119	RU	2015	7288.953	73941.57
EG	2016	4348.2443	80032.142	RU	2016	22973.81	97461.69
EG	2017	4247.0156	80607.602	RU	2017	16636.98	86940.78
ES	1990	12282.537	53710.708	SA	1990	—	—
ES	1991	10157.611	58021.853	SA	1991	—	—
ES	1992	10007.489	57571.541	SA	1992	—	—
ES	1993	8354.7274	59863.373	SA	1993	—	—
ES	1994	8580.7289	64368.496	SA	1994	—	—
ES	1995	7006.7266	63261.599	SA	1995	—	—
ES	1996	10060.334	68118.825	SA	1996	—	—
ES	1997	8864.8882	66784.056	SA	1997	—	—
ES	1998	11634.115	67885.798	SA	1998	—	—
ES	1999	17209.927	72592.033	SA	1999	—	—
ES	2000	36923.026	70807.629	SA	2000	—	—
ES	2001	26045.52	65031.797	SA	2001	324	60898.23
ES	2002	32190.415	76676.738	SA	2002	246	59263.62
ES	2003	21743.445	71993.535	SA	2003	508	64183.53
ES	2004	17054.046	65507.283	SA	2004	416	75098.12
ES	2005	22681.943	82579.066	SA	2005	5403	67122.35
ES	2006	27144.001	78199.703	SA	2006	12745.02	62773.49
ES	2007	65652.782	74689.222	SA	2007	12484.83	67959.63
ES	2008	85929.071	71879.897	SA	2008	21065	68850.47
ES	2009	-9852.7043	84630.585	SA	2009	26331	61963.37
ES	2010	29415.474	73644.681	SA	2010	21316	70671.32

续表

国家	年份	FDI 总量	FDI 质量指数	国家	年份	FDI 总量	FDI 质量指数
ES	2011	24184. 955	66374. 881	SA	2011	12351. 46	74574. 54
ES	2012	25277. 925	75164. 247	SA	2012	9956. 568	75306. 24
ES	2013	36576. 876	66193. 865	SA	2013	7275. 389	75320. 54
ES	2014	38003. 286	75606. 128	SA	2014	7568. 833	75173. 1
ES	2015	35419. 311	55817. 454	SA	2015	7733. 891	75843. 5
ES	2016	40708. 098	72250. 776	SA	2016	7947. 957	75930. 53
ES	2017	42700. 445	73401. 559	SA	2017	8650. 834	76440. 16
FI	1990	792. 6146	53709. 505	SE	1990	1959. 641	46312. 18
FI	1991	−409. 856	−69378. 995	SE	1991	6105. 507	61217. 73
FI	1992	417. 2634	70913. 131	SE	1992	93. 27381	16508. 91
FI	1993	854. 10136	62088. 402	SE	1993	2709. 064	65754. 44
FI	1994	1378. 6224	60174. 271	SE	1994	3981. 922	71790. 13
FI	1995	1059. 9016	62092. 945	SE	1995	12246. 33	72971. 14
FI	1996	1059. 8364	56350. 988	SE	1996	4694. 287	65948. 69
FI	1997	1856. 4132	66445. 806	SE	1997	6980. 143	69669. 69
FI	1998	12146. 275	60948. 975	SE	1998	16126. 26	63157. 57
FI	1999	4790. 8216	67909. 499	SE	1999	17167. 41	74026
FI	2000	9077. 2921	64799. 805	SE	2000	17142. 8	71820. 88
FI	2001	3632. 2728	61921. 061	SE	2001	9445. 487	72879. 96
FI	2002	7338. 1733	64710. 754	SE	2002	10895. 03	70588. 26
FI	2003	2385. 1403	67767. 866	SE	2003	10831. 81	81121. 35
FI	2004	2499. 9634	66983. 729	SE	2004	9848. 25	91239. 09
FI	2005	11279. 431	73324. 425	SE	2005	9898. 434	97497. 7
FI	2006	4368. 494	75227. 617	SE	2006	28260. 05	84036. 19
FI	2007	21138. 958	74516. 959	SE	2007	19764. 08	81595. 84
FI	2008	17578. 044	40045. 182	SE	2008	21636. 07	65897. 94
FI	2009	9060. 8951	64756. 581	SE	2009	8273. 002	77085. 94
FI	2010	9021. 726	70561. 997	SE	2010	−5738. 47	42194. 22
FI	2011	−5499. 6232	85449. 064	SE	2011	9674. 859	91553. 72
FI	2012	5244. 1563	88006. 016	SE	2012	3515. 252	106493
FI	2013	3271. 7763	74471. 702	SE	2013	8480. 422	76741. 88

续表

国家	年份	FDI 总量	FDI 质量指数	国家	年份	FDI 总量	FDI 质量指数
FI	2014	3141. 5997	75901. 186	SE	2014	9371. 116	80808. 71
FI	2015	2678. 6656	76440. 552	SE	2015	8319. 24	96891. 4
FI	2016	2811. 5311	77364. 047	SE	2016	8313. 136	98716. 8
FI	2017	3226. 4586	78183. 901	SE	2017	9415. 907	99567. 28
FR	1990	6691. 9644	51221. 263	SG	1990	—	—
FR	1991	9871. 0789	58018. 963	SG	1991	—	—
FR	1992	16883. 242	59623. 806	SG	1992	—	—
FR	1993	12779. 817	60243. 925	SG	1993	—	—
FR	1994	9482. 5526	60010. 839	SG	1994	—	—
FR	1995	21572. 101	67097. 578	SG	1995	—	—
FR	1996	21525. 608	67198. 026	SG	1996	—	—
FR	1997	19692. 911	65308. 934	SG	1997	—	—
FR	1998	24568. 119	67578. 7	SG	1998	4795. 916	58082. 53
FR	1999	33094. 89	72140. 772	SG	1999	12810. 21	76018. 27
FR	2000	40760. 903	71399. 845	SG	2000	10681. 55	83938. 14
FR	2001	48542. 206	72787. 71	SG	2001	13484. 18	75233. 92
FR	2002	39266. 644	68371. 511	SG	2002	3954. 388	28151. 81
FR	2003	32740. 398	74329. 401	SG	2003	17227. 64	75412. 72
FR	2004	34901. 232	72089. 286	SG	2004	19120. 6	78151. 03
FR	2005	71664. 532	75841. 225	SG	2005	13200. 49	65526. 45
FR	2006	67500. 807	80474. 095	SG	2006	27844. 2	77539
FR	2007	61517. 362	77992. 386	SG	2007	27142. 13	62691. 09
FR	2008	34825. 811	79104. 623	SG	2008	3574. 159	58288. 8
FR	2009	17095. 844	70596. 064	SG	2009	12930. 9	56000. 73
FR	2010	26203. 455	68779. 846	SG	2010	27938. 15	55546. 54
FR	2011	34097. 635	90109. 591	SG	2011	45625. 05	93535. 33
FR	2012	32453. 924	74534. 455	SG	2012	39201. 99	82819. 08
FR	2013	12916. 75	83482. 151	SG	2013	41483. 38	77922. 69
FR	2014	-33101. 72	21596. 861	SG	2014	46312. 71	86348. 79
FR	2015	42427. 34	67742. 679	SG	2015	54432. 93	94481. 98
FR	2016	10297. 685	268811. 02	SG	2016	47489. 29	87912. 63

续表

国家	年份	FDI 总量	FDI 质量指数	国家	年份	FDI 总量	FDI 质量指数
FR	2017	14266. 115	231116. 67	SG	2017	48031. 27	88899. 52
GB	1990	37270. 021	56183. 059	SK	1990	—	—
GB	1991	23032. 34	64063. 606	SK	1991	—	—
GB	1992	22097. 25	66546. 806	SK	1992	—	—
GB	1993	18617. 992	67615. 984	SK	1993	—	—
GB	1994	16880. 75	70190. 423	SK	1994	—	—
GB	1995	27701. 449	71317. 964	SK	1995	—	
GB	1996	31916. 8	71727. 594	SK	1996	—	—
GB	1997	49315. 29	72319. 562	SK	1997	—	—
GB	1998	104105. 6	73756. 306	SK	1998	—	—
GB	1999	126848. 8	72154. 25	SK	1999	—	—
GB	2000	152707. 44	71275. 313	SK	2000	2615. 642	69090. 29
GB	2001	52283. 898	77772. 758	SK	2001	2277. 383	75707. 6
GB	2002	89418. 559	64641. 323	SK	2002	5279. 818	72847. 98
GB	2003	36062. 981	76870. 407	SK	2003	3007. 651	71260. 07
GB	2004	55641. 718	63737. 244	SK	2004	3728. 338	66183. 43
GB	2005	252541. 38	83180. 553	SK	2005	2972. 79	73327. 12
GB	2006	179548. 39	76036. 409	SK	2006	5487. 14	74527. 1
GB	2007	184430. 64	78258. 74	SK	2007	3181. 111	66257. 04
GB	2008	226552. 21	83268. 957	SK	2008	3591. 816	77824. 79
GB	2009	10542. 839	77498. 477	SK	2009	181793. 9	115648. 9
GB	2010	54869. 48	93622. 748	SK	2010	2355. 627	83777. 54
GB	2011	39308. 104	85664. 619	SK	2011	3600. 134	64447. 71
GB	2012	46109. 101	84044. 681	SK	2012	1425. 452	63966. 85
GB	2013	52770. 117	87343. 156	SK	2013	1030. 826	50723. 93
GB	2014	45881. 316	91007. 479	SK	2014	628. 9448	13047. 87
GB	2015	30607. 591	87672. 154	SK	2015	413. 0641	24704. 54
GB	2016	49056. 57	93222. 133	SK	2016	662. 6791	41396. 53
GB	2017	54379. 828	93911. 322	SK	2017	1037. 091	50980. 95
GR	1990	700. 9198	51587. 602	TH	1990	2305. 781	45961. 27
GR	1991	933. 4803	62562. 93	TH	1991	1986. 358	56075. 53

续表

国家	年份	FDI 总量	FDI 质量指数	国家	年份	FDI 总量	FDI 质量指数
GR	1992	947. 1647	66409. 399	TH	1992	2095. 522	59452. 36
GR	1993	—	—	TH	1993	1257. 141	60193. 81
GR	1994	—	—	TH	1994	1093. 206	61232. 06
GR	1995	—	—	TH	1995	1643. 837	61790. 8
GR	1996	—	—	TH	1996	1930. 606	64119. 43
GR	1997	—	—	TH	1997	3893. 148	65028. 07
GR	1998	—	—	TH	1998	7012. 591	67071. 61
GR	1999	—	—	TH	1999	6029. 028	70804. 79
GR	2000	—	—	TH	2000	3562. 426	68701. 81
GR	2001	1398. 9514	57005. 48	TH	2001	4781. 624	68599. 1
GR	2002	18. 327496	-116941. 97	TH	2002	3669. 923	68080. 31
GR	2003	1751. 7238	58572. 037	TH	2003	5212. 195	70693. 05
GR	2004	1522. 9338	74769. 634	TH	2004	5325. 247	67044. 91
GR	2005	97. 901953	-9682. 0109	TH	2005	6114. 731	77026. 5
GR	2006	4932. 1588	75618. 204	TH	2006	7966. 162	80449. 93
GR	2007	1101. 913	75143. 405	TH	2007	6946. 489	82665. 57
GR	2008	4664. 9189	68991. 66	TH	2008	6580. 27	74275. 64
GR	2009	2227. 3696	73575. 82	TH	2009	4671. 716	64661. 19
GR	2010	584. 47298	60654. 804	TH	2010	12265. 11	70156. 31
GR	2011	1899. 0357	73392. 845	TH	2011	10297. 95	79398. 06
GR	2012	2299. 529	72827. 201	TH	2012	15225. 68	66844. 79
GR	2013	2743. 9283	75658. 21	TH	2013	12385. 26	65556. 84
GR	2014	1484. 6796	90879. 763	TH	2014	3643. 195	62772. 14
GR	2015	1254. 1549	74329. 682	TH	2015	6997. 538	66974. 22
GR	2016	1811. 4865	81123. 568	TH	2016	2527. 469	67958. 52
GR	2017	1950. 0549	81794. 593	TH	2017	5556. 491	73486. 82
HK	1990	—	—	TR	1990	—	—
HK	1991	—	—	TR	1991	—	—
HK	1992	—	—	TR	1992	807. 8669	67525. 31
HK	1993	—	—	TR	1993	627. 1006	66253. 7
HK	1994	—	—	TR	1994	586. 0093	66109. 51

续表

国家	年份	FDI 总量	FDI 质量指数	国家	年份	FDI 总量	FDI 质量指数
HK	1995	—	—	TR	1995	881	70011. 74
HK	1996	—	—	TR	1996	682	68303. 93
HK	1997	—	—	TR	1997	766	70858. 96
HK	1998	6923. 1906	44770. 508	TR	1998	921	72419. 07
HK	1999	15022. 409	50258. 778	TR	1999	643	72717. 96
HK	2000	28045. 083	39959. 864	TR	2000	1501	76761. 17
HK	2001	15615. 53	28601. 409	TR	2001	3314	74319. 88
HK	2002	10393. 574	53537. 02	TR	2002	987. 7951	73584. 55
HK	2003	14009. 522	54026. 861	TR	2003	756. 769	70357. 2
HK	2004	13589. 647	52999. 443	TR	2004	1508. 82	78408. 23
HK	2005	18861. 593	27317. 634	TR	2005	6690	65444. 36
HK	2006	30555. 84	47062. 627	TR	2006	15748	80102. 41
HK	2007	33908. 508	51794. 761	TR	2007	18344	77835. 11
HK	2008	38860. 62	32238. 608	TR	2008	12207. 38	82963. 1
HK	2009	36429. 159	30378. 134	TR	2009	6410. 964	72996. 62
HK	2010	31820. 341	-21426. 22	TR	2010	6339. 924	78905. 07
HK	2011	64081. 26	45965. 462	TR	2011	13899. 5	73459. 11
HK	2012	31698. 577	7465. 0117	TR	2012	9558. 612	77071. 69
HK	2013	18629. 586	63798. 595	TR	2013	9466. 326	67228. 92
HK	2014	59357. 772	51898. 642	TR	2014	9874. 722	73390. 5
HK	2015	47363. 951	47790. 709	TR	2015	9476. 737	73902. 84
HK	2016	42812. 289	54494. 167	TR	2016	9914. 573	74447. 12
HK	2017	43236. 538	56459. 275	TR	2017	10113. 42	74956. 18
HU	1990	—	—	TW	1990	1162. 443	55537. 8
HU	1991	—	—	TW	1991	1158. 953	61635. 17
HU	1992	—	—	TW	1992	749. 351	59782
HU	1993	—	—	TW	1993	766. 0228	62038. 09
HU	1994	—	—	TW	1994	1235. 836	62264. 68
HU	1995	—	—	TW	1995	1318. 874	68084. 89
HU	1996	—	—	TW	1996	1361. 105	65267. 31
HU	1997	—	—	TW	1997	1636. 879	66130. 47

续表

国家	年份	FDI 总量	FDI 质量指数	国家	年份	FDI 总量	FDI 质量指数
HU	1998	—	—	TW	1998	143.6232	69238.76
HU	1999	2500.4419	69918.427	TW	1999	1871.218	73446.89
HU	2000	2429.5676	72629.169	TW	2000	3165.007	75285.37
HU	2001	3455.6638	67463.585	TW	2001	3189.703	71413.12
HU	2002	2414.1676	78087.31	TW	2002	2166.721	73119.62
HU	2003	5213.613	74348.933	TW	2003	2404.374	72127.9
HU	2004	3831.6548	71344.855	TW	2004	2675.345	72146.24
HU	2005	8994.9208	72528.869	TW	2005	2704.683	76995.73
HU	2006	20330.779	78475.901	TW	2006	11301.22	81511.38
HU	2007	32575.296	114700.11	TW	2007	12180.37	85356.85
HU	2008	57837.012	95932.741	TW	2008	6474.167	85268.62
HU	2009	-1836.5847	2824.4251	TW	2009	3249.476	74663.55
HU	2010	-40394.315	49868.066	TW	2010	2312.811	76539.5
HU	2011	7222.8365	105676.29	TW	2011	3294.656	89782.23
HU	2012	2820.0788	52069.205	TW	2012	3245.56	82710.91
HU	2013	-2818.7427	95238.071	TW	2013	1910.276	83160.51
HU	2014	15552.064	80308.647	TW	2014	1641.912	81947.6
HU	2015	1470.1964	110384.71	TW	2015	1123.072	79900.34
HU	2016	4010.195	98205.435	TW	2016	7164.947	90003.59
HU	2017	4360.257	100251.97	TW	2017	3439.699	89436.96
ID	1990	—	—	UA	1990	—	—
ID	1991	—	—	UA	1991	—	—
ID	1992	—	—	UA	1992	—	—
ID	1993	—	—	UA	1993	—	—
ID	1994	—	—	UA	1994	—	—
ID	1995	3888.47	64713.773	UA	1995	—	—
ID	1996	5568.08	62298.978	UA	1996	—	—
ID	1997	4526.0473	57063.078	UA	1997	—	—
ID	1998	-113.2358	3722.8599	UA	1998	—	—
ID	1999	-1822.6766	62546.716	UA	1999	—	—
ID	2000	-4377.4779	71233.743	UA	2000	—	—

续表

国家	年份	FDI 总量	FDI 质量指数	国家	年份	FDI 总量	FDI 质量指数
ID	2001	—	—	UA	2001	416. 5	67953. 09
ID	2002	12116. 335	67011. 303	UA	2002	577. 9	69811. 8
ID	2003	12350. 785	70575. 718	UA	2003	946. 1794	65879. 24
ID	2004	1831. 1421	60487. 009	UA	2004	1627. 8	61219. 15
ID	2005	8090. 019	79350. 209	UA	2005	6949	71260. 99
ID	2006	4856. 5611	74292. 326	UA	2006	2900. 4	69931. 12
ID	2007	6287. 5655	84225. 051	UA	2007	4567. 856	70283. 86
ID	2008	8509. 5636	74905. 876	UA	2008	3971. 041	71099. 67
ID	2009	3165. 5886	64381. 865	UA	2009	2628. 396	61710. 01
ID	2010	12454. 257	83660. 265	UA	2010	3342. 699	63254. 32
ID	2011	19494. 714	84412. 951	UA	2011	5098. 544	64224. 41
ID	2012	19050. 933	86059. 249	UA	2012	2543. 431	71462. 07
ID	2013	22126. 688	86684. 53	UA	2013	-947. 831	69804. 75
ID	2014	23372. 163	88837. 539	UA	2014	106. 5751	-4263. 04
ID	2015	18100. 23	95677. 19	UA	2015	1211. 617	63630. 43
ID	2016	18988. 512	89327. 122	UA	2016	-236. 687	-44123. 2
ID	2017	25044. 835	95366. 121	UA	2017	532. 7574	75966. 81
IE	1990	592. 1161	56523. 52	US	1990	61153. 48	57181. 44
IE	1991	1176. 2032	64498. 022	US	1991	42907. 12	55023. 73
IE	1992	1373. 9836	66983. 166	US	1992	25604. 27	56649. 32
IE	1993	1113. 6508	69527. 705	US	1993	45907. 84	59729. 31
IE	1994	837. 70081	70251. 724	US	1994	51383. 07	56493. 4
IE	1995	1431. 7008	71528. 793	US	1995	62402. 64	58150. 46
IE	1996	2608. 6963	74200. 61	US	1996	97915. 83	63179. 36
IE	1997	2754. 3981	75887. 022	US	1997	109293. 5	64378. 96
IE	1998	683. 0973	79008. 852	US	1998	201095. 2	62937. 5
IE	1999	—	—	US	1999	287345. 1	64963. 37
IE	2000	—	—	US	2000	305758. 9	67251. 42
IE	2001	8989. 85	56969. 465	US	2001	177861. 4	68483. 07
IE	2002	13981. 627	81343. 17	US	2002	102037. 7	66333. 75
IE	2003	11677. 55	74666. 141	US	2003	73060. 66	69239. 55

续表

国家	年份	FDI 总量	FDI 质量指数	国家	年份	FDI 总量	FDI 质量指数
IE	2004	-9314. 5265	82938. 738	US	2004	197947. 8	68297. 16
IE	2005	-20061. 638	82605. 393	US	2005	138667	68234. 13
IE	2006	18852. 408	79470. 898	US	2006	255803. 5	70984. 02
IE	2007	51775. 221	103594. 51	US	2007	299216. 6	73185. 93
IE	2008	15790. 764	112904. 14	US	2008	321477	75666. 14
IE	2009	43393. 038	58496. 512	US	2009	139263. 1	71498. 06
IE	2010	30765. 387	79603. 592	US	2010	212129	77356. 87
IE	2011	1987. 3346	57478. 067	US	2011	224256. 3	70119. 54
IE	2012	34968. 77	80426. 221	US	2012	234827. 5	74351. 22
IE	2013	37244. 392	87815. 412	US	2013	211424. 6	69746. 47
IE	2014	63324. 656	94538. 56	US	2014	177144. 6	79102. 55
IE	2015	157455. 99	100184. 9	US	2015	285915. 8	77778. 86
IE	2016	84729. 729	97858. 925	US	2016	214025. 8	77826. 33
IE	2017	84837. 338	98993. 286	US	2017	221719. 9	78993. 98
IL	1990	—	—	VE	1990	—	—
IL	1991	—	—	VE	1991	—	—
IL	1992	—	—	VE	1992	—	—
IL	1993	—	—	VE	1993	266. 1539	66256. 24
IL	1994	—	—	VE	1994	195	56643. 36
IL	1995	—	—	VE	1995	539	58584. 4
IL	1996	—	—	VE	1996	1181	61738. 86
IL	1997	—	—	VE	1997	4415. 118	59985. 3
IL	1998	—	—	VE	1998	2252. 403	61574. 8
IL	1999	—	—	VE	1999	1780. 551	65726. 85
IL	2000	—	—	VE	2000	1895. 568	75836. 58
IL	2001	163. 76561	78938. 768	VE	2001	2306	76756. 08
IL	2002	53. 49406	65937. 752	VE	2002	942	87090. 81
IL	2003	132. 24896	84685. 083	VE	2003	99	124808
IL	2004	-148. 574	73990. 898	VE	2004	59	390638. 9
IL	2005	-75. 45077	94762. 125	VE	2005	1209. 367	97791. 79
IL	2006	1772. 6981	91808. 83	VE	2006	654. 0286	92250. 9

续表

国家	年份	FDI 总量	FDI 质量指数	国家	年份	FDI 总量	FDI 质量指数
IL	2007	42. 16417	77587. 43	VE	2007	-49. 0348	274698. 3
IL	2008	3694. 1236	86273. 68	VE	2008	-432. 938	113422. 8
IL	2009	3425. 0983	86815. 867	VE	2009	-309. 993	15664. 37
IL	2010	2975. 9697	82579. 086	VE	2010	2591. 738	40316. 31
IL	2011	3381. 4887	97554. 752	VE	2011	2770. 405	59882. 66
IL	2012	1981. 6536	96613. 228	VE	2012	5335. 719	79383. 72
IL	2013	6166. 6029	91013. 029	VE	2013	2734. 524	73904. 64
IL	2014	1631. 125	97693. 496	VE	2014	2623. 577	76575. 8
IL	2015	3721. 2315	95545. 185	VE	2015	2798. 272	75339. 37
IL	2016	3860. 4495	95627. 633	VE	2016	3140. 964	72415. 99
IL	2017	4133. 6265	96432. 642	VE	2017	2889. 105	75946. 63
IN	1990	—	—	VN	1990	—	—
IN	1991	—	—	VN	1991	—	—
IN	1992	—	—	VN	1992	—	—
IN	1993	—	—	VN	1993	—	—
IN	1994	—	—	VN	1994	—	—
IN	1995	924. 411	65044. 963	VN	1995	—	—
IN	1996	929. 5932	68049. 197	VN	1996	1888. 723	56159. 92
IN	1997	2112. 398	64900. 477	VN	1997	1863. 573	53901. 64
IN	1998	1389. 699	69354. 568	VN	1998	1560. 594	56690. 37
IN	1999	1018. 87	75083. 099	VN	1999	1296. 427	57994. 99
IN	2000	1638. 596	72846. 638	VN	2000	1062. 604	59870. 04
IN	2001	872. 1027	75770. 957	VN	2001	1089. 61	63600. 88
IN	2002	896. 566	74139. 77	VN	2002	996. 9276	67147. 49
IN	2003	863. 3852	77676. 457	VN	2003	3339. 959	63550. 63
IN	2004	1292. 483	80036. 771	VN	2004	3428. 683	65703. 92
IN	2005	1187. 537	80365. 93	VN	2005	1352. 648	63495. 41
IN	2006	4214. 687	80137. 058	VN	2006	2093. 446	65715. 32
IN	2007	6452. 6693	90794. 29	VN	2007	3968. 613	70013. 74
IN	2008	8652. 395	85056. 895	VN	2008	5187. 309	66362. 03
IN	2009	8237. 515	83797. 266	VN	2009	6737. 601	81242. 37

续表

国家	年份	FDI 总量	FDI 质量指数	国家	年份	FDI 总量	FDI 质量指数
IN	2010	7701. 948	83668. 187	VN	2010	6566. 993	75481. 36
IN	2011	13089. 45	83095. 905	VN	2011	8181. 589	73301
IN	2012	9380. 0452	78130. 545	VN	2012	4459. 842	76905. 84
IN	2013	18086. 109	90616. 344	VN	2013	9092. 784	78338. 5
IN	2014	23440. 826	87964. 953	VN	2014	10185. 49	79855. 41
IN	2015	30448. 893	98307. 284	VN	2015	10707. 32	80429. 24
IN	2016	26895. 749	93790. 051	VN	2016	12465. 63	81704. 22
IN	2017	30205. 376	96151. 408	VN	2017	14613. 05	84329. 68
IR	1990	—	—	ZA	1990	—	—
IR	1991	—	—	ZA	1991	—	—
IR	1992	—	—	ZA	1992	—	—
IR	1993	—	—	ZA	1993	—	—
IR	1994	—	—	ZA	1994	—	—
IR	1995	—	—	ZA	1995	—	—
IR	1996	—	—	ZA	1996	—	—
IR	1997	—	—	ZA	1997	—	—
IR	1998	—	—	ZA	1998	—	—
IR	1999	—	—	ZA	1999	—	—
IR	2000	—	—	ZA	2000	—	—
IR	2001	136. 6925	63037. 067	ZA	2001	-570. 679	68682. 5
IR	2002	-92. 51732	70405. 754	ZA	2002	3199. 617	64933. 2
IR	2003	-59. 16947	96277. 402	ZA	2003	3968. 165	67502. 01
IR	2004	-57. 88169	107457. 44	ZA	2004	7316. 427	67453. 58
IR	2005	38. 88601	10033. 436	ZA	2005	9499. 032	68378. 29
IR	2006	206. 81468	54910. 009	ZA	2006	9305. 949	69647. 99
IR	2007	471. 11568	73881. 705	ZA	2007	6944. 268	69975. 11
IR	2008	135. 89715	68468. 355	ZA	2008	13090. 71	48660. 29
IR	2009	287. 9841	46613. 269	ZA	2009	2520. 851	69425. 52
IR	2010	865. 7207	39212. 383	ZA	2010	6074. 524	68172. 44
IR	2011	828. 9215	33774. 719	ZA	2011	5164. 11	73367. 78
IR	2012	1535. 9141	47910. 398	ZA	2012	8813. 584	74735. 68

续表

国家	年份	FDI 总量	FDI 质量指数	国家	年份	FDI 总量	FDI 质量指数
IR	2013	1101. 4654	43317. 721	ZA	2013	6548. 343	73308. 71
IR	2014	1115. 1322	44216. 584	ZA	2014	6441. 081	73829. 8
IR	2015	1085. 3749	44387. 211	ZA	2015	6152. 472	74346. 37
IR	2016	1142. 2098	46180. 582	ZA	2016	6111. 954	74579. 6
IR	2017	1230. 2101	48717. 064	ZA	2017	6445. 938	75078. 82

附录 C 异质型 FDI 生产率门槛图

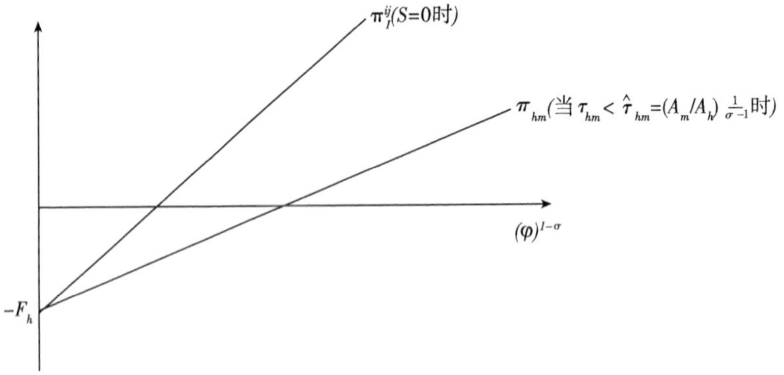

图 C-1 出口平台型 FDI 与市场寻求型 FDI 门槛图

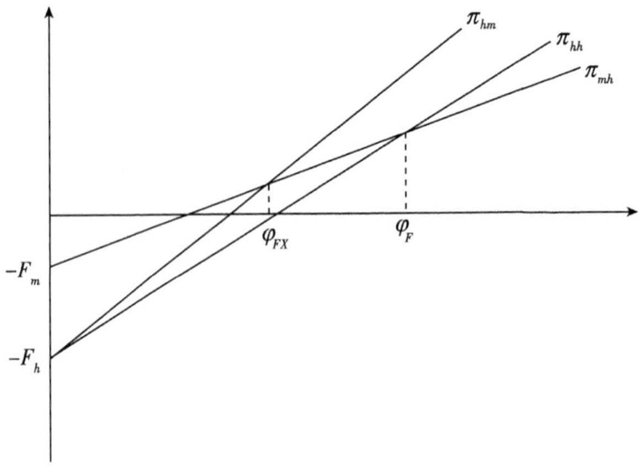

图 C-2 跨国公司市场自我选择图